中国历代张天师评传

主编　张金涛　执行主编　盖建民

中国历代张天师评传

卷一

蒋朝君　著

江西人民出版社
Jiangxi People's Publishing House
全国百佳出版社

张金涛简介

张金涛，男，贵溪市人，汉族，1964年9月11日生，系祖天师张道陵血胤后裔。1983年入道教正一派。同年，经中国道教协会会长黎遇航推荐入北京中国道教学院学习，两年后以优异成绩毕业。1986年当选为中国道教协会理事，同年，当选为江西省政协委员。1987年起任嗣汉天师府主持，同年当选为鹰潭市政协常委、市人大代表、江西省青联副主席、中华全国青联常委。1991年，被授“大法师”称号。1992年当选为中国道教协会常务理事。1994年，被推选为龙虎山道教协会会长。同年，被美国夏威夷中华文艺大学授予“道学硕士”学位。2003年当选为第十届全国人民代表大会代表、鹰潭市月湖区政协副主席。2005年，当选中国道教协会副会长。2007年当选为第十一届全国人民代表大会代表，并当选为江西省道教协会会长。2011年当选为鹰潭市政协副主席。2013年再度当选为第十二届全国人民代表大会代表。

自1987年主持嗣汉天师府工作以来，他率领全府道众坚持走爱国爱教道路，承上启下，继往开来。多方筹集资金，重建了头门、二门、法箓局、玄坛殿，修复了万法宗坛，兴建了玉皇殿、敕书阁等天师府的主体建筑,使破旧的天师府焕然一新。同时，他先后多次率团出访马来西亚、美国、澳大利亚、印度尼西亚、新加坡及港澳台地区，弘道扬法不遗余力。并主编了《中国龙虎山天师道》、《道教文化管窥》、《嗣汉天师府志》等著作，积极参与编辑出版《龙虎山道教音乐谱集》、《天师道音乐磁带》及天师府风光VCD光盘，发表道教学术论文数十篇。2013年5月，由龙虎山道协申报的“龙虎山古建筑群”被评为第七批全国重点文物保护单位。2010年，天师府和鹰潭市道协被评为江西省“创建和谐寺观教堂”先进集体。同年天师府、正一观分别被评为“江西省重点宫观”。2013年7月，“正一天师道音乐”列入第四批国家级非物质文化遗产名录。由于他在抢救天师道文化和开展社会慈善等方面贡献突出，1987年被江西省人民政府授予“宗教为四化建设服务先进奖”，1993年被中国道教协会授予“全国道教爱国爱教先进个人”等称号。他的事迹已载入《中国当代名人录》。

盖建民简介

盖建民，男，1964年2月9日生。哲学博士，现任教育部人文社会科学重点研究基地四川大学道教与宗教文化研究所所长，教授、博士生导师，国家“985”工程四川大学“宗教、哲学与社会研究创新基地”学术带头人，《宗教学研究》副主编，2004年入选教育部首届新世纪优秀人才。主要从事道教历史与文献、道教医学、道教科技研究，著有《道教金丹派南宗考论——道派、历史、文献与思想综合研究》（北京：社会科学文献出版社，2013）、《道教医学》（北京：宗教文化出版社，2001）、《道教科学思想发凡》（北京：社会科学文献出版社，2005）、《道教医学导论》（台北：中华道统出版社，1999）、《科学淘汰与科学汲取》（桂林：广西师范大学出版社，1996）等个人专著；主编《道教科技研究丛书》，合作主编普通高等教育“十五”国家级规划教材《中国宗教通论》（北京：高等教育出版社，2006）；合著《中国道教思想史》《道教医学精义》《道教文化新典》等多种；辑校有《白玉蟾文集新编》（北京：社会科学文献出版社，2013）《白玉蟾诗集新编》（北京：社会科学文献出版社，2013）；参编《三玄与丹道养生》、《金丹派南宗》（甲乙丙）、《方域道迹考原》等系列专集12部（台北：中华道统出版社1999—2002年，副主编）。

专著《道教科学思想发凡》荣获教育部第五届人文社会科学研究优秀成果奖(2009年9月)暨福建省政府第七届社会科学优秀成果一等奖（2007年12月），专著《道教医学》荣获福建省政府第五届社会科学优秀成果一等奖（2003年10月）。主持完成国家社科基金项目《道教金丹派南宗研究》（2011年优秀结项成果）、教育部重点研究基地重大项目《道教科技文献的整理与研究》等，目前主持国家社科基金重点项目《道教与中国传统天文历法互动关系研究》。

溯信水而上，双鹤引路，相中贵溪之云锦山，在此结庐炼丹，“丹成而龙虎现，山因以名”，从此龙虎山成为中国道教发源地。后入巴蜀，除蛇虎之患，救人疾疫，又教民以井盐之法，立坛布化，以二十四品秘箓普度世人。高龄冲举，恩留下土，功德无量，流芳千古。

三师在蜀，广传大道，历经百年。四代天师曰盛，谢爵南归，复启丹灶，设坛授箓，从此绳绳继继，天师道法世代传承不替。两晋南北朝时，十余代天师在龙虎山岩谷清修，因功德在民而声名远播。历隋唐，有箓院之设，承宋祚，有“先生”之封。崇宁间，三十代天师张继先道行高洁，谒君有龙虎神灵之妙对，磔妖有动地惊天之神威。徽宗皇帝赐建府第，从此埒立南国世家。

嘉熙三年(1239)宋理宗敕三十五代天师张可大提举三山符箓兼御前诸宫观教门公事，道教大正一派于此形成。

有元一代，历代天师均主管江南诸路道教事，赐银印，视二品，其中，三十八代天师张与材赐金玉冠服，给金印，视一品，加金紫光禄大夫，封“留国公”，天师道在元代的鼎盛可谓登峰造极。

入明，太祖朱元璋授四十二代大真人张正常“永掌天下道教事”，江南符箓道派进入全盛之期。明朝统治凡276年，历代掌教大真人世袭罔替。其间精英辈出，不可胜数。四十三代张宇初人号“列仙之儒”，编道藏，饬风纪，人所向慕；四十五代天师张懋丞奉召奉天殿，与孔府衍圣公同侍帝侧，“南张北孔”会见，各赐金币衣履，英宗观天师印剑叹曰：“神物灵异，果如是乎！”四十八代大真人张彦頨历事三朝，有“帝师”之称。五十代张国祥、五十一代张显庸均赠封“太子少保”，明代天师道之鼎盛丝毫不亚于宋元。

清代，奉喇嘛教为国教，道教地位有所下降，但清朝的历代帝王对天师仍然礼遇有加。顺治八年(1651)召见五十二代天师张应京，授“正一嗣教大真人，掌天下道教事”，礼秩咸如故。康熙之朝，历代天师例授“光禄大夫”，康熙帝御书“大上清宫”匾额以赠。乾隆时，天师在朝中品秩一度从二品降至五品，旋即又晋升为三品，并“永为例”。天师女眷，代有崇封，或赐封“仙姑”、“元君”，或赐封“一品夫人”“一品太夫人”，或赐封“淑人”，从无间断。

近代，列强凌辱，国运日衰，道教亦随之式微。但道门中人图强救国之志从未稍止。民国初年，六十一代天师在上海筹划“中华民国道教总会”，提出“昌明道教，以维世道，以道为体，以法为明”的宗旨；民国三十四年(1945)，六十三代

序

天师张氏，受姓远矣。轩辕黄帝第三妃彤鱼氏生子名“挥”，始制弓矢，封“弓正”，国于青阳，后改清河郡。清河郡即今之河北邢台市清河县，为世界张姓发源地。是故，凡天下姓张者，皆自谓“清河张”。

挥公之子名昧，为玄冥师，司水正，主水旱疾疫之职，居尹城。尹城属山西太原府，故号“尹城派”。昧公而下，传八世，有重熙，为火官正。又传九世，张考于夏少康时为大夫。少康者，夏朝中兴之主也。

商汤时，有张纯亦为大夫。传三十一世至张仲，周宣王时为卿士。张仲传十二世有张老，字广陵，为晋国大夫，拜中军司马，此春秋之际也。自张老至君巫、趯(通跃)、骼世代为晋国大夫，居于曲沃。曲沃即今山西临汾，张氏在此繁衍分枝，故称“曲沃派”。骼公而下，历四世，有韩相开地。“三家分晋”后，张氏四世相韩。开地生子张平，张平生张良，即汉留侯也。张良佐刘邦，灭暴秦，败项羽，一统汉室天下。而张姓之人奉留侯为一世祖。细算下来，自轩辕黄帝起至张良，已传八十一世矣。由此观之，张氏奉留侯为一世祖，则留侯亦为黄帝位下第八十一世孙，依宗谱学惯例，“孙”者乃一代人之代称也。

留侯之后，传十世，一代巨星横空出世。即道教创始人张道陵，其乃黄帝位下第九十一代，留侯位下第十代孙也。史学界尝称汉天师为张良位下第八世孙、第九世孙，皆误。其准确表述乃为留侯位下第十世孙。

一代天师陵，出生于吴之天目山，少年讲学，历游吴越之地，又举孝廉，任职江州之署。不愤世风之日下，弃官潜修，实欲效远祖张良神仙之举也。由淮入赣，天师张恩溥为庆祝抗日战争胜利，在天师府内举行五天六晚之太平罗天大醮，其影响所及，非止贵溪一隅，引起全国道教界之响应。1949年，张恩溥去到台湾，仍心系祖国，坚持一个中国的立场从未改变，弘扬道法，提倡道门一统，足迹遍及东南亚各国。直到今日，台湾道教界各大分坛、庙宇，均秉承天师意愿，与大陆道教界保持着非常密切的往来。

改革开放以来，大陆道教事业全面复兴，嗣汉天师府修复重建工程全部告竣，四进院落悉数修复，前宫后府焕然一新，宫保第落架重建，三省堂修旧如旧。三清殿雕梁画栋，玉皇殿玉阶丹墀，复祖庙为立授箓院，竖钟亭以护大铜钟。古甬道直达后院，仁靖碑赵体犹新。敕书阁宸翰再现，百花塘可观游鱼，参神座如登天上宫阙，入府第如同仙境蓬瀛。

这是一段真实的历史，这是一部恢宏的史诗。一千九百余年的风风雨雨，见证了天师道从无到有、从弱到强，由盛而衰、由衰而盛的过程，也记录着历代天师及道门精英为弘扬中国道教的丰功伟绩。

公元二零一一年三月，四川大学盖建民教授肇访龙虎山天师府，宾主闲聊之中，余以历代天师浩瀚史料未及全面整理，故至诚相托，请盖君及其学术团队撰写一部以反映天师事迹为主的文稿，盖君欣然答应。经过作者们两年多的努力，洋洋百万言的《中国历代张天师评传》终于面世。余沐浴拈香，奉而读之，顿觉如饮甘醇。该书史料齐全，脉络清晰；言辞优美，结构严谨；评析公允，功过分明；见人而见事，不失为研究和弘扬天师道文化的一部优秀作品。在此书付梓之时，余以拙劣之文，附于卷首，权作序耳。

张金涛

道历四千七百十一年孟夏写于天师府寸心阁

天师谱系

天师谱系

六十三代张天师的传承

自老祖天师张陵创教以来，天师之位已世袭六十三代。一般来说，张天师之称号并不是指某一位天师而言，而是老祖天师张陵及其子嗣中执掌天师之位的一系列张天师群体之总称。如下是道教张天师一脉的传承谱系，本谱系主要依据《汉天师世家》、《补天师世家》、《神仙传》、《历世真仙体道通鉴》、《留侯天师世家》等书。

第一代

老祖天师张陵（34—156），字辅汉。又称老祖天师，其事迹已详细罗列于本书，兹不赘述。

第二代

张衡（？—179），字灵真，为老祖天师张陵长子。年少即博学，通五经。隐居多年，不愿为官。精修至道，常行吐纳导引之术，不火食。少与外界往来，名重于朝野。东汉灵帝时天子欲征召张衡天师为黄门侍郎，不就。张衡天师继承老祖天师张陵遗志，在升仙之前（光和二年，即公元 179 年）正月二十三日以印剑授其子张鲁，并留下遗嘱："汝祖以天地为心，生灵为念，诚敬忠孝为本，周行天下，除妖孽之为民害者，是以亲遇圣师，建立大教。嗣吾教者，非诚无以得道，非敬无以立德，非忠无以事君，非孝无以事亲。汝其递相传授，世袭人伦，世遵成训。”元代至大元年（公元 1308 年），张衡被册封为正一嗣教太清演教妙道真君。

第三代

张鲁（？—216），字公祺，其事迹载入《三国志》、《后汉书》等史书之中。被益州牧刘焉拜为督义司马，后与别部司马张修共取汉中。得汉中后，实行政教合一的政治策略。后迫于曹魏集团的淫威，为使汉中百姓免于涂炭，降操。曹操对系师张鲁天师赏赐有加，让他率家眷、信徒迁往中原。后曹操拜系师张鲁天师为镇南将军，并封为阆中侯。道门中人又称张鲁天师为“系师”。

第四代

张盛（约 211—309），字元宗，活动于汉末至西晋，为系师张鲁第三子。早年曾任曹魏奉车都尉散骑侍郎一职，后曹魏曾欲封他为都亭侯，辞而不受。张盛天师精修妙道，谨记其父之教诲，立志发扬光大正一之道。后携祖传之经、印、剑、符箓等自汉中回龙虎山居住，在老祖天师张陵当年炼丹之地结庐而居。追随张盛天师学道者日众，每年的三元日，张盛天师会亲自登坛传授经箓。后授其子张昭成天师以印剑，让其嗣教。一日与众弟子赏游丹山，于晋永嘉中（约公元 309 年）白日飞升，驻世九十八年。

第五代

张昭成，生卒年不详，据说享年 119 岁。学道不懈，会道教出神之术，端坐于家中，能察知数百里之外之事。能驯虎豹。

第六代

张椒，生卒年不详，享年 100 余岁。博通儒书，善治鬼之术。皇帝屡次征召不就，后尸解而去。

第七代

张回，生卒年不详。出生时即问旁人“道为何物”，见旁人不能回答，便慨然失笑而叹。5 岁时，其父让他读儒书，他回答：祖上的书不读，读它书有什么用？善辟谷导引之术，后隐入青城山中，不知所终。

第八代

张迥，生卒年不详，活动于南朝齐高帝年间。年幼即得道，极有天赋。严奉六时香火，一生不怠。善于治病救人，世人对他十分敬仰。享年 90 岁。

第九代

张符，生卒年不详，享年 93 岁。熟读经史子集，过目不忘。擅长道门符箓法术，显贵于当时。

第十代

张子祥，生卒年不详，活动于隋代。少时曾读儒书，官至洛阳都尉。后弃官回归龙虎山，潜心向道，常行服食炼养之术，能吐丹于手掌之中细赏把玩。后分派弟子们至四方，广为传道。享年 120 岁。

第十一代

张通玄（玄亦作“元”，当为避讳而改），生卒年不详。天性静默。曾于疫病流行之年，把木标放置水中，过往之人饮水后即可治好疫病。人们以钱帛财物感谢他，辞而不受。享年 97 岁。

第十二代

张恒，生卒年不详。据说对经史能过目不忘。唐高宗召之入京问其治国之策，他回答：能无为则天下可治。享年 89 岁而羽化。

第十三代

张光，生卒年不详。一生立志于修道，曾居山中石室长达 30 余年。后还家传授经箓，颇擅长辟谷之术。年 104 岁而化。

第十四代

张慈正，生卒年不详。天资聪颖，擅长易道，一生乐善好施，接济贫穷。曾弃妻子隐入山中修道。继任天师之位后，只在每年的三元日才出山传授经箓，朝廷屡次想征召他为官，皆推辞不应。约 100 岁而羽化，羽化时可听见来自天界的迎接他的仙乐之声。

第十五代

张高，生卒年不详。气宇轩昂，生性豁达，好饮酒，能饮一石而不醉。唐玄宗召见他，命他于京中设坛传箓。一次饮酒时忘天师之印于长安某酒店，一少年用尽全力尚未能举起。年 90 岁坐化于家中。

第十六代

张应韶，生卒年不详。一生博学经典，后隐居于龙虎山龙须井上，擅长辟谷之术，能百日不进食。善吹铁笛，与妻儿躬耕自娱。后坐化于龙须井上，年约 90 岁。

第十七代

张颐，生卒年不详。先任贵水尉，后弃官携妻儿归隐山中。为人至孝，强调先忠孝而后成就仙道。后无疾而化，年约 87 岁。

第十八代

张士元，生卒年不详。据说他世居于龙虎山东边的应天山长达 40 年，当时山中有虎，凡人不敢谒见。每在大风大雨时，可以看见他乘黑虎往来于众山峰之间。应天山至今还保留着众多遗迹。年 92 岁羽化于家中。

第十九代

张修，生卒年不详。一生质朴、节俭，曾携妻儿躬耕于野外，少与人交往。擅长符法治病，无不应验。弟子赠送他的礼物，都散布给贫困人家。后端坐家中而化，享年 85 岁。

第二十代

张谌，生卒年不详。少时即博学，唐武宗与唐懿宗曾赐予其封号。后还龙虎山，一天大醉后而羽化，时年 100 余岁。

第二十一代

张秉一，生卒年不详。其母于梦中见一神人脚履金色龟下降，后感受而有妊，十五个月后才产下他。据说他目光如电，夜能视物。常背剑行于山中，斩妖除魔。曾积累千金，遇旱涝之年，用千金买谷，救济百姓。年 92 岁而化。

第二十二代

张善，生卒年不详。少时即不茹荤，年纪稍大即学道。云游名山大川，二十年后才回龙虎山。后足不出户，凝然内养。年 87 岁而终。

第二十三代

张季文，生卒年不详。擅长符箓，五代时，受其经箓之人甚多，人们还铸铁环券把所受之箓保护起来，以示珍重。季文天师所作之箓到宋代时仍广为流传。年 87 岁而终。

第二十四代

张正随，生卒年不详。生性淡薄高雅，家中并不富裕，却也乐善好施。后宋真宗召见，并为其建授箓院，并敕改真仙观为上清观。年 87 岁而终。

第二十五代

张乾曜，生卒年不详。生性静默寡言，立志内修。宋仁宗曾召见他，问以修身治国之事。之后，仁宗大叹："尔不远千里，至辇下一言悟朕，得养生治民之要。"年 85 岁而终。

第二十六代

张嗣宗，生卒年不详。出生左手即有印文。宋仁宗曾召见之，请求为国祛灾避祸之事。仁宗曾赐书赞赏嗣宗天师："汉天师二十六代孙张嗣宗，绍承家学，绰有祖风，比露剡以笺天，旋弥灾而为福。非道心精一，至诚感神能若是耶？虚空生白，吉祥止止，惟尔有焉。"享年 81 岁。

第二十七代

张象中，生卒年不详。出生后三月能行，五月后能言。少时聪颖异常，博读经史，年仅十三即受宋仁宗召见，并赐坐应答，仁宗非常满意，特赏赐其紫衣。后归隐圣井山，得道冲举。

第二十八代

张敦复，生卒年不详。学识天成，声如洪钟，士林对其非常景仰。曾为神宗设醮于内殿，并被赐号“葆光先生”。享年53岁。

第二十九代

张景端，生卒年不详。性情恬淡，绝各种嗜欲，笃志于玄学。年52岁羽化。

第三十代

张继先(1092—1127)，五岁之前尚不能言语，五岁时忽闻鸡鸣之声，便笑而赋诗：“灵鸡有五德，冠距不离身。五更张大口，唤醒梦中人。”九岁便嗣教。后宋徽宗四次召其入宫问以道法异同和外丹黄白之事，他劝皇上不要沉湎于外丹黄白之术，应修德以治国。其一生著述颇丰，如《心说》、《大道歌》、《虚空歌》等备受后人称颂。

第三十一代

张时修(1079—1140)，平素学习儒术，参加科举考试，屡试不第。后乃恬然隐退，一心向道。年61岁而化。

第三十二代

张守真(？—1176)，其母曾于梦中食仙人所赠之果，并告其母生子当主阳平治都功印。一生纯素守静，恬淡寡欲。宋高宗召之入京设醮，神灵有异应。后语于弟子：“吾与兄长有青城山之约。”言毕而化。

第三十三代

张景渊(？—1179)，宋孝宗时随父入朝面见皇帝，皇帝对他非常喜爱，以御笔更改其名为景渊。张景渊天师生得仪冠轩伟，有美髯，眉宇之间透出仙风道骨之相，人皆言有正一道派之风格。袭教后，受其符箓者颇多，并多有灵验。皇帝召其入内宫设斋醮之事，神明有大感应。皇子魏王镇守浙江，遇疾，曾召治病，以咒水治之而病痊愈。后魏王礼遇张景渊天师甚厚，数次想召其入府，景渊天师均委婉拒之。有一天，魏王使者还在路上的时候，张景渊天师召集弟子说：我不可错过升仙之期。于是隐几而化。

第三十四代

张庆先（？—1209），庆先天师生时，天姿娴雅，生性静默。开始时，人们并不知道他的名字，可是后来他的声名传遍四方，可谓神异焕发，道俗宗响。大家都认为他是真正的正一先生之后裔，于是人们报告了有司，有司请他于三元日升坛授箓，供养他的香火非常兴旺。后来，庆先天师于大宋宁宗嘉泰元年承袭三十四代天师之位。袭教后，以真纯自守，以俭素持家，待人接物十分仁慈，曾以衣食赠贫寒之士。后一道人来天师府谒见天师，道人离去后，天师便告诉膝下弟子们说，我与此道人有一约会，七天于宴会后坐化。

第三十五代

张可大（1218—1263），《仙鉴》中称他丰神秀异，性识不凡。四方慕名而来请参受他的法箓之人上万，累次被皇帝征召入京师。后召之入京设醮求退海潮、祈天降雨、禳退蝗虫、保卫边疆等事，被后人尊称为“观妙先生”，奉皇上之命重修真懿观。元世宗忽必烈南下至武昌时，曾派人往龙虎山探访，可大天师对使者说天下不久将混而为一。年 46 而化，皇帝曾赐予其“通玄应化观妙真君”称号。

第三十六代

张宗演（1244—1291），性格恬静，少时聪颖。19 岁时嗣教。元世祖忽必烈平定江南，即召见宗演天师。朝廷对宗演天师礼待有加，赐之以玉芙蓉冠、织金无缝服，命令他主领江南三山符箓诸派道教。曾数次为皇室设醮祈福。元世祖曾命宗演天师取老祖天师张陵老祖天师所传玉印、剑等袭教信物观之，并对众大臣们说，朝代更换了不知多少代，可是老祖天师张陵老祖天师的剑印一脉相传，时至今日尚不绝如缕，天师之家果真是有神明佑护之相啊！宗演羽化后曾被赠封为“演道灵应冲和玄静真君”。

第三十七代

张与棣（？—1295），字国华，号希微子。少时渊静寡言，擅长诗文，对儒释道三教均有体悟。袭教后即受皇帝召见。元成宗登位后，命与棣天师设斋醮于圆殿和长春宫，袭掌江南各派道教，后来还命天下诸派道教都要效法与棣天师所行斋醮之法。与棣天师曾对膝下的弟子们说道，我一生素朴，现久留京师，被繁华所束缚，可这并不是我的真心愿望啊！于是乞请皇上允许其归龙虎山中静修，但皇上未允许。不久即坐化于京师崇真宫，皇上派人护送其灵柩回龙虎山中。

第三十八代

张与材（1264—1316），字国梁，号广微子。生性仁厚，善于赋诗作文作画，尤其擅长大字草书，在陕西户县的重阳宫至今尚留有他所书写的《天下祖庭》碑。后于至元三十一年嗣教，皇帝赠予冠服玉佩诸物品。元贞元年面见圣上于大明殿，次年又赐予“太素凝神广道真人”封号，并封其母为“玄真妙应仙姑”。后海州、盐州出现潮患，圣上再次召其入京设斋醮祛除潮患，与材以铁符投入水中，使海潮消退。后朝廷再次召其入京，应丞相答剌罕的请求，设斋醮请降雨雪，并有灵验。后归于龙虎山，设醮于上清正一宫。与材天师一生所受朝廷封号甚多，有“正一教主”、“金紫光禄大夫”、“留国公”等。

第三十九代

张嗣成（？—1344），字次望，号太玄子。嗣教后即入京设金箓大醮于长春宫，后归还龙虎山，朝廷赐封以“太玄辅化体仁应道大真人”称号，主领三山符箓诸派道教事务。后于延保七年和泰定四年，先后于浙江设立大醮，治理盐州海潮之患，并有灵验。后又于京都崇真宫设醮祈请雨雪，天有大应验。皇帝曾对嗣成天师说，朕麻烦天师您的地方很多，将按照您前前后后的功绩来对您进行封赏。元朝政府授予他“知集贤院事”一职，明洪武皇帝追赠其“正一教主，太玄弘化明诚崇道大真人”封号。

第四十代

张嗣德(1305—1352)，号太乙，性宽厚爱人，工于诗文书画。嗣教九年后，天下发生兵乱，嗣德天师命弟子招募兵丁保护乡人，邻村的作乱之兵丝毫不敢犯乱当地乡民。曾受朝廷封为“太乙明教广玄体道大真人”，总领南方三山符箓道教诸派事务。后微疾而化。

第四十一代

张正言(1325—1359)，貌古神清，沉静寡言。正言嗣教前恰逢红巾军起义，多事之秋，时势维艰，因此与朝廷的联系极为不便。后元顺帝通过浙江行省间接派使节封赐其为“明诚凝道弘文广教大真人”，并总领南方三山符箓及诸道派事务。后微疾而化。

第四十二代

张正常(1335—1377)，字仲纪，号冲虚子。少时聪颖宽厚，雅好老庄，有志于仙道秘法。嗣教后，明开国皇帝朱元璋为吴国公时，曾发榜文至龙虎山礼招正常天师，委托他总领道教诸派事务，并发布命令让地方驻军一定要保护好龙虎山天师府的各种物件，任何人不得破坏。朱元璋登基后，正常天师入朝祝贺。后朱元璋改天师封号为“正一嗣教大真人”，赐予银印，官秩二品，免龙虎山各种租赋徭役。朝廷又授予“正一嗣教护国阐祖通诚崇道弘德大真”称号，总领江南道派事务，后又加授“永掌天下道教事”。洪武二年，朝廷拨款修葺龙虎山天师府邸，认为老祖天师张陵创立道教有大功于江山社稷，其后嗣子孙足以与孔府的衍圣公并称于世。正常天师于洪武十一年羽化，明太祖曾亲自拟制祭文，并派遣使臣至龙虎山致哀。

第四十三代

张宇初（1340—1410），幼时聪颖，少年老成，学识渊博。于洪武十三的嗣教，授“正一嗣教道合无为阐祖光范大真人”封号，总领道教诸派事务。后受召入朝，勉励修节以合神明，朝廷还追封其母亲为“清虚冲素妙善玄君”。又于京都（南京）紫金山和神乐观两地建斋设醮。后又入朝面见皇上，圣上准其修建大真人宫的奏请。洪武二十四年，朝廷下旨禁止天师府之符箓流入民间，并赐龙虎山天师正一玄坛之印。建文帝登基以后曾一度贬抑宇初天师，宇初天师于是在龙虎山的黄箬峰下构筑岘泉精舍静修。明成祖朱棣即位之后，宇初天师入朝祝贺，并受赐缗钱修葺大上清宫。永乐年间奉旨编修道教典籍全集——《道藏》。五年之内曾经三次入朝建斋设醮。皇帝对宇初天师青睐有加，屡次赏赐以丰厚的物品。明成祖朱棣曾两次降旨让宇初天师入武当山寻访张三丰真人。后于永乐八年羽化。

宇初天师博学诸子，遗世著作主要有：《岘泉集》十二卷（收入《道藏》和《四库全书》）、《道门十规》、《元始无量度人上品妙经通义》四卷等诗书文论多篇）为世人所尊重。

第四十四代

张宇清（1354—1427），少时极富天赋，7 岁即能作诗，后广泛涉猎于秘要、儒经、子史诸学，有《西壁文集》留传于后世。于永乐八年嗣教，当年即受皇上征召入朝，并于朝天宫设斋醮，受赐予冠服珪佩等物，被册封为“正一嗣教清虚冲素祖演道大真人”，总领道教事务。明仁宗即位后，敕奖金玉法印，织文金衣，鹤氅貂裘，佩绮币等物品，并命他掌管天下道教事务。后于宣德二年羽化。

第四十五代

张懋丞（1387—1445），字文开，为人恬淡雅静，不为俗物所累。4 岁时学禹步，天上渐有隐隐雷声，人们一开始以为只是碰巧而已，命他再作禹步，天上雷声顿时大震。后教之以儒经及道门玄秘之经，能日记万言。其文章和书法，名盛于时人。后入朝面见圣上，命其总领道教事务。数次为朝廷设斋建醮，所受赏赐颇为丰厚。后辞官归隐于龙虎仙家，坐化于龙虎山中，享年 59 岁。

第四十六代

张元吉(1435—1475)，年方 11 岁即受召见入京，授“正一嗣教冲虚守素绍祖崇法真人”称号。英宗念及其年幼，与母亲相依为命，下旨禁止家族的其他成员对元吉母子的侵犯欺凌，并勉励他勤奋修炼以继承教位。后历经代宗、英宗、宪宗等数位皇帝，被征召入京建斋设醮达数十次之多。成化三年，曾被加封为“正一嗣教体玄崇默悟法通真阐道弘化辅佑圣妙大真人”，掌管天下道教事务，并赐予“金镂正一嗣教大真人府”印，皇上亲书“大真人府”匾额。后外出云游，六年后始还，径直至龙虎岩下结庐，辟谷三年，后诵书而化。

第四十七代

张玄庆(1463—1509)，博学多闻，擅长诗画。后被赐封为“正一嗣教保和养素继祖守道大真人”，总领道教事务。后受命前往天目山、葛仙山、华盖山、鹤鸣山和武当山上香。曾于明弘治三年设斋醮于朝天宫。

第四十八代

张彦頨(1490—1560)，世宗嘉靖年间，御敕张彦頨天师书谕达数十道之多，朝廷数次命张彦頨天师修葺大真人府邸。其母亲和妻子也曾被赐封为“元君”。

第四十九代

张永绪(1539—1565)，嘉靖二十八年即随父入朝，受赐封为“正一嗣教守玄养素遵范崇道大真人”，掌管天下道教事务。后朝廷屡有赏封，并封其妻为“静和元君”。1564年设保国安民大醮于朝天宫，次年又于内宫设醮，并赐予蟒衣玉带等物。

第五十代

张国祥（？—1611），少时即有异容，气质不凡。生时恰逢世宗崇尚方术，曾一度失去天师真人之称号，仅被任命为上清宫提点，官秩从正一品降为五品。后至万历五年才恢复以前之“天师真人”封号。神宗曾召国祥天师入宫，并御赐匾额以悬挂于天师府第，并以玉石刻天师祖传之印玺以封赐国祥天师，后称元坛印。之后，国祥天师请求归还龙虎山上清宫居住，神宗皇帝专门拨款修葺上清宫府第，修葺期间，国祥天师无疾而化。曾奉旨于万历十五年编撰《万历续道藏》，为保存道教和中国传统文化作出了重大贡献。

第五十一代

张显庸（1582—1661），显庸天师赋性仁慈、忠孝，好礼义，喜读书。嗣教后总理修建大上清宫事务，完工后有志于隐居修炼，辞退掌教事务，把天师之位传于其子。另外构筑静室，取名“梧绿轩”，每天与弟子品茶论道，谈论先天无极及心性之学，静悟大道玄旨。著有《金丹辨惑》、《浴梧诗集》、《三教同途论》等书。一生乐善好施，每遇灾害之年，把自己家中所积蓄的粮物施与邻里饥民。享年81岁。一生封号颇多，如“正一嗣教光扬祖范冲和清素大真人”、“太子少保”、“光禄大夫”等。

第五十二代

张应京（？—1651），明崇祯年间嗣教，皇子有病在身，召之入朝设斋醮祈禳。曾于上清宫招募乡勇抗拒盗贼，确保乡民安全。清顺治帝命应京天师续理道教事务，仍赐予一品官秩。后于扬州琼花观羽化。康熙帝曾封其“光禄大夫”称号。

第五十三代

张洪任(1631—1667),于顺治帝八年继任天师之位。少时即好学,通道门秘籍。后召见入宫,称其家族为天师世家。后有微疾而化。曾受御赐予"光禄大夫"之号。

第五十四代

张继宗(1666—1715),康熙帝曾赐以匾额"碧城",后以碧城为号。14 岁继任教位,后入朝面见皇上,并赠予"大上清宫"的匾额。后于扬州琼花观羽化。

第五十五代

张锡麟(1699—1727),字仁祉,号龙虎主人。继天师之位后,康熙帝曾于畅春园召见锡麟天师。雍正帝时又召锡麟天师入朝,行至杭州时病情加重而化。

第五十六代

张遇隆(1727—1764),遇隆天师少时即生得英俊挺拔,钦差认其为神童。遇隆天师勤学道门秘法和儒家经典,后被御使所弹劾,改其官品为正五品。遇隆天师不以为意,优游于山林之中,静心修道。后不知所终。

第五十七代

张存义(1752—1779),资质聪颖,15 岁继任教位,后被召入皇宫设坛祈雨,灵验非常,于是其官品由五品提升为正三品,皇上还赏赐以"真灵福地"匾额和其他物品。后任京都协理提点,兼京畿道录司、省协理。享年仅 28 岁。

第五十八代

张起隆(1745—1799),性格沉默多智,能文善诗词,与四方名士交游甚厚。

九岁即入太学，后考入四库全书馆誊录，曾任县丞，后晋升为粮储库大使、布政使、司都事。因第五十八代天师张存义没后嗣，遂继任教主之位。受皇帝之赏赐极厚。

第五十九代

张钰(1770—1821)，善言辞，声若洪钟，性格直率无伪，敦厚待人。每年碰上旱涝灾害之时，就为乡民设斋请祷。继任教主位后屡次被召入养心殿面见圣上。后光绪帝册封其为“光禄大夫”。

第六十代

张培源(1813—1859)，生性淡朴，笃行孝友之道。平生乐善好施，能舍己救人。曾用铁符两次治理浙江海潮之患。善斋醮之法，曾设醮七天，大雨如注，培源天师手把符水洒于斋坛的前后左右，尽除蝗虫之灾。后无疾而终。

第六十一代

张仁晸(1840—1903)，生性冲和，精研道门秘典，事亲以慈孝而闻名。继任教主位后正值国家动乱之时，于是日夜与众弟子参考编订断残简书文章。曾游历至粤东，遇一异人，赠予黑色玉印一枚。后抵达上海，众人向仁晸天师索求避火符，都说天师所赐的符上有黑面金甲依附于其上。仁晸天师曾回青城山祖庭拜祭，三岛石上镌刻其手书“降魔”二字。后潜修祖传静炼之功，年63岁而化。

第六十二代

张元旭(1862—1925)，本为光绪年间的痒生，精修道法，善作文章。曾续补第五十代至六十一代天师传谱。民国时期，已经废除了天师的封号，袁世凯曾一度恢复其“正一嗣教大真人”的封号。民国初年，受邀请至上海筹建成立中华道教总会，与浙江省、江苏、上海等正一派道观的代表共同提出“昌明道教，以维世道，以道为体，以法为用”的宗旨以及兴办实业、学校等方面的具体措施。当时的政府并没批准，道教总会的宗旨影响并不大。后病卒于上海，归葬于龙虎山中。

第六十三代

张恩溥(1904—1969)，字鹤琴，号瑞龄。生于1904年农历九月初五，曾于上海、苏州一带开展传道事务，抗日战争爆发后归隐于山中。1946年于上海筹备成立“上海市道教协会”，提出“宗教为重，团结为重”、“研究玄学，阐发教义，刷新教规，联络道友感情，发展宗教事业”等口号。“上海市道教协会”成立后，出版了由陈撄宁先生起草的《复兴道教计划书》。1949年前夕，随民国政府入台。后于1950年创立“台湾省道教协会”，设立“嗣汉天师府驻台办事处”，亲自传授经箓。又设立“道教居士会”和“道教大法师会”。多次组团访问东南亚国家，向国外的善男信女宣扬道教教义，影响颇广。年65岁而化，至死眷恋龙虎山祖师玄坛，思乡之情尤其切切。

目　录

老祖天师张陵评传

第一章

老祖天师张陵的诞生

一、沛国丰邑:老祖天师故里

老祖天师张陵诞生在一个叫沛国丰邑的地方。无论“沛国”还是“丰邑”其实都是古地名。相对来说,“沛国”之名晚出,它大约于公元前196年才正始出现于史书的记载之中。当时,汉高祖刘邦建汉不久,正是大赐群臣的时候。高祖刘邦遂封其侄子刘濞为“沛侯”,建立“沛侯国”。虽然一年后刘邦又因改封刘濞为吴王而撤销了“沛侯”之国,但“沛国”之名却就此流传了下来。到了东汉建武二十年(44)的时候,光武帝刘秀又封其子刘辅为“沛王”,其国所在之地称“沛王国”。“沛王国”王位共传八世,直至公元220年东汉灭亡,沛王国才被撤除。东汉时刘辅的沛王国其治所在相县(即今安徽省淮北市相山区),下辖二十一县,其中就有今日称“丰县”(今属江苏省)的“丰邑”县。

“丰邑”之名出现得也很早,《史记・周本纪》记载:“(西伯)伐崇侯虎,而作丰邑,自岐下而徙都丰。”这是说,当年周文王(西伯)在讨伐崇国侯虎的时候打了胜仗,占领了人家的城池,就改名叫“丰”,并以之为都邑。但周文王时代的“丰邑”并不是老祖天师张陵诞生地所在的沛国之“丰邑”,“丰邑”是到了秦始皇时才开始建县的。

准确地说,老祖天师张陵诞生所在之地的“沛国丰邑”在今天江苏省的丰邑县,即东汉光武帝刘秀所封其子刘辅“沛王国”所辖境内的丰县。

刚才提到,“丰邑”在秦始皇时代就已经建县,由此可见,“丰邑”的开发是较早的。另外,这里还有十分重要的一点不得不提及,即“沛国”这块土地是很有灵性的，因为此地多出才俊人士。在老祖天师张陵老祖天师诞生之前，它就与一位历史上赫赫有名的人物紧紧地联系在一起，这个人就是汉朝的开国皇帝汉高祖刘邦。刘邦的故乡即在丰邑县的阳里，《汉书·高帝纪上》记载：“高祖，沛丰邑中阳里人也。”所以，刘邦在登基之前又被尊称为“沛公”就不足为奇了，因为他就是沛地人，古人因籍贯而用作对人的称呼，那是再自然不过的事情了。但此时高祖刘邦还不能称作“沛国”人，实在是因为此时此地还没有被高祖刘邦或光武帝刘秀赐封侯国。“沛公”的称呼就是由高祖刘邦所诞生之地名而来的。

在老祖天师张陵老祖天师之后，“沛国”之地还出了竹林七贤之一的以喝酒而名闻华夏的名士——刘伶。不过，那是后话，暂且不表吧！

当然，“沛国”这个地方与老祖天师张陵老祖天师的十世祖留侯张良也有莫大的关系。我们知道，张良的祖籍虽然与沛国无关，但其身世和经历却与沛国有着不解之缘。

二、系出名门：留侯张良之后

古博浪沙

刚才提到，老祖天师张陵老祖天师的十世祖是张良。张良是汉代初年的风云人物，其人其名声用“如雷贯耳”来形容那是一点都不为过的，有一句话叫“运筹帷幄之中，决胜千里之外”就是用来形容张良的。更为重要的一点是，张良身上那种天生的道家精神气质及其极富传奇色彩的一生经历似乎昭示着其十世孙老祖天师张陵老祖天师由儒入道、观天察地、静修心性、悬壶济世、悲天悯人、开坛设教，终成一代道教教祖的人生轨迹。因此，有必要先对张良那极富传奇色彩的一生作一些交代。

据《史记·留侯世家》记载，张良的祖父张开地历任韩国昭侯、宣惠王与襄哀王之相国。其父张平则任韩国釐王、悼惠王之相国。所以，张良家是名副其实的五世公侯之家！

悼惠王二十三年，张良的父亲张平过世，此时的天下已呈秦国一统之势。张良此时年青，尚未在韩国担任公职。至韩国被秦国破国之时，张良家也遭受了重大的打击，张良家人连其家僮三百余人被杀害，其中还包括张良年幼的弟弟。此时的张良可谓身负国恨家仇。为了表达其为国为家复仇的决心，张良不仅没有安葬其弟的尸身，并且还散尽家中钱财，寻求能刺杀秦始皇的勇士。

张良向东方出发，见到了仓海君，寻得一大力士，打造了一重达一百二十斤的铁椎。不久，秦始皇往东巡游。在张良等一干人的精心策划下，在一个叫“博浪沙”的地方埋伏了下来，专等秦始皇的车队经过的时候，伺机一击必杀。

不久，秦始皇的车队果真来了，那位大力士用尽全力气扔出了那重达一百二十斤重的铁椎，但是运气差了一点，只是击中秦始皇车队的副驾驶员（“误中副车”）。秦始皇的卫队随即展开搜寻刺客的行动，那位掷出重椎的力士当场被抓住并被处死，张良侥幸逃脱。此后，秦始皇因为这件刺杀事件而龙颜大怒，号令天下郡县严加搜索张良等一干人，风声非常紧。没办法，张良只好更改名姓，踏上逃亡之路。抓捕的风声渐渐平息了下来，张良于是来到了沛地的“下邳”一带，聚集了一百多号人的队伍，为反抗暴秦默默地积蓄着力量。“下邳”即今天江苏省邳州市西南睢宁县古邳镇，此地离高祖刘邦的老家不远。

张良在下邳的时候，还碰到了一位对他一生影响深远的隐逸高人——黄石公。“圯上敬履”的典故正是源于张良和黄石公之间的这段奇遇。事情的经过是这样的：

张良拜师图

张良隐居在下邳的地方有一座桥，他经常在桥上散步闲行。一次，一位穿着粗布衣满头银发的老者（即黄石公）来到桥头离张良不远的地方，故意把鞋扔到桥下，回头对张良说：“小子，帮我下去把鞋捡上来！”张良感到十分惊愕，心想这老头够蛮横无理的，我跟他非亲非故，竟然让我干这种事，心中十分不快，立马升起了要打那位老头的念头。但是看到这老者满头的银发，张良还是下不了手，于是强忍心中的不快，下桥去帮老者把鞋捡上来。让张良未曾想到的是，这老者还提出了更过分的要求，竟然伸出脚，让张良帮他穿上鞋。张良心中越发不悦，但他转念又想了想，算了，好人做到底，下桥捡鞋的“大事”都做了，帮老头穿鞋这点“小事”索性一并帮他做完。张良于是毕恭毕敬地跪下，帮老者穿上鞋子。张良看着那老者伸出的脚，并自得地接受“服务”的神态，心中就像吃了苍蝇一样，别提多难受了。但张良最终还是忍住了，没有表现出来。

在张良帮着穿好鞋后，那老者大笑着站起来，也不说声谢谢，径自转身离去。张良用满是茫然、吃惊的目光，目送着老者离去。

让张良更始料不及的是，这老者大约在走出一里开外后，又折身走回来了，还感叹地对张良说道：“孺子可教啊，孺子可教啊！五天之后的平明，到这个地方与我相会，我将传授给你一身本事。”此时，张良虽然不知道老者葫芦里卖的是什么药，但出于对老者的尊重，跪下并应诺了下来。

五天后的平明，张良前往上次与老者相遇的桥上，却发现那老者在此等候多时了。结果被老者训斥了一通：“与人相约，你却迟到，是什么缘故呢？回去，五天后再到此地等我，记得要早点过来。”

经过这两次与老者的相逢，张良感觉这位老者一定是一位不平凡的人，仿佛有什么重要的事要托付于自己，所以张良很自然地记紧了老者让他早点过来的话。

又过了五天，张良在鸡鸣的时刻就前往与老者相约的桥边。但让张良未曾想到的是，那老者又一次先他而到了。老者像上次那样又一次怒斥了张良：“又迟到了，这是为何？回去吧，记住了，五天后要早点过来。”

又过了五天，张良未至夜半就前往桥边。这一次，张良没有迟到，等了一会儿，那位老者终于也来了。老者非常高兴地对张良说道：“约而要有信，特别是赴老人的约会，你就应该像这样早早地到来等候才对嘛！”说完这些话，只见那老者从怀中取出一部书交给张良，并语重心长地告诫张良道：“这就是我要传授给你的东西，你回去后认真地研读此书，以后可作帝王之师！十年后你将会兴旺发达，十三年后小子你将会在济北的谷城山下见到一位叫黄石公的人，那就是我。”

说完，老者不再有任何其他言语，转身离去，转瞬间连人影也看不见了。天亮后，张良拿出老者给他的书一看，原来是《太公兵法》，感到惊异的同时，心中也油然而升起一种莫名的兴奋。张良自此以后经常拿出老者交给他的兵书，反复地诵读。

张良在下邳的时候，还遇到了对他一生影响深远的人——高祖刘邦。张良在下邳的时候，正逢秦末乱世，自陈胜、吴广大泽乡起义开始，各地诸侯和农民起义并起，这让张良看到推翻暴秦的希望。虽然张良当时已经聚集了一支一百多人的队伍，但他深知人单势孤，成不了大事。所以他一开始想到了率众人投奔在当时颇有名气的景驹旗下的计划。正是在投奔景驹的途中，张良遇上了正在下邳一带活动，正力图壮大队伍的刘邦。史书中记载，张良和刘邦是“一见倾心”，张良曾多次以《太公兵法》进说刘邦，而刘邦“多能领悟”，并能虚心地采纳张良的建议。张良通过与刘邦的交往知道了刘邦是一位有雄才大略、能成大事的主，于是改变了投奔景驹的打算，决定跟从辅佐刘邦。

张良深明韬略，足智多谋。后来在楚汉战争期间，张良提出不立六国后代，联合英布、彭越，重用韩信；力主追击项羽，歼灭楚军；西入武关时，峣下用计破敌；鸿门宴上帮刘邦脱离险境；为汉王刘邦向项羽请求赐封汉中之地；楚汉战争中“长计谋平天下”等计谋，且都为刘邦所采纳，实为汉帝国的创立有大功绩、大功德之高人。

当然，张良品格中有极易为人所忽略的一面，那就是他对其故国——韩国忠贞不变的爱国情结。前文提及，秦灭六国的时候，张良身上实背负着国恨家仇。一般人会以为，张良后来辅助刘邦，为之出谋划策之目的主要在于雪一己之家仇。这种看法是不对的，因为张良不仅没有忘记自己的祖国，而且还竭尽自己所能，力图恢复韩国。因为史书中记载，张良曾劝说项梁：故韩国的众位公子中横阳君韩成贤能，可以拥立他为王，可以发挥他的号召力，吸引更多的人加入反秦大军。项梁听从了张良的建议，并派张良亲自寻找到了韩成，立之为王，任命张良为韩国的司徒。之后，张良随韩王成率领着一千多人的队伍攻取韩国的故地，夺下数座城池，想以这些地方作为复国的根据地。不幸的是，后来这些地方又被秦国夺了回去，张良只好追随韩成在颍川一带来回游击。

事情后来有了转机。刘邦举兵西进经洛阳向南穿越辕山时，张良也跟随在军中，占领了轘辕险道，攻下了韩国故地的十余座城邑。刘邦让韩王成留守阳翟，张良则继续追随刘邦南下。这样韩成总算有了立锥之地，复国似乎有了希望。只是韩成确实没有雄才大略，也没有进取之心，安于维持现状，其留守的地盘并没有扩大。后来在项羽入关分封天下的时候，被找了个“没有军功”的借口带到彭城，废为侯，最后被杀掉。

韩成被杀的时候，张良正跟刘邦一起身处汉中，因为项羽对刘邦等一干人是时刻有提防之心的，所以处境十分凶险、艰难。张良即使在这种非常凶险、艰难的情况下心中仍然想着在破灭暴秦之后如何辅助那位没有雄才大略和进取心的旧主韩成立国。直到听到了韩成被项羽杀掉之后，张良才彻底地放弃了恢复故韩的想法。

爱国主义并不能完全概括张良的精神品格。张良身上最具人格魅力、最让后人称道的一点在于，他那进取有度、功成身退、愿从赤松子游的道家人格精神气质。

刘邦开国之初，曾大封天下功臣。天下刚定，作为深谙帝王之术的刘邦当然不得不考虑帝国的长久稳定之计。随着楚汉战争的结束，那些功臣们的身份、角色和地位也发生了微妙的变化——他们正由帝国的开创者向帝国的潜在威胁者的角色地位转变，刘邦对此则是心若明镜的。同样，作为深谙道家思想之精粹的张良也深知自己包括那些当年跟随刘邦打天下的功臣们现在所处之险境。与其他开汉立基的功臣们不同的是，张良对自己的险境是自觉的，而其他的功臣们则似乎对他们所处之险境毫无察觉。不仅毫无察觉，他们竟然还越发显得肆无忌惮——竟然公然地在朝堂上喧嚣、比拼、炫耀着自己的功劳，仿佛自己比其他任何人的功劳都大，只有自己才是唯一够资格受封最高、最贵的爵位似的。当然，在那个刚刚打败西楚霸王项羽而大赐天下的激动人心、可以尽情欢呼雀跃的时刻，那些曾经与刘邦同甘共苦、出生入死、肝胆相照的这一干兄弟们的表现似乎是那样的自然、合理。但是对于刘邦来说，事情的麻烦之处在于，作为有情有义的大哥来说，他是应该好好地犒劳犒劳这一干弟兄们。但事情现在却变得不是那么简单了，因为刘邦现在的身份不仅仅是讲情讲义的“大哥”了——他还是普天之下的帝王，作为帝王当然首先要站在帝国长治久安的角度来考虑事情了。刘邦必须要作出自己的选择——是选择为了维护与一干弟兄们的昔日建立起美丽、浪漫、甜蜜情谊，而心甘情愿地赏赐给他们爵位、封地呢？还是出于维护帝国长治久安的目的而毁掉他们——因为现在对他们的赏赐越大、封地越多，帝国的不稳定因素就越多，将来对帝国的威胁就越大，想想那些出生入死、身经百战如韩信、彭越者，足智多谋、运筹帷幄如陈平、张良们，他们或许在刘邦健在的时候不敢造次，但谁能保证他们不会在刘邦死后起来蚕食老刘家的天下！

所以，我们看到，刘邦在表面上满心悦然地封赏众功臣们的同时，心中早就对他们动了杀机。正如后来的事实告诉我们的那样，那些争功、抢赏的功臣们最后几乎都没有善终，或身首异处，或被打入监狱。这正应了那句话：“狡兔死，走狗烹；飞鸟尽，良弓藏；敌国破，谋臣亡。”

身处险境并不是最可怕的，最可怕的是身处险境竟然对险境本身毫无察觉。身处险境当然是一种危机，但危险之中也常常意味着新生的机会，这就是“危机”的真实含义——当然，关键是身处险境的人能对险境有自觉的意识。作为饱读诗书、勘察天人之际，对人情、人性有着最深切了解的张良又怎么不会对他与刘邦之间关系、地位、角色之间的微妙变化了然于胸呢?!

据史书记载，在刘邦刚开始大赐天下的时候，喜欢根据自己的好恶来封赏。结果导致那些平时为刘邦所仇怨的人，不仅没有得到封赏，还害怕刘邦会对他们私下里打击报复。所以这些人不仅对刘邦做法非常不满，甚至于聚在一起商量着谋反。刘邦一时没了主意，于是就找到张良，问张良该怎么办。张良于是问刘邦，平时大家众所周知的最痛恨的是谁，刘邦就回答说，平时大家都知道，他刘邦最痛恨的要数雍齿了。张良于是建议刘邦说，那您先赶紧封赏雍齿。众人见平时您最痛恨的雍齿都被封赏了，自然就不会存心谋反了。刘邦于是摆设酒席，欢宴群臣，并当场封雍齿为什方侯，还催促丞相、御史们赶快定功行封。这样，张良为刘邦巧妙地化解了汉帝国的第一场危机——当然，从表面上看，是张良出谋划策，帮助刘邦化解了帝国的危机，但从更深一层看，这实际上加重了张良所身处的险境，因为如张良之足智多谋、运筹帷幄的人日后保不准也会帮助其他身处高位、手握实权的封疆大吏谋夺老刘家的天下呢！

当然，刘邦在封赏众功臣时，对张良的封赏也是颇有深意的。据史书中记载，因张良在带领军队跟对手直接指挥作战方面的能力不算出色，所以在刘邦提出要封赏张良的时候，有人提出异议，说张良军功甚微，为何要分封他。刘邦曾这样为张良辩护道：张良固然没有军功，但说到运筹帷幄之中，决胜千里之外，谁能比得上张子房（张良）呢？这话说得一点也不过分。想想，当年跟随刘邦打天下的时候，张良为刘邦所出的谋略哪一个不令人拍案叫绝、精彩绝伦！哪一次不是因为张良的谋划而顿时让时局为之而改变：“劝者关中，谏封雍齿”、“虚抚韩彭，兵围垓下”、“下邑奇谋，画箸阻封”、“明修栈道，暗度陈仓”、“谏主安民，斗智鸿门”、“降宛取峤，佐策入关”，这些策略即使在今天看来，又有哪一个不让人拍案叫绝、交手称赞？又有哪一个不是中外军事院校战略学中的经典案例!?

问题是，张良并不是像其他立下赫赫战功的人一样，那么热衷于要求刘邦的封赏来证明自己对于大汉帝国的重要性和功绩。相反，张良从一开始不仅没有准备伸手向刘邦要，甚至有点对刘邦将会给予他的封赏有唯恐避之而不及的意思——张良对封赏一事倒很淡然，他知道自己当年聚集百十号人马投奔刘邦，进而推翻暴秦。最后，在自己的尽心尽力帮助下，终于帮助刘邦打下天下。无论国恨，还是家仇，均得到了雪恨，此生的目标已经完成，足矣！

但问题是，现在刘邦的大封群臣远不是犒劳兄弟们那么单纯，它还是刘邦开国立基、笼络人心的一项重要政治手腕。所以，我们看到刘邦带有命令而颇有深意地对张良说，你可以自择齐地的三万户作为自己的食邑。三万户，每家人口以五、六人计，也有近二十万人口了，在古代这足以成为一大都市了，况且齐地还向来是经济、文化、战略重地！这封赏真不少！

那为什么说刘邦对张良的封赏又别具有一番深意呢？因为当年刘邦与项羽楚汉之争时，局面很被动，曾写信让韩信出兵相助。韩信不仅迟迟不出兵，还写信要刘邦封他做齐王（韩信当时已攻下齐地）。这不仅仅是公然的要赏，性质更为严重的是，这是赤裸裸地要挟刘邦。刘邦当然不会忘记这韩信带给他的有关“齐地”、“齐王”的记忆。张良岂敢以齐地作为自己的封地？

所以说，刘邦要把齐地封赏给张良，表面上是对张良功劳的肯定，但另一方面是告诉张良，我知道你很有本事，但齐地也很重要。即使你愿领受齐地作为自己的封邑，我对你张良也是时刻提防，你最好给老子老实点。刘邦这里在表面上是在显示自己对功臣的大度，但其实是在用韩信当年“齐地”、“齐王”之旧事来警告张良。

愿从赤松子游

不能不说刘邦这一招实在是太漂亮了。但张良应对得也是悠然自如。张良说：“家世相韩，及韩灭，不爱万金之资，为韩报仇强秦，天下震动。今以三寸舌为帝者师，封万户侯，此布衣之极，于良足矣。愿弃人间事，欲从赤松子游耳。”张良这段话说得诚挚自然、感人之极，翻译成现代话说就是：“我们家祖上五代为韩国的相国，后来韩国为暴秦所灭，我却侥幸存活下来。当年，我不惜散尽家财，诚招勇士刺杀秦始皇，为国为家报仇。尽管不成功，但却引起天下的震动。后来我投奔主公您，以三寸之舌跟随在有雄才大略的主公您身边，为主公您出谋划策，也算得上是做了帝王师吧！现在主公您有了天下，要赏封我万户之侯的高位，这是作为布衣的我所能得到的功名之极致了，我张良此生足矣。不过，我的志向和人生归宿并不在于能不能得到万户侯的封赏，而是在天下安定之后，舍弃人间之事，欲仿效赤松子，用导引吐纳来抚慰我那平生多病的身体；想好好地游历下山山水水，来体味下神仙的逍遥人生境界。我想主公您一定会满足微臣我的心愿的。”

当然，前面已经说过了，刘邦的这次对昔日兄弟、功臣们的封赏动机并不单纯，它还是一种笼络人心、显示帝王天子惠泽海内的重要的政治秀。读者们，请你们想一想，作为帝王的刘邦已经对张良有“运筹帷幄之中，决胜千里之外”的评价了，又怎么可以不封赏张良？张良如果不接受任何来自高祖刘邦的赏赐的话，你又让刘邦的面子往哪里放？这不是不识抬举、不知好歹又是什么？像张良这种功臣都不接受封赏的话，那刘邦的这场政治秀又怎么继续下去呢？

所以，张良在说完那段感人肺腑的话之后，接着又说道，如果陛下您看在微臣劳苦功高的份上，一定要赏赐点什么给微臣的话，那就请把“留”（今江苏沛县）这个地方作为微臣的封地吧。这个地方对于微臣来说，有着特殊的意义——想当年，微臣正被暴秦全国通缉、四处漂泊，势单力孤、苦无立锥之地时，微臣正是在“留”这个地方碰到陛下您的。在“留”地，陛下您收留了我，我对陛下您可谓相见恨晚。从“留”地开始，微臣跟随着陛下您转战南北，伴随陛下度过了最艰难的岁月，现在终于迎来了这开国立基、封赏天下的令人心激动的时刻。但微臣对陛下您的知遇之恩没齿难忘，所以请求陛下您把“留”这个地方赏赐给臣。“留”这个地方虽然不大，但是微臣日后居住在这个地方，就会回忆起与陛下相逢于此的情谊。

张良之请封“留”这个地方，真是太高明了，“留”这个地名也太有深意了！当年刘邦在此地收留了张良，然后留下了张良对刘邦的耿耿忠心。现在，张良请封该地做了“留”侯，将来，如果刘邦万一起了要杀掉张良的心思的时候，只要想起“留”这个名字，大概也要犹犹豫豫好一阵吧——留者，不仅留下的是两人的深厚情谊，也有留下张良身家性命的意思呐！张良真高明，太高明了！俗话说：“动之以情，晓之以理”，莫过如此吧！

刘邦听完张良这番话后，心中当然很是高兴。他心想：聪明人跟聪明人交流就是好，一说就什么都能明白。刘邦知道，“留”这个地方只相当于一个县城的面积，又离我刘邦的老家下邳不远，把这个地方封赐给你，谅你张良有天大本事，将来也不会威胁到我老刘家的社稷江山。你张良真是厚道人，更是聪明人，不像其他那帮不明事理、不知利害的家伙，整天就知道争功、邀赏，公然伸手向我要地盘、要官爵，我将来一定要好好收拾这帮人。不过，话又说回来，要是那帮人都是像张良你这样的明白人，我刘邦该多省心！

封赏之事过后，天下初定，又久经战乱，极需要休养生息，所以西汉开国之初奉行的是“大社会”、“小政府”的黄老之道。所谓黄老之道，简单地说，就是奉行“身国同治”的基本原则，像调理身体那样来治理国家，轻税薄赋，不过多干扰民间社会经济秩序，要求统治者做到清心寡欲、清静无为、与民休息。这些治国措施为西汉经济、文化的恢复、繁荣起到了关键性的作用，并被高祖刘邦之后的文帝、景帝，直至武帝前期所尊奉，为日后西汉帝国的强大奠定了坚实的基础。

前文提到，张良素来体弱多病。也正是从刘邦封赏天下开始，张良不仅开始谨言慎行，还托辞有病，闭门不出，成天在家静居服气，服药辟谷。随着刘邦帝位的巩固，张良自觉且自然要不露痕迹、悄无声息地从帝王之师向帝王之宾的角色转变——从不议论朝政，给人的印象就是一个可有可无的角色。这就是《道德经》中所说的：“功成身退”、“道隐无名”、“不自矜”、“不自夸”，笔者认为，张良一定是很深地了解《道德经》中这些话语的个中三昧的！

因此，我们看到，在汉初刘邦翦灭异姓王的残酷斗争中，张良极少参与谋划。在西汉皇室的明争暗斗时，张良更是严格地恪守“疏不间亲”的原则。

从兄弟情谊的人性角度来说，当张良看到那些昔日跟随刘邦打天下的弟兄、功臣们一个个地被翦灭时，心中难免升起“兔死狗烹”的悲戚。但笔者认为，张良更会想起《道德经》中的一句话：“天地不仁，以万物为刍狗”——当人如杂草般率性而随意地生长时，它们就会长在不该长的地方，就会被翦除掉——这似乎就是天道自然运行的法则吧——谁让那些开国功臣和弟兄们偏偏要像那些杂草一样，长在了错误的道路上呢？这样解释，也许能让张良心里好受些！

不过，在刘邦建汉十年的时候，张良却参与了一件事关汉室江山稳固的大事。据史书记载，刘邦当时非常宠爱一位叫戚夫人（赵如意）的女子，而恰恰在这个时候，刘邦感觉到以吕后为首的外戚一系对老刘家的江山社稷存在着潜在威胁。更让刘邦不放心的是，此时刘邦已经立吕后的儿子为太子（后来的孝惠帝）了。加之，刘邦一直认为太子过于懦弱无能，属于“不肖子”。这些因素都促使刘邦有了废吕后的儿子的太子之位，更立戚夫人的儿子为国储的打算。当朝野大臣们知道刘邦有这种打算的时候，都大吃一惊，纷纷出来劝谏刘邦不要随便更立太子。

但刘邦更立太子的意志非常坚决，群臣的劝谏似乎起不了什么作用。吕后当时眼睁睁地看着其子的太子位即将被剥夺，非常恐慌，但又想不出好的办法。后来，有人给吕后出主意说，留侯张良非常善于出谋划策，皇上对他也非常信任，何不向他请教解决问题的办法？吕后觉得可以把张良找来试试。

吕后知道，张良赋闲在家、不理朝政多年，更不愿意掺和皇族内部派系之间的政治权力争夺，不是那么轻易地会为自己出主意的。于是吕后便派建成侯吕泽劫持了张良，强行向张良讨要主意。吕泽先是对张良晓之以理，说：“留侯您身为皇上最信任的谋臣，现在皇上想要更立太子，您现在虽然可以暂时置身事外，但您将来难道就能够高枕卧榻之侧而无忧患吗？为了您和大家的将来，留侯您现在一定要站出来劝导劝导皇上啊！”

张良先是托辞道：“以前皇上之所以数次听从、采纳我的建议、计谋，那是因为那个时候皇上正处于危难处境的紧急关头。现在天下安定了，形势跟以前不一样了，即使我张良当面劝诫皇上也不会好使——你们没看出来吗？皇上是出于对戚夫人及其子的骨肉之爱而要更立太子！纵使再加上我一个张良，这百十来号人都前去劝谏皇上不要更立太子，又能起什么作用呢？”

虽说张良这话说得十分在理，可建成侯根本不理会张良的这一套说辞，他早已打定主意，既然把张良你劫持了，那就非得要从你这里得到点有用的东西不可。所以吕泽接下来用强硬且带有威胁的口气逼问张良道：“留侯您得帮我们谋划谋划，出个好的主意，否则休想置身事外！”

听完建成侯的这番话后，张良沉默很久，考虑了很多。虽说自从向刘邦请求分封留地之后，张良成天导引、吐纳，辟谷、服饵，饮松露、餐朝霞，行赤松王乔之道多年，早已不过问帝国政事，更不想参与皇族成员内部派系之间的权力的争夺。但这更立太子之事确实是非同小可，它不仅仅关系到皇族内部派系之间的争斗，更关系到帝国的根基稳固和天下苍生的福祉呐！

张良太了解更立太子一事对于帝国的重要性。张良感到，无论是出于对昔日刘邦的知遇之恩，或是跟随刘邦转战疆场、用鲜血铸就的兄弟情谊，抑或是出于老子所说的悲悯天下苍生、济世度人的博爱情怀，自己都不能再置身事外了——他不能不拉皇上刘邦一把。一句话，不能眼看着刘邦在动摇帝国根基的道路上越走越远：要知道，当时汉室江山方定，帝国的统治根基尚浅，各项规章制度仍在健全完善之中，现在最需要的只能是顺乎其自然现状，力行清静无为之道，只有这样才能稳固刘家的天下江山。此时，大汉帝国恰恰是最经不起各派政治势力因更立太子之事而折腾的时候。张良感到了自身责任的重大，他必须要想出一个比较周全的化解危机的办法，以帮助帝国渡过难关。

张良感到，解决问题关键在于必须要让刘邦充分意识到更立太子不仅关系到皇宫派系之间争夺，而且它还会从根本上动摇帝国的存在根基，更还会使天下百姓对帝国产生信任危机。因为张良知道，作为开国之君的刘邦现在最在乎的事情莫过于帝国的长久和平和安宁了！

但是，张良对刘邦这个人是很了解的——刘邦生性多疑。张良也知道，由自己亲自出面向刘邦说明更立太子事情的严重后果也是不行的。因为，这样做反而会让刘邦起疑心——好个张良，你隐藏得也太深了，你修身养性、不过问政事不过是做给我看的，现在不是帮着吕后一系说话了嘛！那很自然地就会让刘邦怀疑自己与吕后集团之间是否存在着某种政治同盟关系！张良更知道，刘邦这人非常固执，他要是一旦动了要更立太子的心思，可不是一般的口舌劝说就能改变他的主意的。

所以，张良首先想到，要是由自己当面向刘邦陈述更立太子的危害性，不仅不会起到好的作用，反而会让生性多疑的刘邦怀疑自己的政治意图，到那个时候可能就不仅是于事无补的事了，更有可能反而会适得其反——这都会促使刘邦更快更坚决地推进更立太子的进程，还可能连自己的身家性命都保不住！

张良就是张良，真是足智多谋，他想到了一个绝妙的办法！张良想起了刘邦刚打下江山时的一些事情。那时候的刘邦就认准了一个道理：自己的江山是从马上得来的，但自己不能坐在马上治天下——他必须尽可能地把天下英才笼络在自己身边，帮助自己治理天下。刘邦听人说，当时最有名的贤才是“商山四皓”——所谓的“皓”，即是白头的意思，“商山四皓”也即是自战国秦末乱世以来，不出仕而隐居山林多年的四位贤达隐士——这四位隐士分别是东园公、角里先生、绮里季和夏黄公，到汉初的时候，都有八十多岁了。

刘邦曾数次派人去敦请这四位老者出山。但这“商山四皓”已经从民间各种对刘邦的议论中得知，刘邦是一位爱讲粗话，爱骂娘的主，对当时的儒士更是傲慢无礼——刘邦曾把一儒生的帽子取下，当众撒过尿。所以，这“商山四皓”为了免受出山后刘邦对他们的傲慢态度和可能加之于他们身上的侮辱，最后是下定决心，“义不为汉臣”。

但未曾想到,“商山四皓”这本来是出于免受刘邦的傲慢侮辱而不为汉臣的做法却让刘邦大为赞赏。因为在刘邦看来,“商山四皓”的这种做法是有气节的,他们能守高义,不为名利所动,其人格境界可谓奇清且高。“商山四皓”虽然不能为刘邦所用,但却成了真正为刘邦所敬佩的高人。“商山四皓”的名声于是因此而生,由此而起。

张良这时想起了这“商山四皓”的往事,于是向吕泽建议道:如果能把“商山四皓”请出山来伴随在太子左右,事情或许还能有转机。张良还吩咐吕泽,要多准备些金玉璧帛之类的精美而厚重的礼物,并让太子亲自写一封措辞谦卑、诚挚的请“商山四皓”出山的书信,然后派一位善于言辞的使者拿着礼物和太子的书信,并安排好豪华的马车同去。这样,或许能把“商山四皓”请出山来。

于是,吕后命令吕泽照着张良的话去做,果真把“商山四皓”请到了建成侯吕泽的家里。最后,太子在吕泽家终于见到了传说中的“商山四皓”。按照张良的安排,这“商山四皓”就时刻陪伴在太子的左右,俨然成了太子的元老级顾问。

按照张良的设想,只要这“商山四皓”在宫中伴随在太子左右,肯定会引起刘邦的注意,然后,刘邦就一定会打探这“商山四皓”的来历。只要刘邦问起这“商山四皓”的来历,则太子的位子就基本上可以说算是保住了。

机缘巧合的是,正在这个关键的时候,还发生了另外一件对大汉帝国更立太子影响深远之事。高祖刘邦建汉十一年时,大将黥布举兵谋反,刘邦不得已而带病亲征,其时张良已重病在身,不能随刘邦亲征。但张良感觉到了黥布举兵谋反、刘邦御驾亲征一事非同小可,所以张良就抱着重病赶往曲邮,并对高祖刘邦说:“楚地之兵士剽悍、勇猛,陛下在与之作战的时候要注意避其锋芒啊!”

其时,刘邦还顾虑着在自己出征后,驻扎于关中的各路大军会闹出点什么事情。张良就建议刘邦,任命太子为将军,监督关中的各路军队。但刘邦还是不放心,就对张良说,“子房虽有病在身,也要帮着太子照看着点”,意思是让张良辅佐太子,看管好关中各路军队,不要后院起火。张良于是便答应了下来。当时,大儒叔孙通是太傅,留侯张良的身份是少傅。这差不多可以算是张良在刘邦大封天下之后最后一次为刘邦效力了!

西汉建国十二年,刘邦平定了黥布叛乱,班师回朝。刘邦这次本是带病亲征,在讨伐叛乱的过程中,因为劳累,越发加重了他的病。刘邦原本是想让太子带兵前去讨伐叛军的,但因吕后为了保护年幼且毫无军事经验的太子,所以听从了“商山四皓”的意见,让她在刘邦面前哭诉说,太子年轻没有军功,而出征的将领大多都是曾跟随皇上转战疆场的枭将。让太子领兵出征，无异于一只羊带领着一群狼，肯定无法达到平定叛乱的目的。

刘邦考虑到了其中的利害关系，才最终放弃了让太子领兵出征讨伐叛乱的打算。后来，平乱之事虽然过去了，但太子在刘邦心目中却越发加深了其懦弱无能、“不肖子”的印象。所以，随着刘邦御驾亲征后病症的加重，一想起这件事就会在心中升起一股无名之火，更立太子的意志似乎变得更加坚定了。

张良本来是不愿意亲自出面劝说刘邦不要更立太子的。但其时事情已经变得很紧急了。所以张良最后没办法，只好由自己出面劝说刘邦打消更立太子的想法。

一开始，当张良出面劝谏刘邦不要更立太子时，高祖刘邦根本不听——也就是在这次劝谏之后，张良因病加重，就再也没有关注过帝国政事了。

然后是太傅叔孙通出面劝诫刘邦不要更立太子。叔孙通称引古今各种历史教训，冒死劝谏刘邦说，“太子天下本，本一摇天下振动”，把更立太子的危害性说得十分明白而直接，试图改变刘邦更立太子的决心。刘邦假装应充着说不更立太子，但其实他内心恨不得马上废了那懦弱无能的“不肖子”。

不久，刘邦到达燕地，太子随驾服侍。“商山四皓”也跟随着太子到了燕地。在一次酒宴上，刘邦终于见到了他慕名已久的年已八十有余、须发鬓白但容貌伟岸出奇的“商山四皓”。当刘邦知道那四位伴随在太子身边的老人竟然是自己数次派人去请都没能请出来的“商山四皓”时，马上就看清楚了当时的政治态势：“商山四皓”现在竟能心悦诚服地出山伴随并辅佐太子，可见太子“仁爱”之名声已经远播朝堂、山野，其地位和势力已经很牢固了，羽翼已经丰满，不是可以随随便便就能废立的。自此之后刘邦再也不提更立太子的事。太子最后终于顺利地得以嗣位——是为孝惠帝——大汉帝国也因此而顺利地度过了这场危机。

吕后因为这件事而对张良越发敬重。吕后不仅佩服张良的韬略，其实更是对张良那种不居功、不名有，进退有度、体察天人之际的道家独特精神人格气质的敬重和崇拜。吕后后来专权的时候，是黄老之道最忠实的信奉者和不折不扣的执行者，这不能不说是受到了张良的影响的！所以，我们看到，西汉初年，张良虽然不是“休养生息”、“清静无为”的“黄老之道”治国原则的实际执行者，但却可以毫不夸张地说，张良身上这种独特的道家精神气质和人格为汉初的黄老治国之道做了最好的注脚。

张良自此彻底摒弃人间万事，养精修道，静居行气，力行清静无为之道，严守《道德经》中所讲的“慈”、“简”、“朴”三宝，生活得非常简单。但吕后感念张良的恩德，屡次劝说张良无须自苦若此。但张良有自己的人生目标和追求，知道自己的人生幸福并不能从帝国的权力、财富、名位而来，所以没有听从吕后的劝告，仍然悠游自足地过着“从赤松子游”的神仙生活。

张良的卒年，《史记》中说是在高后二年，《汉书》则认为在惠帝六年（前189）。笔者认为，《史记》中的记载比较可信些。

前文还讲到，张良当年在下邳的时候，黄石公在传授张良《太公兵法》之后说，张良会在十三年后成就功业，到时他会在济北的谷城山见到一位叫黄石公的老人。说来也巧，真的是在十三年后，张良跟随刘邦路过济北，没有见到那位老者，但却在谷城山下发现一块硕大的黄石。张良想起当年那位老者的话，知道这黄石乃授他《太公兵法》的老者所化。“黄石公”之名正由此而来。

张良派人在谷城山的黄石周围建起了祠庙，恭恭敬敬地把那块黄石作为稀世珍宝供奉在祠中。张良死后，留下遗嘱，让后人把自己和黄石葬在一起，所以其墓又称黄石冢。据《括地志》中的记载，留侯张良墓在徐州沛县东六十五里处，离留城很近，周围建有用于祭祀的庙宇。张良后人在夏季伏日和十二月的腊日上坟举行祭祀仪式的时候，也一定会祭祀黄石——黄石公的化身。

张良身上还有一点是尤其让后人津津乐道的，那就是张良的长相与其出神入化般的运筹帷幄的能力及其传奇一生之间的巨大反差。司马迁在《史记》中这样评价张良：

汉张留侯祠

学者多言无鬼神，然言有物。至如留侯所见老父予书，亦可怪矣。高祖离困者数矣，而留侯常有功力焉，岂可谓非天乎？上曰："夫运筹策帷帐之中，决胜千里外，吾不如子房。"余以为其人计魁梧奇伟，至见其图，状貌如妇人好女。盖孔子曰："以貌取人，失之子羽"，留侯亦云。

这段话翻译成现代文的意思是说：

那些有知识的人大多相信天地之间没有鬼神相助之事，但却认为世间有成精之怪。从张良一生的传奇经历来说，肯定能让我们相信天地之间真有鬼神相助之事。想想看，要是没有神鬼之助，留侯张良怎么可能从一位素不相识的老者那里得到《太公兵法》？——更有人相信那位传授兵法的老者是黄帝之师风后的化身——当然也有人认为那位老者是老子所化——而向张良传授兵法。再想想看，后来留侯张良跟随刘邦打天下的时候，高祖不知多少次身陷困境，形势危急得简直让人感到绝望，几乎看不到任何逃脱的希望。但是因为张良所献的奇计神谋，每次都能帮助高祖刘邦化险为夷、逢凶化吉，最终脱离困境。留侯张良这运筹帷幄的能力，真是让人感到变幻莫测，如果不是得到上天之佐助，还能用其他原因来解释吗？连高祖后来都对张良出谋划策的能力深深地佩服、赞叹，并深为自愧弗如："谈到运筹策帷帐之中，决胜千里外，我还是赶不上子房啊！"

我司马迁原以为像张良这样能运筹帷幄之中，决胜千里之外，具有经天纬地之才的人，其相貌一定是魁梧、伟岸出奇的。但当我看到他的画像时，我彻底地被震撼到了——留侯长得竟然像是一位面容姣好的妇家女子。这时候，我才深切地体味到孔子所说的那句话："我曾以貌取人，所以就错过了子羽这样的贤人。"留侯何尝不是这种不能用长相来衡量其才能的人呢？

张良独特的人生际遇及其以道家精神气质入世、处世、出世的人格精神特质引起了后世无数文人墨客、官宦名流的唏嘘赞叹，钦羡折服。这里举宋代大史学家司马光《资治通鉴》中一段对张良评鉴的话就足可以说明。原话是这样说的：

夫生之有死，譬犹夜旦之必然；自古及今，固未尝有超然而独存者也。以子房之明辩达理，足以知神仙之为虚诡矣；然其欲从赤松子游者，其智可知。夫功名之际，人臣之所难处。加高帝所称者，三杰而已。淮阳诛夷，萧何系狱，非以履盛满而不止耶！故子房托于神仙，遗弃人间，等功名于外物，置荣利而不顾，所谓明哲保身者，子房有焉。

汉留侯子房公像

翻译成现代文的意思就是：

人之有生有死，从出生而入死，就像天有昼有夜，自白天进行黑夜交替不息一样，必然而不可更改！从古至今，没有人能超脱出由生入死的必然规律之外而获得长生不死之身躯。以张良那种穷究天人之际的大智慧，对人之有生有死、生死无常这样一个简单的事实，怎么可能不明白呢!？张良肯定明白神仙之事终归是虚诞、诡异的！但是，我们却看到张良在西汉开国后，他义无反顾地、无怨无悔地置身于旨在追求轻身冲举、白日飞升，“愿从赤松子游”的神仙之术中，这又是为什么呢？张良为什么那么热衷于追求这等虚幻不实的东西呢？这恰恰说明张良是有大智慧、大彻大悟的得道高人！因为张良一定明白道家哲学思想中有不朽的真精神，人只要能体味出其中的真精神，就可以在有生有死的人世间而不朽了——也就是精神不朽！

想想看，被高帝刘邦钦定的开国“三杰”——萧何、韩信、张良，他们其实在当时的处境是相当尴尬的，表面上风光无限，其实免不了被人君所猜忌、怀疑。他们的处境可谓凶险异常，蕴含无尽的杀机，做臣子的行为稍有不慎，即刻招来杀身之祸。所以我们看到，统兵领将多多益善的韩信在被封为淮阴侯后，最后不免被夷族；那甚至想出放高利贷、招权纳贿的办法以自污名声来力求自保的萧何最后也难免于下狱——这两人的遭遇恰恰是因为不懂得满招损、谦受益，取舍有度、功成身退的道家哲学之真精神才造成的啊！唯有张良子房，自一开始就了解了自身的处境，加之以从道家而悟来的入世、处世、出世的真精神来面对各种可能出现的尴尬的处境，把功名视为身外之物，不可执著；知道利禄若白云苍狗，不可永驻；体悟到神仙之事纵属虚幻，却终可托付平生真趣而得神仙逍遥之境。张良实在可称得上是明白宇宙人生的大道理并在变幻莫测的人世间得以明哲保身的得道高人啊！

张良对于后世的影响不仅仅局限于社会史、政治史、军事史，他更重要的影响还在于对中国人的精神世界的影响。张良其实是最典型的以道家思想修身、建功、立业、治国，最后功成身退，以追求神仙逍遥之境作为人生最终归宿的例子。他的人生，寄托着那些中国人内心深处最隐秘的希冀和梦想。人世间芸芸众生的所有梦想都能在张良身上找到它的踪影和痕迹。面对张良的一生，你尽可以驰骋你的想象力，你最终总可以在张良的一生中找到自己所期待的东西！对于中国人来说，还有谁的人生比张良更完美的么？后世像张良这种拥有不世出之才者固然不可谓不多，却大多没有张良这种神奇的人生际遇，其才华大多更没机会施展；像张良那样建功立业、名高位重的人不可谓为少数，但有几人能做到完美地功成身退呢？后世阐论道家哲学之真精神比张良高明者也不能说没有，但他们的人生多由某些抽象的概念构成，可谁能有张良独特的道家精神气质人格中那种绚烂多姿、色彩斑斓呢？

所以，张良的一生成就了中国文化中最生动的一个环节、一个符号。这个环节、符号不仅仅是供后人凭吊的，它还是供后人沉思的——它最符合中国人内心深处的审美标准。它是审美的对象——因为是审美的对象，它就把历史的事实与现实的实事联系在了一起，它的意义就一定会跨越时代，而进入到现代人的精神世界、精神历程中，给予现代人以人生智慧的启迪，供现代人尽情地欣赏！

作为留侯张良十世孙的老祖天师张陵，他身上一定继承了某种从张良那里传承而来的，一以贯之的最独特的道家哲学之真精神和气质。自从老祖天师张陵诞生于沛国丰邑的那一刻始，他似乎就注定要为这片土地增添光彩，书写一段千古佳话。

三、本源十世：从留侯张良到老祖天师张陵的传承谱系

张良死后，孝惠帝谥号文成侯，其子张不疑继承了留侯的爵位，位达太傅。后至孝文帝时，众多谋臣认为当年高祖刘邦册封的诸侯国太多，威胁到了中央政府，于是采纳了削藩的建议。朝廷抓了留侯张不疑一个不敬重皇上和朝廷的罪名，削掉了留侯之国。

司马迁在《史记》中说道：君子之泽，五世而斩。意思是说，祖先们所创下的

基业，一般只能传至五代，之后便会走向衰没。确实，司马迁的这个结论是有感而发的，因为西汉初年那些封疆大吏，在当时可谓一时风光无限。但他们的后代却因为生活得太过于安逸舒适，其结果是一代逊于一代，最后大多走向了没落。这对张家来说也是如此。虽然张家后世子孙中也不乏位居高位者，但总体上来说，家道是慢慢地衰落了。

随着张良后代子孙人口的不断繁衍，又经过西汉末年兵荒马乱的岁月，留侯的后人尤其是旁支子孙，逐渐失去祖上的荫泽，或为逃乱，或为谋生而迁徙各地。至老祖天师张陵的父亲张大顺时，则从祖上世居的沛国之地，迁往了吴地之天目山，并隐居在山林之中，精修至道。张大顺也因此被封为桐柏真人。当然，留侯一脉传至桐柏真人张大顺时，张家已经没有了留侯世家那种显赫的身份和地位了。

按照《留侯天师世家》中所记载的从张良到老祖天师张陵的传承谱系，其传承过程如下：

张良→张不疑→张典→张默→张金→张里仁→张皓→张纲→张大顺→老祖天师张陵

以上十世，为老祖天师张陵被尊为老祖天师之前的家族谪传谱系，所以在《留侯天师世家》中又被称为“本源世系”。当然，这十世中，不包括其他旁支谱系。

可以想见，老祖天师张陵的祖先们曾有过高大雄伟的庭院，其间也一定珍藏有很多珍奇古玩，是名副其实的钟鸣鼎食之家。但世事常常是变幻莫测的。至老祖天师张陵出生时，历经东汉中后期的社会动乱，其家道已经变得稍显贫寒之相了，往日那些象征着尊荣显贵的张家大院似乎只能伴随着父辈们茶余的谈资而留在老祖天师张陵年幼时的心灵深处了。

天师祖庙

老祖天师张陵就出生在这样一个家境并不殷实的平民之家。不过，家境的贫寒对人的成长也并非全无益处，特别是对于少时老祖天师张陵这样一位日后将成为道教创始人和精神领袖的人物来说，就更是如此——家境的贫寒能使人接触更多来自下层的平民，能更真切地体会他们的疾苦，知晓他们的悲愁所在，分享他们哪怕是一丁点儿的成果所带来的满足和幸福。

同时，家境的贫寒也能让尚处于年少时的老祖天师张陵更真切地体会到那些所谓的上层人物的骄横、贪婪、霸道、无理和虚伪，看清楚这个存在着的然而却未必合理的世界的恶的根源。这一切都为老祖天师张陵日后所从事的事业留下了一笔最可宝贵的人生阅历和精神财富。我们知道，真正有活力的宗教、哲学和艺术之花常常是在一个民族血和泪的浇灌之下而得以绽放的。人世之艰辛和苦难，都会使年幼的老祖天师张陵陷入深深的沉思之中。苦难固然会使人消沉，但苦难也会促使人奋起，使生命的精神境界得到升华。

四、生而灵异：老祖天师张陵诞生时的灵异事迹

老祖天师张陵生于东汉永平十八年，即公元75年。一般来说，古今中外一些重要的宗教领袖人物的诞生都伴随着某些灵异的事迹，如耶稣的诞生据说是上帝感应童贞女玛丽亚而使之受孕所致；释迦牟尼在降临于世时，满屋香气环绕，发出的红光映红了天空；我国古代的一些帝王名士的诞生或在做出某项行动之前，上天也常常会显示出某种异常的现象。最近福建地区流传着大文学家林语堂出生时，天上也有极其绚丽的彩霞。

对作为道教的创始人和教主的老祖天师张陵来说，也是如此。笔者查阅了大量后世不少高道为老祖天师张陵作的传记，其中不约而同地提到，老祖天师张陵诞生时伴随着众多灵异现象。综合各方面的资料，老祖天师诞生的经过大致如下：

老祖天师张陵的父亲张翳（字大顺，号“桐柏真人”）有一天偕妻子客居于天目山。这天晚上，老祖天师张陵的母亲林氏做了一个梦，梦见有神人自北斗魁星而缓缓降落在自己身边，并授以蘅薇香草。之后，林氏便有孕在身。回家之后过了数月，即于甲午正月望日产下老祖天师张陵。老祖天师诞生时有黄云覆盖室宇，紫气充满庭院，屋内金光闪闪，并伴随着幽香之气扑鼻而来，数月后尚有余香。

以今人的眼光看来，这有些太不可思议，特别是对那些以科学实证的眼光来审视一切现象的人来说，这就更不可能，他们认为这完全是好事者的胡说八道、装神弄鬼。不过，我们可以换一个角度来思考这个问题：如果这些神异现象果真是好事者的胡说八道、装神弄鬼，完全是荒诞不经的话，这些记载凭什么还能流传至今日？难道在这被斥之为荒诞不经、胡说八道的记载的背后没有隐藏着某种尚未被人发觉注意到的宗教上的启示？

据说爱因斯坦年幼的时候，曾经一度沉湎于足球运动，在功课上极为马虎。一天，他的母亲便语重心长地对小爱因斯坦说，“儿呀，你不要再整天沉湎于踢球了，因为你与其他的小孩子生来就有很大的不同，你来到这个世界上担负着上帝交给你的给整个人类带去光明的光荣使命”。从此，小爱因斯坦便静下心来，专注于学习，终于成为影响整个人类世界的伟人。而按照很多人的看法，上帝本身的存在尚且是一个悬而未决的问题，又何来爱因斯坦要承担起上帝交付给他的光荣使命一说？小爱因斯坦母亲的那句劝诫儿子的话不也同样显得荒诞而不经吗？

历史的真实恰恰倒是，那些伟大的事业常常是在某种看似“荒诞不经”的神灵信仰感召之下才取得的。因为在那些看起来近乎荒诞的灵迹背后往往隐藏着对来自神明召唤的伟大使命感的高度认同，从而在追求事业成功的过程中变得极度专注。因此，那些看起来似乎不可思议的灵迹对于有宗教信仰的人来说就不再是虚幻不实的，而是“实有诸己”的，并具备完全的真实意义。这种来自神灵的召唤之声来自宇宙的最深处，只有极少伟大天才的人物才能领会，它超越于任何理性和逻辑之上，然而在常人看来却显得完全不可思议！

不过，官方的正史中在对待老祖天师张陵出生时的灵异事件上是有不同的看法的。无论是由范晔撰写的《后汉书》或是由陈寿所著的《三国志》中，都没有专门记载老祖天师张陵的生平事迹。在这两部有关东汉时期的重要史书——《三国志》和《后汉书》中，《三国志》专门为系师张鲁天师立传，其中顺带地提到老祖天师张陵；《后汉书·刘焉传》则间接地提到老祖天师张陵和其孙张鲁天师之间的事。这两部较多涉及老祖天师张陵及其孙张鲁天师生平事迹的书，还对由他们爷孙俩开创的五斗米道（也称正一道，或天师道）多有贬损之辞，称之为“米贼”、“匪”。书中甚至没有提到老祖天师张陵的身世，更不可能把老祖天师张陵的诞生与某种灵迹联系在一起了。

其实，无论是《三国志》还是《后汉书》，它们在叙人载事的时候，都预设着特定的价值判断的，因为作为正统的官方史书，当然是要维护封建大一统的政治局面和儒家君臣忠孝的伦理纲常——用“贼”、“匪”之类的词来评价老祖天师张陵老祖天师和其孙张鲁天师所创立的五斗米道，说白了，就是认为他们破坏了封建大一统的政治格局和儒家传统的伦理纲常。但这种评价并不客观，也不公正。

毫无疑问，作为史学家的陈寿和范晔，他们都是博学的。但一个人的博学，有宽广的知识视野，并不必然意味着他也对所有历史人物、历史现象都有十分敏锐的洞察力和深刻的理解力。

时至今日，起码可以说，像陈寿和范晔这样的大史学家，他们在对待和处理老祖天师张陵这一终将会成为影响整个中国文化史尤其是中国宗教文化史的重大人物上，多少表现得缺乏一种更为博大而宽容的智慧和基于宗教信仰基础之上的理解能力。故此，陈、范二氏在其所著的官方史书中均没有给予老祖天师张陵以足够的重视。

人们在对世界的理解方式上，除以上提到的科学理性的方式、基于某种固有的伦理价值观带有很深“成见”的理解方式之后，更需要一种基于信仰基础之上的宗教直觉的、审美的理解方式——这种理解方式能召唤出宇宙和人类之间最深处的包容、慈爱的博大胸怀。笔者认为，这才是道家道教哲学始终一贯、从古至今传承下来的真精神！

历史常常是会跟人们开玩笑，甚至是嘲讽人类的。那些在某个时期，为人们所津津乐道、喋喋不休争论的所谓热点话题、焦点人物和事件，谁能保证不会随着岁月的流逝而烟消云散，而在人们的精神世界中留不下任何痕迹？相反，那些在某个历史时段并不为人们所关注、压根儿就不起眼的“小人物”和宗教事件，谁能保证在将来的某个时刻不会永久地镌刻在人们内心的深处，并构筑成后世人们文化生活中最基本的色调？进而，后世的人们不会对那些并不起眼的所谓“小人物”及其所经历的宗教事件始终心怀感激？

是的，当人们面对纷至沓来的一个个历史人物和事件的时候，常常是会有一种茫然无措的感觉的，即使是博学如陈寿、范晔这类属最正统、官方、博学之列的史学家们也并不总是很轻易地能从中分辨出哪些是精华而终会对后世影响深远，哪些是糟粕而终究是要被扫入历史的垃圾堆里的！

笔者希望那些始终对中国道教文化怀有最真诚之爱的研究者们及那些对道教怀有最虔诚的信仰态度的道门中人能够更宽容地对待历史学家们在对待和处理老祖天师张陵及其所经历的宗教历史事件上的轻微的“瑕疵”吧！这首先是因为我们每一个身处尘世之国的个人都会有着与生俱来的欲望、价值观和某种根深蒂固的思维、理解世界的方式，都会在看待和判断人物和事件的时候表现出无知和短见，从而不免会犯下这样或那样的错误；还因为道教教导我们，对人们在理解这个世界时的偏执之见，应持一种宽容为怀的态度。这是道教的根本宗旨，也是道教信众们身上所必备的根本品质。老子说，“公乃容，容乃大，大乃王”，只有具备了这种宽容为怀的精神品质，才能说是从根本上遵循老子的教诲、符合老祖天师张陵创设道教的初衷，这样才能超越于理性、道德的说教之上，而达至生道合一的生命超然境界。

所以，亲爱的读者们，当我们谈到老祖天师张陵生而灵异这类宗教事件的时候，我们一定要弄明白它背后的真实的宗教意义，并领悟到这些最真实的意义，这才是宗教信仰的根本。

一般人是很难自觉地去认同和倾听那些来自宇宙、天地深处的神明召唤之声的。这些人的理性逻辑思维能力常常过于坚强，他们不肯接受哪怕是有一丁点儿不符合逻辑思维的现象。所以，在这些有着强大的理性理解能力的人看来，那些能面对种种现实困境和经受住种种磨难的宗教史上的领袖人物如耶稣、佛陀、老祖天师张陵等就成了一个个无法理解的谜团。而后追随他们的宗教信徒又常常对他们的宗教领袖满怀着近乎狂热的宗教崇拜激情，为了对这些无法以正常逻辑思维能力理解的谜团有一个较好的符合自然习惯的解释，于是就对其平生的经历加以想象，有时候甚至是神化，这些都不足为奇。因为一个人的伟大是最容易从其出生的灵迹中找到较为合理的理解和解释的。

作者想，后世关于老祖天师张陵生而有灵异迹象的记载背后一定包含着某种来自宇宙、天地神明背后“无限者”的呼声，它一定是某种神圣的召唤的声音，启迪着老祖天师张陵去追随它、确证它、认同它、期待它、领悟它。最重要的是，当老祖天师张陵自觉地认同了这种来自宇宙、天地最深处的作为“无限者”之神明召唤之声后，就会有着无可比拟的勇气去面对现实中的任何困难，渡过各种在一般人看来难以渡过的难关，忍受人世间各种难以忍受的耻辱、欺凌和磨难。

当然，作者还想请读者朋友们认真思考如下一则事例：曹雪芹笔下的贾宝玉在出生时就口含一通灵宝玉，应该可以说是生而具有灵迹吧，可宝玉也仅仅是在世上匆匆地走了一遭，最后仍重归于大青埂峰之下的无何有之乡。这生而有灵异、看似在人世间白白走了一遭、于人于世毫无用处的贾宝玉凭什么能在中国人的精神世界中留下永久的记忆呢？随着岁月的流逝，历史的尘埃虽然落定，他的光芒却终究没能掩盖住。那又是什么造就了他的光辉形象呢？

第二章
好学深思的少年时代

一、奇人异貌：老祖天师张陵的面相

让我们还是把老祖天师张陵诞生时有无灵迹、令人苦恼的谜团先放一边吧，因为有灵迹抑或是无灵迹都无法左右这样一个事实，那就是一个人自诞生于世间开始，便开始了其成长的历程，这乃是一个再自然不过和显而易见的事实。可很多时候，我们却因为生活过于匆忙，竟未能觉察到这一事实。其实，人能来到这个世间，这一事实本身就足以令人惊讶不已了，可我们常常却对此无动于衷！庄子对此曾大发感慨，他说，也许是某种盲目的机遇使我们来到这世上的吧！只要我一想起自己竟然存在如此，并终生忙碌如此，我就感到非常的惊奇，我怎么能对此没有感慨并感谢造物主呢？因为造物主本来是可以不让我来到这个世间的！

由庄子的感慨，相信读者朋友们已经体会到了人作为人而存在的不容易——可我们常常来不及细细想想这生而为人的不容易，不容易在什么地方！

一般来说，从呱呱落地的婴儿成长为一个少年，乃是人生中变化最大的阶段，但通常我们对这一段岁月的记忆却是最模糊不清的。所幸，对于我们大多数人来说，都终会为人父或为人母的，因此，我们常常能通过自己的孩子使我们自己年幼时那段模糊的记忆变得清晰起来。

时光飞转流逝，老祖天师张陵已经从一嗷嗷待哺的婴幼儿长大成为一位英俊不凡的少年。少年时代的老祖天师张陵长相极不寻常。据史料记载，老祖天师身高达九尺二寸，浓眉广额，垂手过膝，鼻子高挺，且双目炯炯有神。最令人称奇的是他双眼有三角，走起路来呈龙行虎步之状，眉间透出一股灵光，真是气宇轩昂，样子威武至极。当然，我们今天已经看不到老祖天师张陵少年时到底是何模样了，不过我们可以从保留至今的各种有关老祖天师张陵得道后的画像中大致推知少年时代的老祖天师张陵的不凡长相。右图是珍藏于龙虎山天师府的老祖天师木刻版画，从中可见其真容之一斑。

老祖天师木刻版画

按中国古代骨相学的观点，像老祖天师张陵这种长相的人，将来即使不做帝王，也会位极人臣。可以想见，当老祖天师张陵的父母看到膝下的少儿这副气宇轩昂、不同凡响的长相时，心中该是感到多么满足和自豪，他们又该把多少殷切的期望和未竟的心愿寄托在尚处于少年时代的老祖天师张陵身上。当他们看到少年时代的老祖天师张陵的长相时难道不会又一次打开他们那些尘封已久的关于张家祖上的峥嵘记忆？

二、幼学启蒙：七岁的少年与《道德经》

中国古代的文化是极为重视少儿的启蒙教育的，比如中国古代的《千字文》、《三字经》、《增广贤文》之类的书籍文献就是专门用来给尚处于年幼时期的孩童作为认书识字以及为人处事方面的启蒙读物。这样的传统一直延续至今。

像今天绝大多数对子女寄托着沉甸甸希望的父母一样，老祖天师张陵的父亲张大顺和母亲林氏在老祖天师张陵尚处于年幼时就会积极地引导他读书。那时，老祖天师张陵只有七岁，读的也不是《千字文》、《三字经》、《增广贤文》——这类书当时也还没有编订成册——之类的通行启蒙读物，而是包括宇宙天地大智慧的《道德经》。

我们知道，《道德经》是先秦时代一位饱经沧桑的叫李耳的智慧老人为后人留下的一部千古奇书。全书虽然仅有五千字，可正是这五千字给中华文明带来了不可估量的影响。历史上绝大多数的封建王朝都曾把其中的道理与国家的治理策略相结合，最典型的是本书曾提到过的汉代的黄老道家的治国之道。这里所谓“黄”，一般指黄帝，或指与黄帝相关经籍，尤其是以黄帝命名的《黄帝内经》一书。而“老”则主要指由老子所开创的道家哲学。当然，我们知道，《老子》（也称《道德经》）是道家哲学最重要的典籍，所以，“老”也可以指老子的《道德经》一书。我们在读历史的时候常常会接触到休养生息、清静无为之类的话，在俗语中常有清心寡欲、虚心实腹、为而不害、利而不争、祸福相依等成语，这其实都与《道德经》有着直接的思想渊源关系。在今天这个全球化的时代，老子的思想早就越出了国门，传播到了世界各地，美国总统在给国会的咨文中引用了《道德经》中“治大国若烹小鲜”作为其“大社会，小政府”的施政方针的形象概括和依据。

据说，七岁时的老祖天师张陵一见《道德经》就喜欢得不得了，很快就能把《道德经》倒背如流，并能完全领会其中的道理。

说七岁的老祖天师张陵能倒背如流《道德经》，这完全可信。但说七岁的老祖天师能完全领悟《道德经》中的大道理，就难免有夸大之嫌。一般来说，确实存在神童一类的人物，当他们年仅七八岁的时候便会表现出超人的天赋，例如西方的音乐大师莫扎特，在五六岁时就会作一些较简单的曲子，八九岁时就可以作较复杂的交响曲一类的曲子。这类神童一般在文学、数学、艺术等需要比较强的技术操作能力的知识领域中较为常见，但在宗教和哲学领域则几乎难以见到。因为像宗教、哲学这些领域通常都以整个宇宙和人生为沉思、反思——不是通常意义上讲的认识，更不是简单的模仿——的对象，对其中真理的领悟需要的不仅仅是发达的智力，更需要以时间的积累为基础的大智慧及其对天地、人性、人情的深刻和敏锐的洞察力。

因此，说一个七八岁的像老祖天师张陵这种很有天赋的孩童能完全领会《道德经》中的大道理就难免有所夸大，但说老祖天师张陵于七八岁时就读过它并能倒背如流则是完全可能的，因为小孩子的记忆力非常强，加之《道德经》本身并不长，才五千字。

前文提及，老祖天师张陵的父亲张大顺又号“桐柏真人”，作为张良之后裔，他对《道德经》一定是很了解的，所以后世才追封他为“真人”——“真人”可不是一般人能随便用的，那是对道家哲学的领悟和修为达到很高水平的人的尊称。故而，老祖天师张陵的父亲张大顺一定是常读常思《道德经》的，进而，他又把其中的有关宇宙、天、地、人之间的大道理用各种年少的老祖天师张陵所能接受的方式传授就是一件完全自然而在情理之中的事了。正因为从小就受到父亲的道家哲学思想和人生态度的熏陶，所以老祖天师张陵显得聪颖早慧。少年老祖天师张陵禀性聪颖，读书又极为刻苦，常常被这本极富宇宙和人生智慧的小书所吸引，并为之着迷，常常在它的启发下陷入深深的沉思之中。

当年轻的老祖天师张陵碰到《道德经》这样一本作者以其一生的沧桑经历，及其对宇宙天地人之间的大道理超出常人的冷静、敏锐的洞察力所写成的书时，恰如一道道闪电划过夜空，不仅照亮了老祖天师张陵那幼小的心灵，也激发了老祖天师心中那与生俱来的追求宇宙天地和人之间真谛的激情。人生的轨迹常常是由一些偶然的契机所造就的。禀性慧颖、好学深思的少年老祖天师张陵加上《道德经》中那深邃无比的大智慧的启迪，自留侯张良以来的深厚的道家哲学的家学传统，似乎昭示出日后老祖天师张陵为什么要以探求、传播道家哲学之真精神，为人类送去福音为自己终生的使命和追求。

三、河图洛书：经天纬地之学

随着年龄的增长，老祖天师张陵的父亲开始让他阅读一些更为专业、技术化的书，这些书大都与天文、历法、阴阳、八卦、推步、望气等知识领域相关。

但是，无论是天文、历法、阴阳、八卦，还是推步、望气、六壬、遁甲及兵法方面的学问，在中国古代都离不开一门更为基础的学问，即河图、洛书之学。

据相关资料记载，老祖天师还尚处于少年时代的时候，其父桐柏真人张大顺就让他学习河图、洛书。这是中国古代天文地理方面的十分高深的学问。

在一般人的印象中，河图、洛书是颇有几分神秘主义色彩的，因为它常与风水、八卦、算命等方术活动联系在一起。事实上，河图、洛书对于道教的整个宇宙空间观和理解世界的思维方式都息息相关。明白这一点对于了解老祖天师张陵的思想世界是十分关键的，所以这里就概要地对河图、洛书之学作一个简要的说明。

河图、洛书的起源很早。史书上记载，尚在远古的伏羲氏担任原始部落领袖的时代，伏羲氏不仅教民众结绳做渔网以捕鱼，还教会了民众养蓄家畜，发展农耕事业，这样生产有了很大的发展，民众的生活因而有了很大的改善。伏羲氏的行为感动了上苍，于是祥瑞迭兴，天授神物。

据说，伏羲氏在今天洛阳东北孟津县境内的黄河中看见了从河中浮出的龙马，背上有各种神秘图案。还说，这河中浮现出来的类似于马的瑞兽，有着龙形的背，背上有各种斑点；长有双翼，高达八尺五寸；浑身披满龙鳞，当时正游弋在黄河和图河的交汇处。当时的人故此称该瑞兽为“龙马”——亦龙亦马。因龙马背上有由神秘的斑点构成的图案，恰好被伏羲氏看到了，于是依照龙背上的图案，画出了图样。这就是后人常说的“龙马负图”典故的由来。这个图案后来称为古河图，如下图所示：

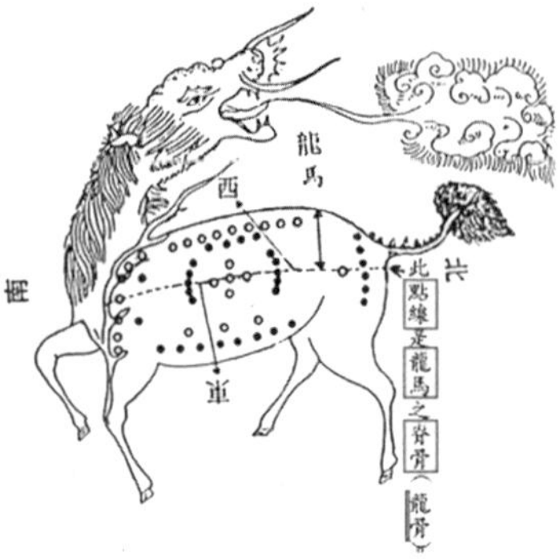

古河图

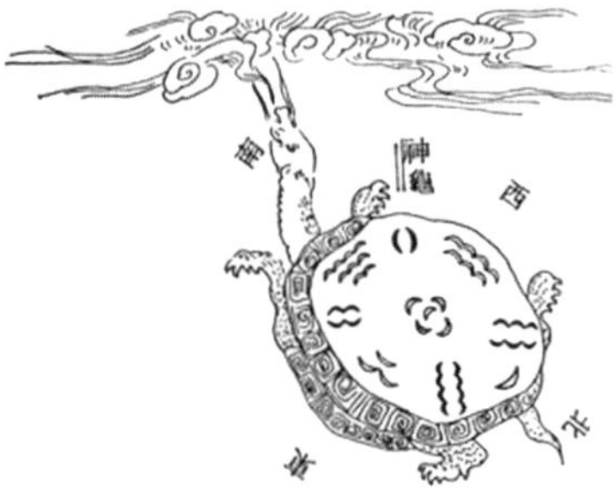

古洛书

古代的典籍中还记载，到大禹的时代，在洛阳西洛宁县洛河中浮现出一只神龟，背驮《洛书》要献给大禹。大禹看见神龟背上同样有一些神秘的像文字一样的纹路。大禹从这些纹路中得到启发，依此治水而取得成功。后来大禹还依据《洛书》的启示，把天下划分为九州，这就成了中国古代行政区划的开始，所以在《尚书》中有“洪范九畴”的说法。大禹又依据《洛书》制订了九章大法，治理社会。如上图所示，是为古洛书。

《易·系辞上》说：“河出图，洛出书，圣人则之”，就是指这两件事。

当然，尽管史书中有大量河图、洛书的记载，但其真图究竟是什么样的，宋以前的古籍均未出现过具体的图样——只有文字记载其名称。河图洛书在宋代初年才被发现。北宋初年，著名华山道士陈抟老祖才将失传两千多年的河图、洛书及先天图、太极图诸图摹画出来，传诸后世。而由陈抟老祖所创立的易学则称“龙图易”。在《宋文鉴》中载有《龙图序》一文，讲到了“龙图三变”的说法，即一变为天地未合之数，二变为天地已合之数，三变为龙马负图之形，最后形成了河图洛书这两个图式。这其实是把古河图、洛书的演变过程做了一个逆推。当然，陈抟老祖在作了这三变的推演得到了两图后，并没有把它们命名为河图洛书。第一次给这两幅图命名的是北宋易学家刘牧。刘牧潜心精研过陈抟老祖所传的《龙图易》，并著有《易数钩隐图》一书。这之后，河图洛书才广为世人所知。当时，对采用“图十书九”，还是“图九书十”有过争论，最终定为图十书九，一直延续至今。这就是我们今天所看到的河图洛书的式样。

所以，从河图洛书与北宋华山高道陈抟老祖的关系也可以看出，河图、洛书实际上是老祖天师张陵创教以来千古秘传的学问，它对于道教十分重要。而老祖天师张陵从小就学习这方面的学问，这对他日后创立道教至关重要。

当然，由于中国历代圣人的努力，我们今天所看到的河图、洛书已经不是古河图洛书的样子了，而是变成由黑白点和线组成的图案。

之所以说河图、洛书之学是中国古代关于天文地理方面知识的学问，是因为在上古时代，人们为了安排好农事活动，就需要夜观天象。当古人仰望天穹时，呈现在他们眼前的天空像一个巨大无比的圆球，而他们所站立的大地则像一块巨大的四方形平板。这就是古代天圆地方的宇宙空间观念。天是圆球形的，上边有日月星辰在不停地运转；而大地似乎是静止不动的，因为那时候还没有地球自转和公转的概念。俗话常说“斗转星移”，所谓“斗”就是指北斗七星，这七颗星排成一个勺子的形状，而斗柄随着四时的变化而指向不同区域的星宿，古人正是根据斗柄的指向来判断四季更替的。当斗柄指向东方青龙七宿时，此时应为春季了，万物刚从隆冬中苏醒过来，呈现出一派生机勃勃之象；当斗柄指向南方朱雀七宿时，就应是夏季了，夏火炎炎，阳气旺盛，万物生长；斗柄指向西方白虎七宿时，此时应为秋季了，秋天万物成熟，是收获的季节；当斗柄指向北方玄武七宿时，当是冬季了，此时万物归藏，阴气盛至极点。随后又会有新一轮阴阳消息、春夏秋冬交替的过程。

古人有鉴于天上的星体运转之于人类生产活动的重要性，于是力图用一种简明扼要的图把这一天文现象变化的过程给描摹下来，于是便有了河图和洛书。它们都与天上地下和人类有关。用今天的话说，是想表达天地人之间存在的某种相呼相应的关系吧。见过河图、洛书的人一定会感到奇怪，那用一根根线段连接起来的形状各异的黑白二点到底表达了什么思想观念呢？笔者想，那黑白二点大概就表示阴阳吧，因为古人认为阴阳是天地之间的根本属性，天地的至上德性就是生，而生就必须由阴阳交合而得，所以万物都要通过阴阳交合而产生和形成。春夏秋冬在古人眼里其实就是一个阴阳和合消长的过程，所以古人那么重视天上的日月星辰的运转。有细心的读者肯定已经注意到了，洛书的形状稍微呈现出圆形，使用黑白之点所组成的形状，仿佛与天上的星座图有些相似。这其中大概就是想要表达“天圆”的观念，或许洛书原本是由某些星象图而来。河图呈四方形的形状，大概表达的是古人心目中“地方”的观念吧。这样，古人认为通过河图、洛书就把天地这个巨大的宇宙浓缩于一张小小的图纸之中了，其中包含着无比深邃的宇宙大道理。下图即是后人根据古河图、洛书，根据天数地数，配合阴阳、五行、八方、八卦、九宫等诸多思想观念而加以变化、演化出来的新图样。从图样可以看出，河图、洛书之学是很复杂的。

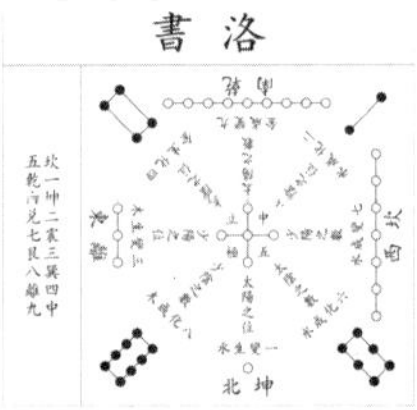

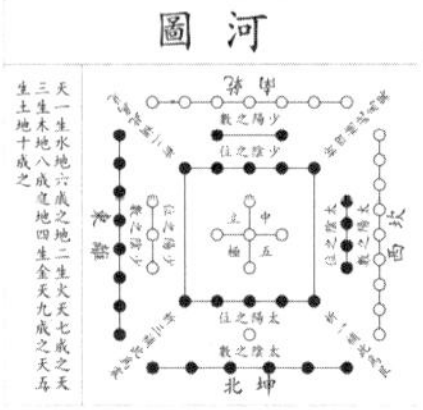

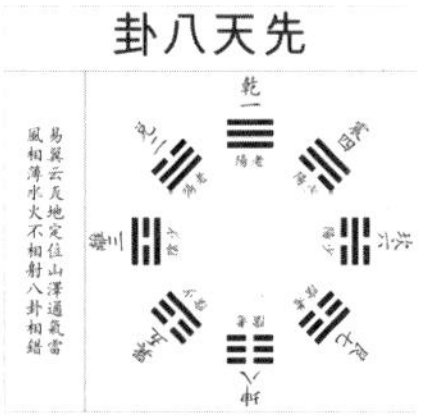

先看河图之象。

河图用十个黑白圆点表示阴阳、五行、四象，其图为四方形。分别为：

东方：三个白点在内，八个黑点在外，上应苍天青龙星宿之象，对应五行之木；

南方：两个黑点在内，七个白点在外，上应苍天朱雀星宿之象，对应五行之火；

西方：四个黑点在内，九个白点在外，上应苍天白虎星宿之象，对应五行之金；

北方：一个白点在内，六个黑点在外，上应苍天玄武星宿之象，对应五行之水；

中央：五个白点在内，十个黑点在外。中央对应时空之坐标原点，对应五行之土。

另外，还须指出，无论在河图，还是在洛书中，奇数和白点均对应阳，偶数和黑点均对应阴。在四象之中，每象各统领七个星宿，共二十八宿。四象与四方相配就是：前朱雀，后玄武，左青龙，右白虎。这又蕴含着中国传统地理风水之学的基本原则。

再看河图之数。

在中国古代，有所谓天地之数的说法。所谓天地之数，指的是一、二、三、四、五、六、七、八、九、十这十个数字。古人认为天地万物形态各异，千变万化。但其变化却是有规律可循的，可以用最基本的十个数字来加以推演，并以最基本的十个数字来表述其变化的过程，这就是《周易》所讲的“变易，简易，不易”。因为这十个数字可以用来描述事物的千变万化，所以称它们为天地之数。

当然，这十个数字又可进一步区分为阴阳两类：奇数均为阳，分别是一、三、五、七、九；偶数均为阴，分别是二、四、六、八、十。五阳数相加之和为 25，五阴数相加之和得 30，十个阴阳之数相加之和共为 55。所以古人说：“天地之数五十有五”，又说“以成变化而行鬼神也”，即天地之数之和为 55，万物之数皆由天地之数化生。

古人除天地之数的说法外，又有所谓“万物生成之数”的说法。古人认为，宇宙之间的万物之生成均是阴阳二气和合所化。阴阳二气和合而生五行，五行生克而有万物。从阴阳二气之属性来说，天地分属阴阳。从源头上来讲，天地是万物之大父母。所以古人很自然地有了天生地养——天生之，地成之——的思想观念。为了表达对天地大父母这种天地生养的感恩之情，古人巧妙地把这种思想观念融入河图数理之中。

在万物生成之数中，天数为一、二、三、四、五；地数为六、七、八、九、十。古人正是用天地万物生成之数来表述天地阴阳和合而化生万物、天地为万物之大父母的思想观念的：“天一生水，地六成之；地二生火，天七成之；天三生木，地八成之；地四生金，天九成之；天五生土，地十成之。”从这里可以看出，一为五行水之生数，二为五行火之生数，三为五行木之生数，四为五行金之生数，五为五行土之生数；六为五行水之成数，七为五行火之成数，八为五行木之成数，九为五行金之成数，十为五行土之成数。万物有生数，当生之时方能生；万物有成数，能成之时方能成。所以，万物生成都有其所属之数。

当然，五行本身也有其所属之数。五行所属之数就是水一、火二、木三、金四、土五。一、三、五、为阳数，其和为 9，故九为阳极之数。二、四为阴数，其和为六，故六为阴极之数。阴阳之数合而为 15，故化为洛书则纵横各数之和相加皆为 15。

当然，从河图与天地万物生成之数的结合形式上看，它显得很复杂，但其表述出来的哲学理念却并不让中国人感到陌生：土居中属阴，而四象在外则为阳，这就是表里阴阳相属之理；木与火相生，属阳，金与水相生，属阴，这就是阴阳水火既济之理；五行中各有阴阳相交相合，表述天地万物生生不息之道，此乃阴阳同根同源之理；中央土表静，外四象表动，乃阴阳动静之理。如果把河图内外两层按天道左旋、地道右转的方式加以变化，方形则可化为圆形。这样就可以看到，木火为阳，金水为阴，阴土阳土各为黑白鱼眼，则变为太极图。此时水为太阴，火为太阳，木为少阳，金为少阴，这就是太极四象。

前文提到，河图洛书可与周易八卦之理相合。而周易八卦原本就是用于占卜的。很自然，古人又从河图洛书的数理之中解释出所谓的“大衍之数”。

《易传》中有“大衍之数五十”的说法，即一、二、三、四、六、七、八、九、十共九个数相加之和为 50（五是虚而不用的）——这是天地之数的用数。要是天地之数的体数，则要加上五。在用天地之数进行占筮的时候，只能用五十的“用数”，而不能用五十五的体数,因为占筮本身是对数的"运用",是"后天"的行为。但在用五十的用数进行占筮时,要减掉1,这是为什么呢?因为在中国古代,尤其是在道家的哲学中,数字"一"可以用来表示宇宙的全体——无法言说的本体之道,其地位很神圣,所以要虚而不用。所以,在《易传》中有了"其用四十又九"的说法。

再看洛书。

古人为了方便记忆洛书之数的分布,还专门用一段话来进行形象地概括:

戴九履一,左三右七,二、四为肩,六、八为足,五居中央。

所谓"戴"指的是头,"戴九"即是说,上面是九。"履"即脚或"踩在下面"的意思,所以"履一"即是说下面是一。"左三右七",说得很直白了,即左边为三,右边为七。"二、四为肩",即二和四分别分布于右上方、左上方,类似于人的两肩的位置。"六、八为足",即右脚的位置是六,左脚的位置为八。五、十居于中央的位置。如果对洛书各数字进行进一步简化,即可得到如下的九宫图:

四	九	二
三	五	七
八	一	六

所以,洛书中的九个数字是按九宫方位排列的,大抵与上古流传下来的明堂制度相契合。洛书之九宫,由1—9排列而成,横,竖,斜三个数相加之和都是15。当然,由洛书出发,也可以与天干、六甲纳音等结合在一起,出现千变万化的组合,显得很复杂,这里就不一一介绍了。

再看河图与洛书之间的关系。

古代有很多人讲到了河图与洛书之间的关系。如汉代的经古文家刘歆认为:"河图洛书相为经纬。"(《汉书·五行志》注)而南宋朱熹、蔡元定则提出:"河图主全,故(数)极于十;洛书主变,故(数)极于九。""河图以五生数统五成数而同处于方,盖揭其全以示人而道其常,数之体也。洛书以五奇数统四偶数而各居其所,盖主于阳以统阴而肇其变,数之用也。"并认为河图象天圆,其数为三,为奇;洛书象地方,其数为二,为偶。(《易学启蒙》)

清代万年淳说得好:"河图外方而内圆","中十点作圆布","外四圈分布四方，为方形，十包五在内，仍然圆中藏方，方中藏圆，阴中有阳，阳中有阴之妙也。而十、五居中，即洛书纵横皆十五之数，是又河图包裹洛书之象。河图点皆平铺，无两折，洛书亦然。”“洛书外圆而内方，圆者黑白共四十数，圆布精其外，包裹河图之象。”“河图已具洛书之体，洛书实有运用河图之妙，因将图书奇偶方圆交互表之以图。”（《易拇》）近代杭辛斋认为：“河图为体而中有用，洛书为用而中有体。”“有以图书配八卦者，多拘执而不能悉当，其实河图为体、洛书为用，河图即先天，洛书即后天。”“故图与书，相互表里，不能分割。”（《易楔》）还有人认为河图重“合”，具有奇偶相配、阴阳互抱、生成相依的特点；洛书重“分”，具有奇偶分离，生成异位的特点，两者一分一合，体现对立统一、盛衰动静的辩证关系。

所以，无论是古代的刘歆、宋代的朱熹、蔡元定，还是清代以来的易学大家们，他们在河图与洛书的关系上大多认为：河图与洛书的关系类似于哲学中的“本”或“体”与“用”之间的关系，即认为河图为“本”、“体”，洛书为“用”；河图表述的是万事万物之静态，洛书表述的是万事万物变化之动态；河图强调天地、阴阳、男女、雌雄诸方面之和合态势，洛书则强调天地、阴阳、男女、雌雄诸方面之分化的趋势；河图为方，洛书表圆，方圆相藏，相得益彰；阴阳相抱，互为表里，相互为用，不可分割。

由河图、洛书出发，古人分别按照方位和数而配以八卦。这八卦有两种不同的配属方式，故而又有了先天八卦和后天八卦。我们从前图中可以看出，先天八卦和后天八卦的最大不同在于其排列方式的不同，先天表述的是宇宙天地的本原样态，后天八卦表述的宇宙天地形成之后变化的过程及其态势。

古人是这样来描述先天八卦的排列顺序的：

> 天地定位，山泽通气，雷风相薄，水火不相射，八卦相错。

“天”是乾卦，“地”为坤卦。“天地定位”，意思是说，乾卦在上，坤卦在下；“山”是艮卦，“泽”为兑卦，“雷”为震卦，“风”为“巽”卦。“山泽通气”，“雷风相薄”两句话的意思是说，艮、兑、雷、巽四卦两两相对，分别处于西北、东南、东北、西南这四隅的位置上。“水”为坎卦，“火”为离卦，“水火不相射”的意思是说，坎卦和离卦分别位于左、右的位置上，所以说“不相射”。“八卦相错”的意思是说，八卦就是那样错综分布开来的。

对于后天八卦，古人也有一段话来描述其分布：

易帝出乎震，齐乎巽，相见乎离，致役乎坤，说言乎兑，战乎乾，劳乎坎，成言乎艮。

这是用顺时针方向的方式来分述后天八卦的布列。所谓“易帝出乎震”，意思说是，震卦处于东方青帝的置上，只要确定了震卦的位置，就可以依顺时针的方向依次布列八卦：东南 隅为巽，南方之正为离，西南之一隅为坤，西方之正为兑，西北一隅为乾，北方之正为坎，东北方之隅为艮。

这里就有了这样两个概念：先天和后天。进而又有了两个疑问，即何谓先天？何谓后天？这两个概念对于后世的道教极为重要，有必要借介绍老祖天师张陵从小所学之河图洛书的机会，向亲爱的读者朋友们解释一下。

古人认为，天是人的最终根据，即“人以天为天”；但天也不能离人而独立成天，离人之天就成了荒诞无意义的存在，所以“天以人为天”；作为生存于天地间的人来说，人时时刻刻要受制于天，故说“人被天制之时，人是天之属”；作为人来说，人的精神意识尚未从原始混沌的状态中脱离出来的时候，人与天是同一的，无所谓人也无所谓天，所以有“人同一于天，无所谓人”的说法，而此原始混沌状态可称之为先天。但后来，随着人的精神意识逐渐从原始混沌状态之中分离出来，人有了自身的主体意识，具备了相当程度的认识宇宙万物的能力，并自觉地做到了“逆天而行”，人的精神境界就得到了升华，人创造了人化之天，此“乃天之天，故为后天”。所以，先天之道理，以五行万物相生相制为宗，以生发为主；后天之道理，五行万物相克相制，以灭亡为主。先天、后天的道理都是道教的基本教义，道教正是要告诉世人逆转先天之理，就可以使有生有灭的后天之身获得不朽，从而进入先天之状态。

无论是河图，还是洛书，其实都是中国古代最典型的“观物取象”的思维方式——由具象到抽象思维转化过程的产物。所以到后来，古代的一些圣人有感于河图洛书的图样，认为其中蕴含着解开天地自然大道的密码，于是以这些神秘的图案为基础，加以简化、凝练，并配上五个天数（一、二、三、四、五），五个地数（六、七、八、九、十），再加以推演而成八卦，就成为《周易》的来源。

古圣人长期观物取象，潜心思索宇宙自然的奥妙，又把它们跟阴阳、五行、天地之数等传统观念有机地融合在了一起，成为一个用来解释宇宙自然和人类大化流行、生成变化，具有强大的解释功能的哲学系统。

老祖天师张陵从小就精研像河图、洛书这样能通天达地之类、通晓宇宙自然之大奥秘的学问，这些都为他日后创立道教作了最好的知识方面的储备。

另外，桐柏真人张太顺还让年少的老祖天师张陵老祖天师阅读了大量诸如《黄帝内经》等医学方面的书籍。这对于年少时就潜心于河图、洛书之学的老祖天师张陵来说，实在算不得什么难事，因为中国传统医学从来与易理相通，少年老祖天师又极为聪明、用功，所以这都算不上什么太难的学问。亲爱的读者朋友们在本书的后文中将会看到，少年时代老祖天师所学的这些医学知识将会在其日后开创道教时居于何等重要的地位！

机会总是喜欢垂青那些有准备的人。这对少年时代的老祖天师张陵老祖天师来说，再恰如其分不过了。因为少年时代所努力用功学习的各方面的知识，将会使老祖天师张陵老祖天师日后的人生变得与众不同！

四、经世致用：书香门第之家的读书传统

我们常用“书香门第”来形容某个家族向世人所展示出来的文化素养和文化品位，并对那些出自书香门第之家的子弟们怀有一种由衷的崇敬之意和赞叹、羡慕之情。老祖天师张陵的先祖们曾世为公侯，虽称不上是完全正统儒家意义上的以诗书传家为显著特征的读书人家，但也可以称得上是有很深的家学渊源的公侯世家，因而向世人展示出了另一派清新的气象和精神风貌。

今天的中国人从中国传统文化的印象中所获得的有关读书人的形象，大致是这样的：脸色白净，身材修长，头戴方帽，手握香扇，有书童担书，并随时伴随左右照顾他的日常饮食起居；所读之书的内容，多以儒家的四书五经之类所谓的圣贤之书为主；话语之中常夹杂之乎者也，或者更夸张一点说，他们甚至于在很多时候要表现出一种手无缚鸡之力之感，这才会让人觉得是真正的读书之人。

一般来说，古代的读书人都是他们所处时代的精英人物，他们在政治经济等活动中有着举足轻重的作用。我们今天的人想想也真觉得奇怪，古人为什么要把那么重要的、关系到国计民生的大事，寄托在那些脸色苍白、甚至于手无缚鸡之力的书生身上？

不过，我们对中国古代读书人的形象大多来源于明清戏剧和小说。那时候官方政府日益加强中央集权和思想意识形态领域的控制，专门指定科举考试的教材，做的文章也要按照固定的格式来写，所以读书人只好拼命背诵那些指定要考的书，写出的文章也多是一些千篇一律的八股官样文章。思想既然已被禁锢，那么就不会有什么创造能力。故此，国人如上那种有关读书人的形象恰恰

是一个社会文化及其精神气质日益趋向没落的时代的侧影。从中我们基本上找不到了汉唐盛世那种大气磅礴的气度、气象了。

其实老祖天师张陵的家族中也有读书的传统，可张家这一传统中却展示出一种与后世读书传统颇为不同的精神风貌，因为经世致用的精神是张家读书传统中的永恒主题！

前文提到，老祖天师张陵的十世祖留侯张良，在青年时代就从黄石公的老者学习兵法；而留侯张良的祖上曾五世而为韩国的相国。可见，老祖天师张陵家祖上多出治国安邦的人才。前文还提及，张良一家三百余口死于秦始皇的刀下，后张良邀人共同刺杀始皇帝，足可见张良确实是有一股"风萧萧兮易水寒，壮士一去兮不复还"的侠士风范的。张良还熟读兵法，虽不是特别擅长带兵打战，但在出谋划策方面，却是无人能及，以至于高祖刘邦都说，谈到运筹于帷幄之中，决胜于千里之外，我不如子房啊！这绝不是表面上的君主对臣下的谦虚之辞，而确实是高祖刘邦的肺腑之言啊！这与后世读书人的文弱样子相去又何止千里？想想，当年老祖天师张陵的十世祖留侯张良与那手持一百二十斤的铁椎在博浪沙伏击千古帝王始皇帝时，该需要多么大的勇气！而后来张良在辅佐刘邦，出谋划策，运筹帷幄，决胜千里，以及攻城拨寨之时，又该需要何种智慧和意气风发之气魄！

说到老祖天师的十世祖张良，就不能不说到张良的道德人品。高祖刘邦曾想封赏张良齐地三万户，可张良仅求封赐沛地一叫"留"的小地方，以此纪念当年二人在此地相逢的患难之交。张良一生淡泊名利，晚年屡次向高祖表达归隐山林之意，高祖一直就对他赏识有加，所以读者朋友们在前文中看到，即使刘邦对其他功臣一直是猜疑有加，因而导致像萧何、韩信、黥布、陈平等功臣不得善终，但对于张良的道德人品，高祖刘邦却始终是信任、钦佩和带有很深厚的感激之情的。

《道德经》中说：生之，畜之，生而不有，为而不恃，长而不宰，是谓玄德。意思是说，做了有利于国计民生的大事，从来不当众自夸，老百姓甚至审察不到是谁使他们丰衣足食、安居乐业，这样的人就是有最高尚的道德的人。无独有偶，印度大诗人泰戈尔曾说过这样的话：我们只记得那些成天夸夸其谈的权贵和所谓的名流，却不记得是谁在寒冷的冬夜搬走了横亘在路上的石头，从而使我们在行路的时候不至于跌倒，这样的人难道不值得我们永远记住，并心怀感激？由此可见，道家道教对苍生、民众始终心存一种最深沉的爱，这难道是那些成天谈论为民请命而不会付诸实践的假道学家所能比拟的？

我们在后文中将会看到,张良一脉作为书香门第之家的这种经世致用的传统在少年老祖天师张陵身上同样得到了很好的体现,这从少年时代的老祖天师张陵所读之书就可以看出端倪。最根本的,这一传统还会被老祖天师张陵在日后的岁月里发扬光大,惠泽整个中华民族。

因此,从张氏这种书香门第之家的经世致用的读书传统中,我们现代人更要明白这样一个简单而又不易想明白的道理:读书不仅仅是为了要写出华丽辞藻的文章,不仅仅是要能高谈阔论某些看起来冠冕堂皇的哲学道理,也不仅仅是为了自己能谋取一个较好的职位,获得充裕的物质满足感。而更为重要的是,读书更应该要做到培养起一种对生民百姓的悲悯天人情怀,要有敏锐的感知力,以察觉苍生百姓的疾苦,还要有具体而可行的方式方法去解决苍生百姓的实际问题。今天,我们知道,国外对知识分子的基本要求就是,他们应该始终对人类怀有一种终极的关切之情,而不仅仅是知道很多事实性的知识。从少年时代的老祖天师张陵身上,我们看到了他恰恰就具备了这样的精神气质,他正是这种意义上的知识分子,是真正的社会精英,是真正有良知、良能和良心的知识分子。

第三章

阳光灿烂的青年时代

一、开坛讲学:传道授业天目山

转眼之间,老祖天师张陵就要告别少年时代而步入青年时代了。

在中国古代,有条件读书的人是少数,家境不太殷实而又有机会读书的人就更少。从这个意义上来说,老祖天师张陵是幸运的。少年时代的老祖天师生性聪颖,又刻苦用功,好学深思。所以,当老祖天师张陵才二十出头的时候就已经在当地有很大的名气了。

因此,从各地慕名而来向他请教的人络绎不绝。孔子当年为了使更多的人能受到文化教育,在一片杏林开坛讲学,后来传为千古佳话。步入青年时代的老祖天师张陵老祖天师看到那么多对文化知识心怀渴望之情的来访者,也心生了开坛讲学的想法。

也许有的人一生注定要与某个名字联系在一起,"天目山"就是这样,因为老祖天师张陵的母亲当年正是在客居天目山的时候有神灵的感应而怀孕的。而现在,"天目山"这个名字将再度与青年时代的老祖天师张陵联系在一起。

"天目山"这个名字还具有另外一层比较特殊、带有点神秘色彩的文化意义。据英国专门研究中国古代科技史的专家李约瑟博士的考证,当年老祖天师张陵在天目山的时候,还学会了一种比较高深的数学大数记数法和珠算法,据传是由一名被称为"天目先生"的隐士那里传授下来的。这些知识现在还记载在一本叫作《数术记遗》的书中。

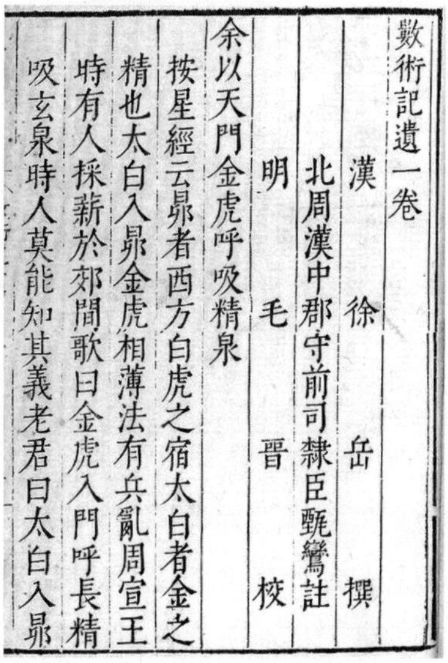
數術記遺一卷
漢　徐　岳　撰
北周漢中郡守前司隸臣甄鸞註
明　毛　晉　校
余以天門金虎呼吸精泉
按星經云昴者西方白虎之宿太白者金之
精也太白入昴金虎相薄法有兵亂周宣王
時有人採薪於郊間歌曰金虎入門呼長精
吸玄泉時人莫能知其義老君曰太白入昴

《数术记遗》

《数术记遗》开篇即记该书的来历："余以天门金虎，呼吸精泉，羽檄星弛，郊多走马，遂负帙游山，跖迹志道，备历丘岳，林壑必过。乃于太山，见刘会稽博识多闻，偏于数术。余因受业，颇染所由。余时问曰：'数有穷乎？'会稽曰：'余亦以此意问之。'先生曰，世人言三不能比两，乃云捐梦与四维。数不识三，妄谈知十。犹川人士迷其指归，乃恨司方之手爽。未知刹那之赊促，安知麻姑之桑田。不辨积微之为量，讵晓百亿于大千。"其中"天门金虎，呼吸精泉"一句乃为道教修炼常用术语，足可看出该书的思想渊源可追溯到道门隐士天目老人。引文中还说，《数术记遗》这本书后来传与了汉代天文学家刘洪（号会稽）。

刘洪，号会稽，其名号是根据其出生之地而取的。古代的会稽山所指正是天目山。后来，刘洪又把他从天目先生学到的数学知识以及他自创的乾象历，传授给了另一位著名的数学家、天文学家徐岳。徐岳潜心钻研晦、朔、弦、望、日月交食等历象端委，进一步完善了"乾象历"。历法的钻研为徐岳以后从事算学研究打下了坚实基础。他搜集我国先秦以来大量数学资料，撰写出《数术记遗》、《算经要用》等具有历史意义的数学著作。《数术记遗》以天目先生与刘洪问答的形式，介绍了14种数学运算，其中尤其以大数运算方法为最。

大约在刘洪遇师天目老人之前，老祖天师张陵其时恰巧在天目山开坛讲学。前文已经言及，少年老祖天师张陵老祖天师即精通河图、洛书方面的学问，其中比较多地涉及数学中的大数记数法和数筹运算（尤其是珠算）方法等诸多方面的问题。所以，严格地说来，老祖天师张陵还是作为东汉大天文学家、数学家的刘洪的师兄辈。

我们知道，《数术记遗》介绍了古代14种算法，除第14种"计数"为心算，无须算具外，其余13种均有计算工具，分别是：积算（即筹算）、太乙算、两仪算、三才算、五行算、八卦算、九宫算、运筹算、了知算、成数算、把头算、龟算和珠算。"珠算"之名，首见于此。

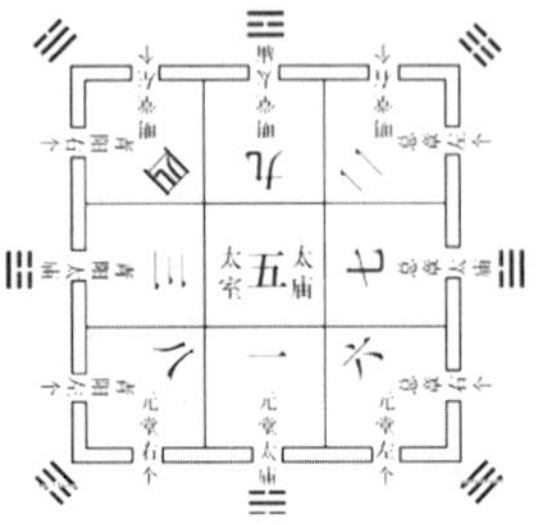

通过跟随天目先生学习，青年时代的老祖天师张陵老祖天师又掌握了一种重要的演算工具，可以把一些过亿、兆、壤的数字用类似于珠算、筹算的方式加以轻易地计算出来，大大提高、加深了自身在数学方面的理解力。

我们以前所理解的好老师，片面地强调了其向学生传授知识——教学方面的能力。殊不知，好的老师还应该包括另一方面的能力——学习新的知识的能力。只有这样，才能不断地更替自己的知识宝库，走在时代的前列，不被时代所抛弃。而在天目山传道授业的老祖天师张陵在这方面正是身体力行的！

我们看到史料中记载，老祖天师张陵在天目山开坛讲学时，广泛地向前来问学的学生传授数学、阴阳术数方面的知识。当然，老祖天师张陵所传授的知识还不仅限于数学、阴阳术数，还广泛地涉及道家的哲学经典、儒家哲学的经典、天文历法、地理等内容。

天目山传道授业时期的老祖天师张陵还具有另外一个重要的特点，他并不是一般地向他的学生们传授一些僵化的知识，而是不断地引导他们亲自去观察天地万物的变化和发展的过程，使他们从活生生的事物发展过程中去领悟宇宙人生的大道理。同时，这种方式培养起来的学生才可能很好地解决现实中所遇到的问题。老祖天师张陵正是通过这种方式把张家诗书传家传统中的经世致用精神发扬光大的。

古希腊大哲学家亚里士多德说："求知是人类的天性。"据不完全统计，先后拜在老祖天师张陵门下学习的弟子有一千多人。作为老师，最愿意看到的是自己弟子们能勤奋学习，永远抱有一颗求知之心。可以想象，当年青的老祖天师张陵老祖天师看到这么多求知若渴的弟子们时，心里该是多么的满足和欣慰！如果排除其他的因素，很多人是愿意以向他人传道授业为终生的事业的。因为在人们的内心深处，对文化知识始终会抱有一种虔诚态度的。一个人可能会对金钱、财富和地位有很高的期待和强烈的占有欲望，但却很难说在它们面前会心生虔诚之意。对于青年时代的老祖天师张陵来说，在天目山开坛讲学、传道授业的岁月是让他感到愉悦、充实和满足的——幸福原来也是可以很平静、安宁的，甚至与金钱、名利、荣誉没有任何关系！

二、登堂入室：京城太学生

既然在天目山开坛讲学、传道授业的日子是让人欢愉的，那么老祖天师张陵是愿意终生在天目山待下去的。但是，人生的轨迹常常会被一些偶然的因素所左右，对于尚处于青年时代的老祖天师说就更是如此。这些偶然的因素来自于老祖天师张陵的父母。

每个人都是由自己的父母带到这个世界并与他人共同存在于这个世界之中。所以，每一个人不仅仅是在为自己活着，而且他还为那些爱自己和自己所爱的人活着，并且很多时候也要考虑其他人的感受，感知、尊重他们的感受，希望实现他们的期望。老祖天师张陵的父母正是他所爱的人，同时也是最爱他的人。

从老祖天师张陵父母的角度来说，虽然隐居于天目山，但他们心中其实是留有很多遗憾的。因为张家有着无比荣光的过去，而到他们这一代却只能在回忆之中重温当年的光辉岁月。可以想见，当他们看到老祖天师张陵是那么有天分，读书又那么刻苦的时候，他们是多么希望老祖天师张陵也能像先祖们那样，安邦治国，经天纬地，尽到对国家、社会的责任，并重现张家昔日的荣光。

因此，从内心深处来讲，老祖天师张陵的父母是希望他考取功名，走仕途之路的。为什么这样说呢？因为我们知道，老祖天师张陵之名虽为一个单字——陵——虽有隐居山林的意思，但其字却叫“辅汉”。所谓“辅汉”，即是辅佐大汉江山社稷的意思啊！

我们总是很难拒绝我们所爱的人对自己的某些期望和恳求！同时，我们又总是希望能尽自己的能力去达成我们所爱之人的愿望！

天目山传道授业的日子固然让尚处于年青时代的老祖天师张陵感到快乐、满足，但一般来说年青人的心总是比较乐观、自信而开放的，并且也是很愿意去尝试一些新的事物的。所以，当老祖天师了解到父母对自己的期待之后，虽然他还是稍带不舍，但终于还是非常愉快地答应父母对自己的人生轨迹做出某些修改。

在中国古代，要步入仕途，除在战乱频仍的年代可凭军功入仕之外，最好最快的方式就是参加科举考试。不过，无论是西汉还是东汉，均还没有科举考试取士的制度。两汉时期当时比较普遍采取的取仕方式有两种：一种是举孝廉；另一种是察举征辟。前者是地方官员基于本地区某些人士的忠孝、廉洁之名声而向中央政府推荐人才；后者是皇帝钦点某些有能力的人成为帝国的官员。可当时青春年少的老祖天师张陵因为家境根本谈不上殷实——当时流传着一句民谣："举秀才，不识书。举孝廉，父别居。"这反映出当时家境富裕人家对举孝廉制度的把控。家贫的读书人是很难被地方官员、名流所推荐给帝国政府的——所以尚还没有足够的名声被地方士族、官员举为孝廉，更不可能被帝国皇帝亲自征召。

两汉时虽然没有科举考试的制度，但东汉政府在帝都洛阳却兴办了两类专门性的学校即国子监和太学来为帝国培养和储备人才。按照当时的规定，国子监是五品及五品以上官员子弟才能进入学习的学校；太学是六品及六品以下官员子弟能进入学习的学校。老祖天师张陵承蒙祖上的恩泽，虽然说到他父亲那一代家道已趋衰落，但其祖上也可以称得是官宦人家。于是，青年时代的老祖天师张陵就进入帝国兴办的官学——太学学习。

因为老祖天师张陵生性聪明，读的书又多又博，对那些宇宙人生的大道理已经有了很深入的思考，所以在太学的学习并没有碰到特别的困难。

在老祖天师张陵25岁左右，他就很顺利地以"直言极谏科"而被当时的官方学府即太学录取，正式成为一名太学生。也许我们可以不太准确地把"太学"比喻为今天的社会科学院，因为都是只有极少数人才能进入的官方学术研究机构。

年青的老祖天师张陵老祖天师就要离开那给他带来无限欢愉的天目山，进入一个他所不熟悉的环境，开始一段新的人生旅程了。离别总是会伴随着伤感之情的。可以想见，当年青的老祖天师张陵与那些给他的生命带来满足和欢乐的，并始终对他充满尊重、敬意的学生们分别时是怎样的一种心境！可以想见，当年青的老祖天师张陵向养育了他二十多年的父母告别时，心中该有多么地不舍！毕竟，二十多岁还算不上是一个太大的年龄。有谁人的父母不疼爱自己的子女呢？有谁人的子女愿意远涉千里，而一别十年八载与父母不得相见呢？

也许人生的常态本来就是要在这离离别别、聚聚合合中度过的吧?！很多时候，当我们还没能从一次分别中缓过神来的时候，另一次分别马上就接踵而至了。老祖天师张陵那年轻的心儿能承受得住这人生中的一次又一次分别吗？

于是，年青的老祖天师张陵老祖天师先是告别了他的弟子们，然后是他的父母，打点好自己的行囊，带着一种稍稍的兴奋之中又夹杂着些许伤感的复杂的心情上路了。从此，老祖天师张陵再也没能再回来看那片生他养他的土地；从此，老祖天师张陵开始了一次又一次从聚会到告别、从告别又到聚会的充满劳绩却又是栖居于大地之上的富于诗意的人生旅程。

三、官拜江州：短暂的官宦经历

带着父母的重托，怀着对未来的美丽而兴奋的期待，年青的老祖天师张陵来到了当时的国都所在之地——洛阳。经过东汉光武帝刘秀数十年的励精图治，国家经济逐渐从西汉末年的战乱中恢复过来，并出现了中兴之象。作为国家首都的洛阳城也显现出一派繁荣景象。确实，如果一个人的一生都可以生活在这样的城市里面，也可以算得上是一种幸福吧。

在太学的日子当然是有苦也有乐的。可是老祖天师张陵从来没有忘记自己来太学的使命——那就是先做一个好的学生，然后做一个好的官员，发挥出自己安邦治国的才干。

老祖天师张陵的为人是诚恳的，同时也是敢于向上直言极谏自己的施政观点的，要不他怎么会通过“直言极谏科”的考试呢？

通常来说，在国家行政部门，像老祖天师张陵这样的性格特点并不是太容易受到上司青睐的。但机会永远是垂青于那些有准备的人。不久，老祖天师张陵就被帝国政府拜官江州令。“江州”即今天的重庆，那时的重庆还是一座不大的城市，远不如帝都洛阳繁荣，更没有今天的重庆来得气派。可老祖天师张陵的心中还是感到非常欣慰，因为在那里可以提供一个施展他政治抱负的舞台。于是，老祖天师张陵又一次打点好自己的行装，乘着匆匆的夜色奔赴江州上任去了。

从都城洛阳到江州有一段不算太近的距离。不过，江州属巴蜀之地，而巴蜀自古多名山大川，更重要的是此地多奇风异俗、仙话传说。因此，路程虽长，但却可以一路饱览如诗如画的景色，了解当地的风土人情，增长见识。沿着长江逆流而上，可以看到风景迷人的大三峡，即西陵峡、巫峡和瞿塘峡。那时可以看到三峡的秀丽，或一泻千里，或雄强，或清奇，或险峻。但对于今天的人们来说，只能从那些古人所留下的名诗佳句中去回味、想象当时三峡的景色了。

可以想见，初赴江州为官的老祖天师张陵有着不错的心情！

从开坛讲学、传道授业解惑的教书先生到当时的天之骄子太学生，从太学生到官拜江州令，这一切看起来都是那么地自然、顺利，都似乎按着老祖天师张陵所规划好的人生蓝图展开着，呈现着，进行着。

但，人生是可以任由自己规划的吗？

四、辞官归隐：诗意地回归山林

一月后，老祖天师张陵来到了江州，走马上任江州令。

如果单纯从道德品质的角度来讲，敢于对上级直言极谏自己的看法、观点，不失为一种很好的品格，说明此人为人坦率、有责任心、可靠。可是中国古代的官场永远都是复杂的。老祖天师张陵是以"直言极谏科"而被录取为太学生的，说明当时的政府也确实需要敢于直言极谏的人。可在实际的行政过程中，更强调的是对上级权威的服从。这对于老祖天师张陵这种性格的人来说，常常会给上级留下胆大妄为、不尊重上级的印象。

再说，对于老祖天师张陵这种才华卓绝的人来说，看到的问题总是会比一般人深刻些。但是，在像江州这样的小地方，那些深刻的见解看起来永远都是显得多余的。再说，又有谁会看得出老祖天师张陵远比一般人更为深刻的见解呢？即使看得出老祖天师张陵超出于常人的深刻见解，又有多少人能欣赏他呢？因为帝国的行政过程中，对眼前权力、利益不计较成本、手段的攫取和追求，永远是官员们奉行的不二法则！

权力是产生腐败的温床，中央集权体制之下的行政机关，绝对会产生腐败。这一现代政治学对政府权力本质的认识，对于大汉帝国的行政部门来说，也是同样适用的。光武帝刘秀确实是一位具有雄才大略的帝王，在他的统治之下，帝国也曾一度出现过光武中兴的新气象。可是再伟大的中国帝王，也无法避免政府官员的腐败和变质！这对于原本就依靠大地主、门阀贵族势力而建立起来的东汉政权来说，就更是如此！它永远要以维护这些势力集团的利益为最根本的施政宗旨。

于是，我们就会看到当时的官场，永远是一帮有势力有组织的帝国政府官员密谋着用什么样的措施使下层百姓服从和就范；如何在国家固定的税收之上巧立名目、摊派得更多一点；如何在收租时采用不同标准的度量器具来搜刮更多的民脂民膏以中饱一己之私囊；如何小心翼翼地避免触犯门阀大地主的利益。因此，帝国的官场并不能让老祖天师张陵这种还保持着基本的良心、良知、良能的知识精英满意。简而言之，东汉帝国政府的现状以及它的运行的基本制度、所信奉的基本理念，还不足以带给年青的老祖天师张陵以足够光明和希望！不仅未能带给年青的老祖天师张陵以光明和希望，它还常常让年青的老祖天师张陵有了误入歧途、误落尘网之叹！

老祖天师张陵那与生俱来的道家人格精神气质，以及他那从来未曾泯灭的知识分子的良知、良能，使得他与当时帝国的官场总是合不上拍，总是与当时帝国的官员们的作风不合拍。官拜江州后的老祖天师张陵对大众百姓是怀有最深切的关怀和同情之心的，可是他常常又无法改变他们被欺凌、被奴役、被愚弄的地位和命运。所以，老祖天师张陵的心情变得日益沉重起来，沉重得使他常常怀念过去在天目山所曾拥有的单纯、简单和幸福、安宁的日子。

昨天，对，正是在昨天，老祖天师张陵还是一位意气风华的青年，可转眼之间，老祖天师张陵就已步入了中年时代——犹豫而彷徨，似乎已经初尝人世间的苦涩和沧桑。人们常说，岁月不饶人，岁月催人老。但岁月在不饶人、催人老的同时，还促使人的心智、内心世界的成熟。

天目山众弟子们那对知识的渴求的眼神还历历在目，父母那语重心长的教诲也还回响在耳旁。可这一切对于此刻的老祖天师张陵来说，似乎有一点宛若隔世的感觉，那样的日子似乎就成了一种奢望。

人在不如意的日子里，是最容易想念过去的，特别是过去那些美好的时光，哪怕只是片刻的欢愉，但只要回想起她，就足以给人以莫大的慰藉。

有趣的是，人有时候会在不如意的时刻，一瞬间闪过很多念头。而常常是这些一瞬间闪过的念头促使我们去做出某一行动，或某种选择。

中国古人是有名又有字的，前文已经提到过，“陵”是老祖天师张陵的名，而

"辅汉"则是他的字。一般来说,古人的名与字之间往往会构成某种有所暗示的有意味的关系,比如老祖天师张陵的名跟字之间就是这样。"陵"的意思是山林,隐含有热爱山林、归隐山林的意味,而"辅汉"有辅佐大汉王朝之意。也许在不经意之间,老祖天师张陵的父母就把他们的期望带入了他们儿子的名字之中,希望他们的儿子能够在一个有德的邦国之中大展才华——这就是辅汉的意思;又能够希望他们的儿子在一个无道无德的邦国之中能做到独善其身,如果有需要,还能归隐入山林之中,不坠其青云之志。进退自若,不偏执于一隅,不一条道走到黑,从而获得相对的人生选择的自由,这也许是老祖天师张陵从道家哲学中获得的一种十分重要的人生智慧。

当中年时代的老祖天师张陵在为帝国官场的种种作风现状苦闷、犹豫不决的时候,他一定是从他的父母给他所取的名字中得到了某种启示和启发,做出了对他来说具有决定意义的选择。

我们时常仰望着星空,若有所思地追寻着人生的许多不解之谜:生与死,生命令人难堪不已的现状与人生高远的意义和价值及人性之崇高、光辉,刹那与永恒等等。而在更多的时候,我们虽然苦苦思索,却找不到一个令人满意的答案。但,越是这样,我们越是思索,一切似乎是那么地徒劳。

难道冥冥之中没有一种我们所不知道的力量在左右着我们的思索,左右着我们对人生道路的选择?

对于中年时代的老祖天师张陵来说,他已经对这段短暂的官宦经历心生了厌倦之情。于是他下定决心要归隐山林,重新契合于山林、大地、飞泉之上,让栖居于大地之上的诗意放松一下他那颗已经略显疲惫之心,重新审视一下他刚刚走过的人生道路,细细思考一下宇宙人生的许多大问题。

北邙山是离都城洛阳北边不远的名山,老祖天师张陵于是就近归隐入此山。

第四章

老祖天师张陵早期的炼丹求道历程

一、巧得丹书：嵩山石室与九鼎丹书

我国古代有“终南捷径”的典故，这个典故指的是有些人在仕途不顺利的时候就跑到像终南山那样的深山密林隐居起来，给人们的印象是他们是不屑于为官的——好像做官会玷污自己高洁名声似的。而在很多时候，朝廷也果真会以为所有的隐居之士都有高洁的品行，常常用一道诏旨把这些人召出山来担任朝廷的高官。其实这类所谓的隐士实乃假隐士，说得严重点，其实就是一帮欺世盗名之辈。

老祖天师张陵也只做了江州令一类的小官，本来也默默无名。后来，老祖天师张陵便辞官归隐于北邙山。而具有讽刺意味的是，此时朝廷倒真的开始重视他了。东汉章帝和明帝时，也曾屡次征诏他出山为官，但都被老祖天师张陵委婉地拒绝了。因为在老祖天师看来，一个人在面对人生的选择的时候都要以一颗真诚的心和严肃的态度来对待它，归隐就是归隐，归隐意味着对世俗政权的不合作的态度，意味着对另一种生活方式和道路的选择；而为官则就是为官，意味着对世俗政权的认同，意味着对官职加之于当官之人的身上的责任的认同。

但，老祖天师张陵归隐北邙山的心情还是很复杂的。一方面，老祖天师张陵在某种程度上也确实把归隐山林看成是一种解脱，看成是一条通往宁静、恬淡的人生道路；另一方面，老祖天师张陵那对生民百姓所具有的强烈现实责任感、那对人世间种种苦难的强烈的关切和同情之心，从来都未曾泯灭过。这样一种矛盾的心境其实一直在困扰着中年时代的老祖天师张陵老祖天师！

但老祖天师张陵短暂的官宦经历又让他对当时庞大的封建官僚制国家机器的本质看得很清楚。他知道，这架机器早已抛弃了公平、公开、正义的组织原则，它现在被操纵在少数人手中，成为少数人奴役另外绝大多数人尤其是广大无辜生民百姓的工具。所以，老祖天师张陵不再愿意作为这架庞大的封建官僚机器结构中的一部分，成为助纣为虐的工具！

但是，自从归隐北邙山之后，老祖天师张陵的心境还是很难平息下来的，因为他仍然在苦苦思索着何为生民的福祉，如何才能帮助生民们找到通往那永恒福祉之路等等，诸如此类的问题。可是，路在何方呢？老祖天师张陵为此而沉思着，并为此而苦闷不已。

老祖天师张陵自幼熟读各类书籍，知道在上古时代有所谓的长生之术和不死之药。所以，老祖天师张陵想，如果能获得这种使人长生久视的不死之药或不死之方的话，那么很多的社会苦难都可以避免，因为对于那些能长生久视的生民百姓来说，物质利益的争夺都失去了意义——因为，多少人为了维持那副臭皮囊的肉体性存在而对物质性的东西争夺不已！而多少现实的苦难不是因为对物质利益的争夺才引起的？

可是这不死之药和不死之方在何处呢？

历史上秦始皇曾焚书坑儒，这是中华文化史上的一次灾难性的事件。所幸，当时很多有识之士并没有屈服于秦始皇的淫威之下，他们冒着生命危险，千方百计地把其中的重要典籍藏匿于各地名山的石洞之中。随着时间的推移，那些藏书之人相即逝去，而那些藏书的处所也随着藏书人的逝去而成为一个个尘封起来的秘密。只有那些有缘人才能再次开启那些尘封起来的秘密，一睹这些已经逐渐淡出人们的记忆的典籍文献。

而老祖天师张陵正是这样的有缘人。一方面，他内心有强烈的要看到这些书籍的愿望；另一方面，老祖天师张陵也时常往来于北邙山周围的众多名山石洞之间。

据史籍记载，老祖天师张陵曾于嵩山一处久已废弃的石室之中得到了一部名为《黄帝九鼎丹经》的书。这部丹书书名与黄帝有关。传说黄帝曾采首山之铜在荆山之下铸造宝鼎九尊。九尊宝鼎铸成之时，电闪雷鸣，只见一条青龙从空中垂下胡须来迎接黄帝。于是黄帝顺着龙须而攀上龙背,另有黄帝臣下及嫔妃七十多人跟着攀上了龙背。随后,那条青龙摆摆头,向西天飞升而去。所以,黄帝飞升的地方的湖,后来就被称名为鼎湖。黄帝当然已经飞升而去,可是后人却借黄帝之名和铸造九鼎的故事来命名那些与炼制长生不死之药相关的书。老祖天师张陵所得到的丹书《黄帝九鼎丹经》正是这样一本事关长生久视、延年益寿方面的书。

北邙山又称北芒、邙山、北山、平逢山,也叫太平山、郏山。北邙山海拔不高,约300米,其东西横亘数百里,处于黄河南岸,为秦岭的余脉,崤山的支脉。

北邙山自古以来是举世公认的风景秀丽之地,其主峰翠云峰——山上树木郁郁葱葱,苍翠若云,风景秀丽,故名之为"翠云峰"。

北邙山风景虽美,却不是好的隐居之地——此地阴气太重。因为从西汉开始,众多王公将相都看中了此地的好风水,选择此地作为生命安息的最后之地。有后来唐代的古诗为证:"北邙山头少闲土,尽是洛阳人旧墓。"所以,在北邙山隐居了一段时间之后,老祖天师张陵一方面感觉到了此地的阴气太重,不是合适的隐居、炼制金丹的理想之地;另一方面,老祖天师这个时候始终被一些宗教哲学方面的终极问题困扰着,促使他有了去其他名山参游访道,对这些问题作进一步思考的想法!

二、由洛入淮:桐柏山收徒

老祖天师张陵虽然在嵩山的石室中得到了一部如何修炼金丹的黄帝九鼎丹书,可他并没有马上着手炼制仙丹的事宜,因为炼制仙丹的条件还尚不充分。道门炼丹是一门非常讲究、专业、高深的学问。首先,炼制金丹需要耗费大量的钱财物力;其次,炼丹需要合适的地理环境。而老祖天师此时所处的境况尚未具备这些条件。

后世的道士们常用"闲云野鹤"来描述和形容自己所选择的自由、浪漫和带有几分诗意的却也是居无定所的生活。从表面上看,这种居无定所的生活是很难让一般人接受的,但这对于那些求仙仿道的道门中人来说,此中自是其乐融融。那些道门中人正是通过不断的云游来开阔自身的视野,来增加自身的履历和实践知识,不断地与天地自然造化接触,突破种种书本知识和常识的樊笼,亲证宇宙大道的真实不妄性。再加之，北邙之山，确实是阴气太重，不是能够成就仙丹之宝地。所以，在归隐北邙山之后，老祖天师张陵很快就认识到四处云游的重要性，并有了到其他地方参游访道的打算。老祖天师在北邙山短暂地隐居了一段时间之后，便决定离开北邙山。

老祖天师张陵先是向南进入淮河流域，然后在桐柏山的子云峰落下了脚，在这个地方，一住就是数年。在这数年期间，因为仰慕老祖天师的名声，周围前来向他求道问学的人络绎不绝。老祖天师张陵本来就是一位极为优秀的老师，面对那些纷至沓来的学子们，他总是很耐心地解答他们提出的种种问题，直到学生们纷纷点头表示满意为止。

在那些寄居于桐柏山子云峰的数年光阴里，老祖天师张陵还遇上了一位自此之后跟随他一辈子的学生——这名学生叫王长。王长待人诚恳，天性聪颖，又有着求道访学所需的坚强意志和决心，是那种让老祖天师张陵老祖天师一看就喜欢，并认定其日后定当在修道方面有大作为的学生。自此以后，王长终身侍奉老祖天师张陵左右，跟随老师云游在山山水水之间，孜孜不倦地探求着天地自然造化大道的奥秘。

当然，在此地居留的数年之间，老祖天师张陵还收了几位其他有志于跟随他，并以修道为终生之事业的徒弟。

桐柏山的自然环境优美，老祖天师张陵也备受当地人的尊重和喜爱。应该说在子云峰居住的那些年头是令老祖天师张陵有不错的心情的。于是，老祖天师张陵便趁着这些年难得的清闲时日看了大量上古流传下来与道家服食、辟谷、导引、按摩以及医药等方面的知识相关的书籍。

可是，老祖天师张陵心中始终有一块心病，那就是他一直以来都在想着寻找一个地方，能按《黄帝九鼎丹经》上的方法炼制仙丹，以解除那些千百年来都困扰着芸芸众生的近似于无解的根本难题！

然而，在老祖天师张陵的直觉当中，桐柏山的子云峰并不是炼制仙丹的理想之地，它总是还欠缺某些成就金丹的要素。老祖天师张陵于是决定携少数几位弟子及其家眷离开桐柏山，去寻找这样一个炼丹的理想场所。

三、丹山似锦：老祖天师张陵所见到的龙虎山胜景

老祖天师张陵先是沿淮河南下，进入江西境内。当他抵达江西贵溪县境内

见到云锦山时，老祖天师张陵的心中不禁暗暗称奇叫好。云锦山是典型的丹霞地貌结构，老祖天师看到此地山势虽然不高，但每座山头上都长满郁郁葱葱的草木，那些呈螺髻形的山峰沿卢溪河两岸依次分布。老祖天师认真地统计了一下，发现该地有九十九座山峰，还有二十四座岩石洞窟，可称得上是奇峰青翠，绰约风姿；水光山色，交相辉映。

此外，老祖天师张陵还发现，当时的云锦山不仅山峰众多，还形态奇异。令老祖天师张陵啧啧称奇的是，此地周围有特别突出的九座山峰环抱，实在可称得上是九龙集结之地。

云锦山还有一个最重要的特点，那就是此地山势呈一环状的空间地理结构，恰如一宝葫芦的形状，入口虽小，但进去以后却极为宽敞。老祖天师张陵于是决定在云锦山停歇下来。

老祖天师张陵当年所到的云锦山，也就是今天江西贵溪县境内的龙虎山。不过，当时确实只有“云锦山”之名。“龙虎山”是后来的名字，那是在老祖天师张陵炼成龙虎大丹之后才改的名字——“云锦山”和“龙虎山”二者异名却同指。

当老祖天师张陵见到云锦山这好一派龙虎气势之后，即当下决定，要在此地建屋筑坛，先为日后的炼丹做一些准备工作。

道门中人炼制仙丹大药，对山水环境的选择有着十分严苛的要求。在老祖天师张陵对云锦山的直觉印象中，固然是认为此地为理想的炼制丹药之宝地，但出于谨慎，老祖天师还是决定要先对该地周围的奇山、异岩、秀水再作一番周密认真的实地考察。

老祖天师张陵经过实地考察发现了更多与仙家相关的奇山异石，它们形态各异，且栩栩如生、惟妙惟肖，真是鬼斧神工啊！后来，居住在龙虎山地区的人们围绕着老祖天师张陵的实地考察所发现的奇山异石，而引出了很多有趣的说法。

今天的龙虎山景区流传着以“云锦披不得”、“道堂坐不得”、“神鼓敲不得”、“剑石试不得”、“丹勺盛不得”、“御梳梳不得”、“仙桃吃不得”、“莲花采不得”、“仙女配不得”“尼姑背和尚走不得”这些俗语命名的风景名胜，它们与当年老祖天师张陵为炼制仙丹大药所进行的实地考察有着莫大的关系，围绕着这些名胜，还滋生出众多与老祖天师相关的仙话传说！

所谓“云锦披不得”，指的是当年老祖天师张陵初到云锦山时所看到的其形酷似云锦状的巨大石壁，“云锦山”之名正由此而起。作为人所披戴之锦衣多由

"云锦披不得"

棉或丝纺织而成，但云锦山之"云锦"却是一巨大无比的石壁，所以说"云锦披不得"。其胜状如图。

刚才提到，龙虎山原名"云锦山"，就是因为这座巨大无比、状似云锦的丹霞地貌的峭壁，看上去如五彩斑斓的云锦。据说，老祖天师张陵初见这云锦状之峭壁曾因其壮美喜极而泣，于是在云锦之壁对面的正一观结庐炼丹。"丹成而龙虎现"，这之后，"云锦山"才正式改名为"龙虎山"。

而"道堂坐不得"指的是老祖天师张陵初到云锦山时，想在山上建一座道堂打坐静修。可在建道堂的山下有溪流经过，因水流变缓而形成一片水流旋涡翻滚而湍急的深潭。深潭中有洞穴密布，有地下暗流直通二十公里外的鹰潭。这绝不是什么古人向壁造书之谈，因为有人做过实验，从该潭处撒下秕谷，会直接从二十公里外的鹰潭的龙头山下的河水中涌出，这说明该处的水文状况是很复杂的。古人认为，深潭、水流湍急的地方易生水怪。这不，这老祖天师张陵当年欲建道堂的山下深潭中恰恰就生长着一只神龟，也许是老祖天师在山上修建道堂的做法，让得它感觉到了其生活的生态环境受到了威胁，所以神龟拼了老命也要反抗。于是神龟每逢老祖天师张陵在山顶上的道堂刚好要完工的时候，就会在深潭中翻滚，并兴风作浪，使山顶上的道堂坍塌掉。这样反复了数次，最后，老祖天师张陵感觉到，自己在山顶上建道堂的行为干扰了神龟的生存环境，忽视了神龟的生存权利，于是便放弃了在山顶上建道堂的做法。其实，一直到今天，在山顶上都没有任何建筑，只有当年老祖天师试图建道堂留下来的遗迹。

"道堂坐不得"

所谓“神鼓敲不得”指的是今天龙虎山泸溪河边的一块巨大的形状神似神鼓又似蘑菇的石头。可是这块形神似鼓和蘑菇的石头的来历却很不简单，它与远在四川内江市沱江河畔的葛仙寺有着难分难解的关系。

“神鼓敲不得”

葛仙寺原本供奉的是道教的炼丹大师葛洪。不知在老祖天师张陵于龙虎山炼丹多少年之后，一些僧人觊觎道教的道观——葛仙寺的好山好水，便强占了，不肯让出来。据说葛仙寺内有一面神鼓，是专门用来镇妖降魔、护佑百姓的。敲一下神鼓，鬼神就会为之发抖；敲两下神鼓，来年就会五谷丰登；敲三下神鼓，就会保生民六畜兴旺。

可是，有一天葛仙寺里来了一个不懂规矩的行脚僧，连敲了十下神鼓。这使得玉皇大帝极为震怒，于是降旨封存神鼓。可是，神鼓不服气，自己奋力一挣，滚下了鼓架，一直往东滚到了龙虎山，倒扣在龙虎山的泸溪河畔。这就龙虎山“神鼓敲不得”名胜的由来——石头做的鼓怎么能敲呢？

“剑石试不得”

再看“剑石试不得”。据说，当年老祖天师张陵初到龙虎山时，见此地虎踞龙盘，是炼就大丹的绝佳风水宝地，于是结庐准备炼丹。哪知作为掌管龙虎山这方土地的神仙也会欺生，竟然暗中从中捣乱，意欲让老祖天师张陵老祖天师炼丹不成。土地爷的这种做法惹毛了老祖天师张陵，于是老祖天师张陵老祖天师拔出手中长剑，朝着眼前的一座山的山头奋力劈去。只听得“咔嚓”一声，那山头定时被劈为两半，中间只隔着一道极为狭长的缝隙。那土地爷见老祖天师张陵老祖天师的道行已经高深到这种程度，自然知道即使自己心有余力，也没那份能力阻止他了，于是只好把此地拱手相让于老祖天师张陵老祖天师，让他在此地结庐炼丹！

后来，当地的人们在当年老祖天师所劈开的两个半山的极为狭长的缝隙之间，架起了一座桥。因为地势极为险峻，一般人在通过这座桥的时候，不免腿脚发软，走起路来一颤一颤的，于是给这座桥起了一个名字——仙人桥，意思是仙人才敢走的桥。当然，随着科学技术的发展，今天的仙人桥已经不再是原来那种非常简陋的只有仙人才能通过的桥了，一般人也可以在上面放心通过。仙人桥今天成了龙虎山最著名的旅游景点之一。“剑石”虽说是可以用来试剑的，但凡人哪用得上那么巨大的小山一样的试剑石呢？所以说“剑石试不得”——不是供凡人来试剑的。

再看“丹勺盛不得”。老祖天师张陵来到云锦山之前，大约是西汉的末期，有一个全身长满了浓密的绿毛仙怪就隐居于此地。据说这绿毛仙怪冬天不用穿衣服，夏天也不用洗澡，一直隐居在云锦山中，炼制神仙丹药。后来，天上的太上老君知道老祖天师张陵来到了云锦山，不想看到老祖天师和绿毛仙怪两人为争夺这块风水宝地而打起来，于是便将绿毛仙怪召回到了天上。我们知道，炼制丹药要用盛丹药的勺子。这绿毛仙怪也曾经苦心孤诣地炼制丹药几十年，它有一把巨大的用来炼制丹药的精美的勺子，但绿毛怪在返回天庭的时候，不想携带太多东西，于是便做了个顺水人情，把那盛丹药的勺子留在了云锦山。

“丹勺盛不得”

老祖天师到了云锦山之后，得到了绿毛仙怪留下来的勺子作为炼丹之用。后来，这把勺子汲取天地之精华，有了灵性，化为一块巨大的勺子状的石头。这就是今天我们在龙虎山看到的“丹勺盛不得”的美景背后的关于神仙世界的美妙故事——想想也是，那么大的石头状的丹勺怎么可能是凡人用的呢？

“御梳梳不得”

所谓的“御梳梳不得”，指的是横亘在泸溪河中的一块巨大的状似梳子的石头。传说，很久以前，昆仑山上有一棵已生长了八百年的黄杨木，年久而成精。天宫中的能工巧匠把那块黄杨木细细地打磨之后，就变成了王母娘娘所使用的御梳，王母娘娘每天都要用那御梳梳头。女人都是爱美丽的，这御梳不仅能帮助王母娘娘梳理出美丽的发型，更绝的是，因它是黄杨木精所化，更具有活血养颜的美容功效。日子久了，这御梳便成了王母娘娘爱不释手之物。御梳的名声也越来越大，成了天宫稀世之宝。

但这御梳的命运却一波三折。有一天，天宫的皇后娘娘在梳妆打扮时，把那御梳放在了梳妆台的边沿。却未曾想到，前来汇报事情的宫女慌慌张张，不小心碰到了那御梳，最后御梳跌落到了人间的云锦山。我们今天在龙虎山所看到的御梳有一根梳齿是断的，那就是御梳在从天上跌落人间时碰到云锦山的石头所致！

说到这里，我想亲爱的读者朋友们应该知道“御梳梳不得”的由来了——那么大用石头做的梳子，怎么可能是凡人用来梳头的呢？

再看“仙桃吃不得”。沿着泸溪河两畔，有众多形态各异的石头，其中一块巨大的石头的形状特别像一颗仙桃。这只仙桃的来历也很有意思。据说，当年孙悟空从天宫中的蟠桃园偷吃了很多蟠桃，吃得肚子胀得老高。更可气的是，那孙悟空在走的时候，还不忘带上不少蟠桃，以备路上吃。孙悟空在返回花果山的途中，

“仙桃吃不得”

口渴了，拿出一只咬了一口，发现这桃可能未熟透，味道有点涩，于是顺手把仙桃扔了出去，掉在了泸溪河畔。时间长了，这仙桃有了灵性，变成了一块巨大的桃子状的石头。那么巨大的石仙桃怎么可能是凡人吃的！所以当地人取其名曰“仙桃吃不得”。

“莲花采不得”

当年老祖天师张陵老祖天师还在云锦山看到了“莲花采不得”的胜景。“莲花采不得”处于仙桃峰下，由一组山石组成，看上去像极了朝天绽放的水中莲花。“莲花采不得”的异石背后有一段美丽动人的十分凄美的爱情故事。传说当年的西天瑶池中有一名仙女，名叫白莲仙女。这白莲仙女看上了龙虎山中的一位男青年，便下定决心从天界下凡与那龙虎山的青年成家。玉帝听说了此事，心想：“这还了得，放着好好的仙女不做，非要嫁给那又穷又没地位的人间男青年，我这玉帝的脸面全让你这白莲仙女丢尽了。”于是，玉帝派出天兵天将前往龙虎山捉拿白莲仙女返回天庭。白莲仙女早就下定了要与那龙虎山的青年厮守终生的决心，那是决计不肯再回天庭的了。但天兵天将们也是天命难违，无法对白莲仙女法外开恩。白莲仙女无奈之下，爬上仙桃峰，从山顶上跳下去，坠地而化成了莲花。这莲花历经岁月的洗礼，最后石化为我们今天在龙虎山所看到的样子——那石头正好象征了白莲仙女与龙虎山青年之间坚贞不渝的爱情。石头做的莲花当然是采不得的！

“尼姑背和尚走不得”

再看“尼姑背和尚走不得”。据《龙虎山志》记载，龙虎山中有雌雄二石，在仙水岩底下。那两石背靠背而立，一男一女，形状像极了人，所以当地人称其为“公母石”。从它们的形状看，非常像一尼姑背负一和尚的样子，所以也称“僧尼岩”。这公母石的背后也隐藏了一段美妙的爱情故事。当年老祖天师于龙虎山中炼丹，丹成后便离开了该地。又过了不知多少年之后，一些僧人觊觎龙虎山这块风水宝地，纷纷在龙虎山的周围地区建立起佛教寺院。随着这些佛教寺院的建立，入寺院中出家的僧尼越来越多。中国有句俗话说，林子大了，什么鸟都会有的。随着僧尼越来越多，其中就不可避免地出现一些伤风败俗的事情，比如说，僧尼因相恋而私奔。据说当时寺中，有一和尚和尼姑感情很好，但是寺院中却有着极为清苦的戒律，他们之间是不能谈情说爱的，更不能结为夫妻。但那对僧尼之间感情确实是太好了，最后，他们之间的关系终于暴露在寺中众僧人面前。没有办法，和尚和尼姑为了能够厮守终生而选择私奔。但他们一走，马上就被寺中的其他僧侣发现了，于是立刻组织人员前去追赶那对为了追求真爱而私奔的僧尼。那和尚还算对尼姑有真爱，没有扔下尼姑独自逃走。后来，那对僧尼在奔逃了一段路之后，实在走不动了。更糟糕的是，那和尚还在慌乱之中扭伤了右脚踝。尼姑见情况紧急，二话不说，背起那和尚就往前跑。也许是因为这对僧尼之间的爱情确实是出于内心深处的真爱，更可能的是，那尼姑在危急的时刻竟然表现出了“美女救英雄”式的对爱情忠贞不渝的勇气，总之，他们的行动最终感动了上苍！他们跑着跑着，最后就化成了“公母石”。化成了石头，就不再害怕寺中的僧人追赶，更不必要害怕人世间的闲言碎语，当然也就可以永远地在一起了。“尼姑背和尚走不得”，石头做的僧尼，怎么可能走得动呢！

最后，是“仙女配不得”的胜景。泸溪河畔的仙女岩，看上去形状极像一裸体而浴的女性阴户。据说，这块形状像女性阴户的巨石为何仙姑所化。当年，何仙姑因为爱慕韩湘子而触犯了天条，被玉帝罚到人间。一天，何仙姑来到了龙虎山，爱慕这里的山山水水，于是在今天的仙女岩旁脱下了衣服在泸溪河中裸浴，因河水清澈感觉太舒服了，起了永居此地之意。最后，何仙姑就干脆留了下来，在龙虎山修道，化为岩石。这仙女岩又被当地人称之为“大地之母”。龙虎山中人还有俚语：“女人见了

“仙女配不得”

羞答答，男人见了笑哈哈。”仙女所化的“大地之母”，岂是凡人配得了的！

四、安坛立炉：老祖天师张陵炼丹前的准备工作

在古代，炼丹是一项极为专门的颇费钱财物和人力的工作。老祖天师张陵只做过江州令一类的小官，家境也谈不上富裕，辞官后就归隐了山林。后来，老祖天师张陵又四处云游，其生活的来源主要靠弟子们及社会好心人士的支持和接济。

光阴似箭，当年老祖天师张陵辞官江州令时不过才是二十多岁的小伙子。后来，老祖天师从北邙山云游至桐柏山子云峰时，已年近四十。再后来，就来到了江西贵溪县的云锦山。转眼之间，老祖天师张陵停歇于云锦山已达十五个年头，此时的老祖天师已经有五十有好几了。按孔老夫子的说法，五十应该是一个知天命的年龄了吧！

云锦山的这十五年，对于老祖天师张陵和跟随他而来的众弟子们来说是极为不容易的。一方面，老祖天师要系统地梳理以前所看过的经书典籍，消化、融会、吸收和贯通以前所学的知识；另一方面，也要仰观天文，俯察地理，了解当地的气候变化状况，因为这一切对于将来炼就仙丹大药极为关键。除此之外，老祖天师张陵和跟随他的几位弟子还要省吃俭用，积累每一分钱财，以购买炼丹所需要的器皿和丹药原料。他们正是以对宇宙天地至高无上之“道”所怀抱着的最为虔诚信仰的信徒所特有的忍耐力来克服种种困难。要知道，这十五年还仅仅是为炼丹所做的准备工作而已，尚还没正式炼制仙丹呢！

人生又能有多少个十五年呢？

当十五个年头过去后，老祖天师张陵和他的弟子们便正式炼制仙丹了。在道门中人看来，天地阴阳和合之后便创生了万物，其中一些物质是有生有灭的，如生物体；而另有一些物质则是不生不灭的，如金、银、玉石等。于是，道门中人就在想，能不能炼出这样一种药，此药能让人服食之后“点化”人的肉身，使肉身能像天地一样地长久。而炼丹的过程则可以看成是在丹炉中模仿天地化生万物的过程。乾为天，坤为地，那么鼎器则正是一微缩后的天地空间。天地之中有日月二仪，它们分属阴阳，鼎器之中则正好要有阴阳二重性之药物：铅和汞。药在鼎中，象征着日月居于乾坤之间。铅汞在鼎器中相互和合喻指阴阳相配、雌雄相合，最后可成仙丹大药。

当然，从理论上来说，炼制丹药总是很简单的，但实际上，炼丹的实际步骤却要复杂得多。我们今天已经很难知晓当年老祖天师张陵进行炼丹的具体方法和步骤了，只能通过后世道士们有关炼丹的经籍中的记载作一些简单的描述。

要炼制仙丹大药就要先建丹屋。丹屋一般都要建在人迹罕至的深山密林之中。建丹屋也有很多讲究的，通常要求建屋之人佩带符印，在建屋之前还要清洁身心，然后才能动土。动土的时候要先除去旧土三尺，并使地面平平整整，然后才能在此地上起基。起基之地基大约要高三尺半左右，屋长约三丈，宽约一丈六尺。屋顶还要用洁净的草木覆盖，墙壁则用泥土夯实而成。为什么道门中人建丹屋要大量地用到土而不是其他材质呢？因为在道门中人看来，土具有化生万物之功效，由土建造的房屋不仅可以让人充满生命活力，还可以促进丹药之间的有效和合而显示出无穷变化之功。

道门中人在建丹屋夯实墙壁时，还要保证墙壁坚实、密不透风。因为丹屋本为凝聚天地精华、灵气之地，如果墙壁不坚实而透风的话，就会吹散天地精华和灵气，就会对日后的大丹之炼制产生消极影响。

丹屋的正东、正南方要开门二扇。因为龙虎山处于北斗球，东方是生化之气所生，而南方则是阳气旺盛的方位，从这两个方向开门就可以充分地吸取阳精之气。门的宽度也有一定之规，约宽四尺，并且要能关得严实合缝，这样才能挡住强光线的进入。屋内正中央之处是安放炼丹炉灶的地方，但在砌造丹坛炉灶之前，要先在下面埋上几道道符，以防止山中鬼怪作祟。

在建好丹屋之后，还要筑丹坛。丹坛就是丹台，上边可放置丹炉和药灶。坛的构造也是要遵循一定的法度而不能随意。一般来说，坛高约三尺左右，最宽处约二尺四寸；坛又可以分三层，最下边的一层高一尺二寸，阔五尺五寸；中间一屋高约一尺，阔约四尺五寸；最上一层约高八寸，阔三尺五寸。坛分三层，以象征天、地、人三才。

坛之上要安放丹炉或丹灶。丹炉是安放药鼎的地方。炉有多种，比较常见的一种是偃月炉，也叫太乙神炉。据记载，这种炉周长约为一尺二寸，厚约二寸，高约二尺四寸，分三台，上下通气，上台高九寸，象征天，开有九窍，象征天上的九星；中台高一尺，象征人，开有十二扇门，象征十二时辰；下台高五寸，象征地，开八个门达，象征地上的八风。炉的内径为一尺二寸，大小约与药鼎相当。

丹坛

悬胎鼎

偃月炉

药鼎在炼丹活动中是极为关键的，它一般置放于丹炉之上。用现代的话说，鼎是丹药反应的容器或冷凝装置。鼎又可分水鼎和火鼎，而火鼎是炼丹过程中最重要的设备，它一般用来盛放药料，可以用来加热；而水鼎中一般盛有水，其外围敷有灰土一类的物质。火、水二鼎有导管相连通，以作为供应冷水及导引药蒸汽之用。

鼎也有很多种，有金、银、铜、铁、土等类型的鼎。鼎的制作也是一门专业的学问，例如，秋夏两个季节铸造的药鼎就不好；鼎的肚部大了的不好；鼎脚太短或弯曲的不好；开口大而耳太小的鼎不好；上下厚薄不均匀的鼎不好；有沙眼漏气的鼎不好；看上去没有光泽、不润滑的鼎不好；不依照尺寸而铸造的鼎不好；外表起皱纹的鼎也不好等等。

炼丹要用到各种各样的药料。这些药料主要为丹砂和汞。此外还有雄黄、曾青、石胆、砒霜、白盐、白矾、牙硝等天然矿物。在古代要获得这些天然的矿物是极为不容易的，需要花费大量的金银钱财去购买。有些药料即使有钱还不一定能买得到，所以，老祖天师张陵和他的弟子们得亲自上山去采集炼丹所用的药料。有时候，运气如果不好的话，数年内也难得碰上所需要的药料。更多的时候，老祖天师张陵和他的弟子们常常因为找不到其中的一两味药饵而耽搁数年。这又是一次对老祖天师张陵及其弟子们对道是否有坚定信仰的严峻考验，当然更是对他们的耐心和毅力的考验。

俗话说，苍天不负有心人。面对年青时代的老祖天师张陵和他的弟子们以如此虔诚之心、为使生民免于苦难所进行的事业，老天爷又怎么会无动于衷而不眷顾于他们呢?！在经历了漫长的等待之后，炼制丹药所需要的一切先决条件均已准备妥当，终于可以正式着手炼制仙丹了。

第五章
巴山蜀水之间的召唤

一、龙环虎绕:大丹初成

丹屋、丹坛、丹灶、丹鼎和丹药都已经准备就绪后就可以正式起火炼丹了。道门中人炼丹首重火候，这在号称“万古丹经王”的经书《周易参同契》中有着明确的记载。

也许在现代人的观念世界中，起火炼丹不过就是点燃一堆干柴火罢了。可是，在道门中人眼里，起火就绝不是一件简单粗暴之事，而是一件十分神圣庄严的充满宗教仪式感的事情。一般来说，起火要在农历的十一月份，因为此月正是一阳始生的时节，在此月起火正是上合阴阳交替，阳始生、阴始退的天道更替运行之规律。所以，道门中人炼制丹药要定十一月为丹炉举火之时刻。

丹炉一旦起火，必须昼夜有人守护，并准确地计算时间，要按时辰变化来添加或减少炭火，以与每年、每月、每日、每时的天地阴阳二气进退变化相协调。对于从事炼丹活动的道门中人来说，每一个时辰、每一个月份都有详细的或增或减火候的秘诀。这些秘诀一般都是道门中人内部口耳相传的，外人很难窥晓其中的奥妙。

自起火之后，老祖天师张陵和他的弟子们共三四人日夜守护着丹炉，一人专管鼎器，添换水火；一人观察天地四时阴阳变化情况，按照《周易》的卦象来告知是该进火还是该退符，不得有分毫差错。特别是午夜时分，尤其需要注意，守候丹炉的三四人要一齐向苍天祈祷，以助鼎中丹药能炼就仙丹。夜晚要换班，只能轮流歇息。

春花秋月，道人炼就大丹约需要耗时一年，才能做到五行初步地完满，四象基本上齐全。据记载，老祖天师张陵花了三年时间才最终炼成太清神丹。可是，老祖天师张陵后来才发现，太清神丹只能起到一般的延寿益命的作用，并不能起到飞升成仙的功效。于是，老祖天师张陵还不得不又在此基础上耗费了另外三年的光阴，才最终炼就九鼎神丹。九鼎神丹也叫“龙虎大丹”。据说，当老祖天师张陵炼成龙虎大丹的时候，云锦山周围的山势呈现出龙腾虎跃的姿态，天上的白云随之变幻出各种动物的形状，还隐隐地传来悦耳异常的阵阵仙乐之声，似乎是在祝贺老祖天师张陵成就大丹。那天上的白云变幻来变幻去，环绕着云锦山的龙虎形状的山峦。那天上的一朵最大的白云最后还幻化成了一头巨大的大象，在泸溪河畔走来走去，最后它的头就化成了今天龙虎山地区所看到的象鼻山了。

这以后，因为老祖天师张陵炼就大丹而龙虎现这件事，后人就把云锦山改名为“龙虎山”了。这龙虎山是名副其实的，因为从外形上看，左边是龙形山峰，右边则是白虎山峰，恰似龙虎相争，龙虎对峙，十分神似。

到九鼎神丹炼成的时候，老祖天师张陵已经快60岁了。因为平时注意养生，常行导引、服气和辟谷之术，加上先前服食了太清神丹，所以，老祖天师张陵看上去是鹤发童颜，精神抖擞。尤其是在看到自己所付出的努力终于快有回报的时候，老祖天师张陵看上去益发精神百倍了。这龙虎山中的山山水水之间所发生的一切似乎看上去都那么美好！

在度过了不知多少个无眠之夜之后，在历经了不知多少岁月的磨砺，克服了多少常人难以想象的困难之后，老祖天师张陵和他的弟子们总算看到了成功的希望；在小心翼翼地避免可能导致前功尽弃的种种微小的失误后，在历经了

近六年的反反复复的进火退符这种在今人看来显得枯燥异常的重复操作步骤之后，那传说中异常神奇的仙丹总算平静、安稳地躺在丹鼎之中了。在黑夜之中看那药鼎，还隐隐地焕发出红光。在中国文化中，红色永远是吉祥、幸福和喜悦的象征！这又怎么不让人激动异常呢？

二、月朗星稀：若有所思的夜晚

总算到了可以开取鼎盖撷取仙丹的时刻了。老祖天师张陵率领他膝下的数名弟子，先斋戒沐浴三日，穿上新缝制好的道服，头带星冠，面向南方先行跪拜之礼。然后手捧药鼎，焚香净身，向上苍虔诚祷告并感念上天的恩泽，以让丹药顺利生成。另外又口中念诵祷词，奏请大道天尊、各路神仙护佑左右，以免山中的妖邪搞破坏。

启开鼎盖，只见那一粒粒金丹安详地置身于鼎室之中，通体泛发出红光，宛若刚刚出生的婴儿，让人满怀喜悦，令人充满无穷的希望和遐想。这时，其中有一位性子急的弟子欲伸出手去，想亲自触摸一下那正处于沉睡之中的丹丸。老祖天师张陵赶忙喝止那位性急的弟子，让他先别乱来。因为道门中人在炼好大丹之后并不是马上就可以服食的，还要举行一系列的仪式。先以仙丹祭祀天、地、日、月、北斗、太乙、井灶、河伯、山神、社稷、门户等天界和地上的各路神仙，这样才能达到最后的完满。另外，因为长期的丹火的作用，使得刚出炉的丹丸火毒之气太大，所以还要把丹药埋置于清冷的溪水河畔，以吸收山中的阴冷之气来制伏大丹的火毒之气。倘若不认真对待，急急忙忙地随意吞服，必遭天谴。

这是一个等待着最后的收获的季节，也是一个喜悦与焦虑情绪同在的时刻。喜悦是因为光明和希望从来没有离老祖天师张陵和他的弟子们这么近，近得似乎触手就可及，恰如老祖天师张陵老祖天师的弟子那样，只要一伸出手就可触及仙丹一般；焦虑是因为这成功和胜利竟然还隔着这似乎还很难以跨越的一步！

同时，这也是一个略显沉重的时刻。这一个时刻承载了老祖天师张陵心中太多关于世俗的沉重的理想和希望。因为在老祖天师张陵看来，这小小的丹丸的历史使命不仅仅在于使某个个人的肉体长存久视，还在于，这小小的丹丸是化解社会苦难的灵丹妙药——是的，它是拯救多灾多难的社会的灵丹妙药，它还指引着芸芸众生奔向一个象征着永恒之欢乐、幸福的理想社会的道路。

喜悦和躁动情绪过后是片刻的静寂，静寂得让人能听得见彼此的呼吸，听得见小虫子的啁啾之声。还是老祖天师张陵打破了这有些沉重的静寂，老祖天师告诫他的众弟子们，先在泸溪河畔、龙虎山中找一个清冷阴冷的地方，挖一个洞穴掩埋好大丹以制伏其中的丹毒火气。然后，要另行择定吉日，在祭祀天地四方诸神之后才可服食大丹。

启开丹鼎后的第二天晚上，有月光，月朗星稀。

有月光的晚上总是能让人的那些焦虑情绪得到些许平静的；有月光的晚上总是美丽的，美丽得如同老祖天师张陵及其膝下众弟子们的心情。这月光洒满龙虎山的山林水木之间，像为这山山水水涂上了一层银灰之色。周围的一切都显得那么恬淡、自然、和谐和柔美，无形中使人心中产生了一种神圣的安宁之感。

老祖天师张陵抬头看看那一轮近乎满月的圆月，那圆月的月宫之上可有琼楼和玉宇？再低下头来平视这十五年来在龙虎山中所栖居于其间的山山水水——对，这对人充满友好之情的山山水水，这洒满了月光银灰之色的山山水水，心中不禁升起了感叹：那月宫之上、神仙所居之处大概也不过如这有月光的晚上而已吧?！天上众神仙所见到的玉树琼楼大概也如此情此景吧！老祖天师张陵心中不禁生出对此情此景的浓烈的依恋，或许，还有一点点——十分轻微的一点点——对神仙世界的失落情绪。也不知为什么，在这个有月光的晚上，老祖天师张陵心中竟然闪过这样的念头。也许在老祖天师张陵的潜意识之间，感觉到了在自己所栖身的这片充满诗意的大地上，还有什么事情没有完成，或是有什么事情做得还不够完满似的！

按照中国人的习俗，逢上大喜的日子照例是要摆上酒席饮上几杯，以示庆贺的。求道问道之人的生活是简朴而略显清贫的，求道问道之人的心是好向清静之境的。老祖天师张陵于是吩咐弟子们买来水酒，摆上几个素菜，以天为幕，以地为席，于这月朗星稀的晚上庆贺起来。

月光如流水，洒满地上，更洒在老祖天师张陵的心上。老祖天师张陵在若有所思之间，突然想起了一个问题。当下，老祖天师张陵老祖天师问他的弟子们：此刻有几个月亮？

其中一位弟子说，只有一个月亮。老祖天师张陵点点头说，你的心灵是实诚的！

另一位弟子接着回答说，有两个：一个在天上，另一个在杯中。只见老祖天师张陵微微一笑道，你的心灵是善于观察宇宙自然的运化之道的。

此时，只见王长欠了欠身子，说道："依弟子看来有三个，一个在天上，一个在杯中，另有一个在心中。"老祖天师张陵听后频频点头。心中有月，正如心中有仙，不需假借外求，世间的一切本来都是那么圆融美满，可是常人因沉沦于变幻莫测的世事间太久，受到各种欲念的污染太久，因而使得本来亮如明镜的心灵上洒满了灰尘，以至于看不清、想不明这样一个简单的人生的事实了！老祖天师张陵的频频点头是想表达这一层意思么？

时间在这良辰美景之间悄无声息地流逝着。也许是老祖天师张陵因为此情此景而开心吧，也许是王长回答老师问题的空灵感感染或是抚慰到了老祖天师张陵那已经沧桑了的心境吧，与众弟子觥筹交错，几杯之后，竟然感觉有了几分醉意涌上心头。弟子们连忙扶着老师进屋内歇息。

月光从窗外爬入老祖天师张陵床上，是的，静静地，月光也静静地爬上了老祖天师那略显沧桑的脸上。这是一张并不太苍老的脸，但却能让人明显感觉到它的主人经历的不平凡，它红润而健康，并处处透露出智慧的神采。

老祖天师张陵也许是太累了吧，一会儿便能听见微鼾之声渐起——此时此刻的老祖天师张陵老祖天师应该是进入梦乡了吧。那一瞬间，仿佛风儿也有意地减轻了她的脚步，虫儿也停止了歌唱。

据被后世道教尊称为南华真人的庄子他老人家说，圣人是从不做梦的。这倒不是说圣人在睡觉后什么都不会觉察到，而是说圣人会把梦中的东西与现实中的东西连为一体，梦中的东西也在现实中出现，现实中的东西同时也是在梦中。所以南华真人才说，不知是庄周梦蝶还是蝶梦庄周。

这一晚，我们这位未来的道教创立者——老祖天师张陵老祖天师——也做了这样一个庄周梦蝶式的梦。在梦中他先是听见天际边传来一阵阵悦耳至极的仙乐，于是便举目望去，只见半空中飘来一团紫云，紫云中一位老者骑着青牛，缓缓而下，径直落在老祖天师张陵身前。这老者，头顶圆光，两耳垂肩，白眉长垂，直罩双眼。不过，长长的白眉毛却遮挡不住他那炯炯有神的双眼。见此情景，老祖天师张陵那尘封已久的儿时记忆一下子就打开了。

有些人，虽未曾谋过面，但你只要读过他写的书，你就会想象得出其音容笑貌。前文已经提及，老祖天师张陵很小的时候便阅读过老子的《道德经》，在他那幼小的心灵间，早就勾勒出了一副关于老子的神态。而当老子真的降临在自己跟前的时候，老祖天师张陵立马凭直觉就知道眼前的这位老者正是《道德经》一书的作者老子所化身而成的太上老君。

只见太上老君乐呵呵地在老祖天师张陵跟前说道："恭喜你呀，终于炼就了大药仙丹。"

老祖天师张陵赶忙向前，深施一礼，点头言谢。太上老君随即又说话了，"我已经察看过你炉鼎中的仙丹了，一共只有十粒，对吗？"

老祖天师张陵点点头，回答称是。

"那你如何以区区十粒仙丹普救天下苍生于水火呢？"老君又问道。

老祖天师张陵听到这话，先是一怔，随之默然。因为太上老君这一问恰恰触及了老祖天师张陵老祖天师的心病。为了这十粒仙丹，老祖天师张陵和他的众弟子们已经花费了数十年的心血，耗费了不知多少人财物力。这如何是挽救生民于水火之道呢？

老祖天师张陵想到这里，心中不由得深深地陷入一种失望的情绪之中，难道自己为之奋斗了大半辈子的事业突然间得到的就是这样一个结果吗？一想到这，老祖天师张陵的心中尤其难过，便问太上老君："请老君明示。"只见老君用手一捻胡须，摇摇头说道："办法倒有，只是我怕你年事已高，恐难以担当此重任。"

听完太上老君的这番话，老祖天师张陵在一瞬间陷入了沉默之中。但瞬间的沉默过后，一种希望在老祖天师张陵的心中升起，给他以一种强大的冲动力，随之，这种冲动力就转变成一股股温暖的力量，流遍了老祖天师张陵的整个身体。只见老祖天师张陵用异常淡定而坚毅的口气说道："我这身体纵使老迈，也要为解救天下百姓的痛苦而寻找一条出路，贡献绵薄之力。"

太上老君听完老祖天师张陵的回答后，紧锁的眉头稍微舒展开来，并说道："你可携众弟子西入昆仑山下，巴山蜀水之间，青城鹤鸣山一带，传授我书中的道法。该地民风淳朴，易于教化，在这些地方创治设教，尝试着寻找一条拯救生民以化成天下之道。该地将因你而名，你将永为后人记住。我已把我的道法悉数记于《道德经》之中，你要好好地研读，体味其中的真意。另外，我还要传授予你剑、经、印、符箓、冠履、道袍等信物，你可作为镇妖降魔之用。在你之后，上天将于龙虎山中世世荫佑你张氏一脉的子子孙孙。鹤鸣青山之时，将是你飞升之日。”说完，太上老君交付给老祖天师张陵数件信物，然后骑着青牛渐渐远去。

第二日晌午，老祖天师张陵醒来，窗外有很灿烂的阳光，那些太上老君于梦中托付给他的信物整整齐齐地放在床边的桌子上。老祖天师张陵于是把膝下的弟子们召集在一起，把昨晚老君于梦中的教诲向众弟子讲述了一番，并把太上老君交付给他的信物拿给众弟子们观看。讲完昨晚的经历之后，老祖天师张陵便问他的弟子们是否愿意跟随他远赴西方的巴山蜀水之间传授太上老君的大道，并教化那里的百姓。

众弟子听完师父这番话后，马上陷入良久沉默之中。确实，这是一个让任何人都会作激烈思想斗争的时刻。从某种意义上看，这也是一个进行命运抉择的时刻，每个人都会慎之又慎地面对这次具有决定性意义的人生抉择。

难道有谁天生就应该放弃唾手可得的幸福和成功而投入另一场压根儿至少当下还看不到有什么结果的奋争么？难道老祖天师张陵和他的弟子们现在不应该享用他们历尽艰辛得来的劳动成果么？是的，没有任何先验的不言自明的崇高的理由可以证明老祖天师张陵和他的弟子们应该放弃眼前的仙丹而投入另一场尚看不见光明前途的传道活动！

宗教徒是虔诚的，他们只听从自己内心深处的神明和良心的召唤。按照世俗的法则，付出了一分努力，就理应得到一分的酬劳。可这个看起来是天经地义的世俗社会之间的等价交换原则对于像老祖天师张陵这种对“道”有着虔诚信仰的信徒来说并不完全适用。也许他们付出了十分的努力，结果却只得到一分甚至更少的回报，但这却不会从根本上影响到他们所相信的东西，他们仍然能愉快地从事着自己所做的事情，坚持自身所选择的道路。宗教信徒所看重的是，自己的行为能为这个社会带来什么样的积极作用，而不是斤斤计较于自身的利益得失！他们做了，却压根儿没有期望为自身带来什么回报，这才是真正的有信仰的人应该具备的心态。从这个意义上来说，老祖天师张陵这个时候已经彻底地转变成为道教信徒，只听从自己内在良知的召唤，而不是对外在利益得失的斤斤计较！

再说，我请亲爱的读者朋友们想一想，如果人类的一切活动都是遵循着等价交换的原则来组织和进行的话，那么我们从哪里寻找到高尚和永恒呢？我们如何能区别什么是高贵什么是低俗呢？因此，在这个时候就需要一种宗教的神明的力量来支撑我们作出某种选择，这种选择虽然从世俗的观点看起来，有点近于荒诞不经，让常规的思绪无法理解。因为听从了神明的召唤，所以我们可以忽略并超越于等价交换的原则之上，可以不计较外在利益的得失，去追寻那些至真、至善、至美的精神家园。人为万物之灵，其灵性也许就表现在他能自觉地区分出高贵和低俗，并自觉地追寻那些至真、至善、至美的东西吧。

这时候，众弟子们看着老祖天师张陵那张略显沧桑之感的脸，一阵微风吹来，吹动了他耳际旁刚出现的几根白发。那几根白发可是昨晚刚刚变白的么？

那一会儿，每一个人都心情沉重。无语，长久的无语；沉默，绵延不绝的沉默！

老祖天师张陵这时候开口接着说道，我不会责怪你们，即使你们选择在这里服食仙丹，即使你们不愿意随我远赴巴山蜀水。服食仙丹是你们应得的结果，而远赴巴山蜀水传道和教化当地百姓从某种意义上，只是为了帮助师父完成私人的愿望！你们如果做出了这种选择，它对于你们来说是一条太过于艰辛的道路。并且，为师也觉得那样的话，对于你们来说也显得不公平，因为这是太上老君托付给我的职责。但，为师希望你们能跟随我去西蜀传道，你们会因为自己的这一选择而在精神人格上获得真正的充盈和圆满！

弟子中有一人欲伸手，想取鼎中的仙丹。其他的弟子则猛地回过神来，眼光随之齐刷刷地射向那刚伸出手的弟子。只见那欲伸出手的弟子竟将手又缓缓收了回去。老祖天师张陵微微一笑，慈祥地看了看那位弟子，并无责怪之意。

时间已过了晌午时分了吧！正午的太阳光洒满了山上、林间，也洒在老祖天师张陵的身上，像镀了一层金黄之色。老祖天师张陵的整个身子此时凝重得像一尊雕塑。这可是神明在显示他的奇迹？这个时刻的背后难道没有某种类似于婴儿与母亲之间相互沟通的脐带或秘密的通道，从而与永恒、不朽的精神世界相连在一起？

这世上，总会有那么一些能让我们怦然心动的瞬间，让我们心中因感动而充满无限的温暖。然后，我们会因为这怦然一动的瞬间便做出某种人生道路的选择。从此，我们的人生就会因这样的一次选择而完全改变它固有的轨迹。而当我们的人生走向终点的时候，再回首我们的人生所划出来的轨迹时，我们会对当初的选择无怨无悔。老祖天师张陵的弟子们此时可否面临着这样一个让人怦然心动的人生抉择的温暖瞬间？

老祖天师张陵的弟子中，王长是最有悟性的。自从在那一个月朗星稀的晚上回答完老师提出的关于有几个月亮的问题后，他曾长久地看着月亮而沉思。王长在想，那天上的月宫之中可否寻求得到人们所向往已久的幸福？服食仙丹固然可以让人的肉身飞升，可一定就能过上幸福的神仙生活么？唐代的大诗人李商隐不是说“嫦娥应悔偷灵药，碧海青天夜夜心”么？天宫中的寂寞不是让飞升成仙的嫦娥也难耐么？而两千年后的伟大政治家兼诗人毛润之先生不是也说“寂寞嫦娥舒广袖”、“泪飞顿作倾盆雨”么？天宫既然那么美好，为什么嫦娥在看见吴刚的时候要作倾盆大雨呢？

由此可见，那偷吃灵药的嫦娥确实是飞升了的，但她成仙了么？飞升如果只是给我们的人生带来无穷无尽、绵延不绝的寂寞的话，那这样的飞升又有什么意义？

我亲爱的读者朋友，你也许会反问我举的例子完全是王长之后好多年的事情了，他——王长——怎么可能会知道生活在唐代的李商隐和近现代的毛润之先生的诗句呢？你是不是在这里犯了一个简单的时间顺序方面的逻辑错误呢？当然，我亲爱的读者朋友，你们的质疑是对的，笔者在这里确实是犯了一个简单的时间顺序方面的错误。但是，我亲爱的读者朋友们，你必须得承认：道理总是那么一个道理。这个道理不仅年轻聪慧的王长是想明白了的，而且唐代的大诗人李商隐和生活在近现代的毛润之先生也是明白的。当然，更不用说，亲爱的读者朋友们也一定会想明白的。

可，真正的仙界在哪里呢？仙界难道不可以像我们心中的那第三个月亮，永远地存在于我们心间么？所以，王长最后坚定了这样一个道理：心中无仙，纵使长命万年，又怎么谈得上已寻求到了人生永恒的幸福呢？

此刻，听完师父的这番讲述之后，王长的心灵似乎一下子变得透亮起来，他仿佛看到另一片宽广的天地在心灵视野的地平线上依次展开，无穷无尽，无限美丽，他的人生似乎因此而变得具有了无穷的可能性。当然，王长还仿佛听见了在生命重压之下那些“无明”者们的叹息之声。这叹息之声固然让人心酸、同情、怜悯，却也孕育了希望的种子——但这希望的种子需要另外一些诗意地栖居于大地之上的先觉者们精心的培育、浇灌。只有这样，这些希望的种子才可能发芽、生长、开花、结果！王长在内心的深处已经有了这样的信念，那就是自己必须投身于这一片新的广阔天地之中，倾听那些叹息之声，走近它们，并付出自己辛勤耕耘的汗水，自己虽然因此而再次充满劳顿，但自己的生命一定会再次进入另外一重境界。所以，王长意识到，对人生道路的再次选择，蕴含着生命境界的另一次升华，神明的庇佑以及永恒的充满诗意的精神家园会再次降临于这片大地之上。

所以，神仙的境界并不是人生所追求境界的终点，更意味着那栖居于大地之上的人生生命的又一次诗意旅程的开始！

王长终于开口说话了："弟子愿终身跟随老师去西蜀传播大道，教化当地百姓。"话虽然很短，却异常坚定有力。随后，也许是在这一阵沉默之中涌动出来的思绪的力量触动和感染到了其他几位弟子内心深处那根最温柔的琴弦，只见其余几位弟子也在这个让人怦然心动的温暖瞬间做出了自己的人生的新的抉择，纷纷表达了要跟随师父去西蜀传道和教化百姓的愿望。

老祖天师张陵看了看那埋放着丹药的地方，挥挥手说："它们从哪里来，还是让它们回归到哪里去吧！也许其他的有缘之人能得到它们，能得到它们的人是受神明眷顾的有福之人，你们不要因此而嫉妒他，而应该祝福他。"

当下，老祖天师张陵吩咐众弟子收拾好行囊，迈着坚定的步伐，踏着落日的余晖，往西方走去。

又是一次为了告别的聚会！

三、一路向西：巴山蜀水之间的召唤

求道之人的行囊是很轻的。求道之人的步伐总是不急不缓，但同时也是异常坚定有力的。求道之人的衣食总是很俭朴的，但求道之人的心灵却是充满了愉悦之情的。

从江西的龙虎山到四川的鹤鸣山，该要走多少个日日夜夜！旅途中虽然充满了劳顿，可是在求道之人看来，这还不至于称得上是艰辛！那这一路上的风土人情，那天上飞着的鸟儿，林中偶尔行走着的野兽，岩壁中不时传出的猿鸣，地上爬行着的虫儿，草丛中长出的花儿都让人感觉到那么亲切，仿佛是早早就做好迎客准备的老朋友。对于向道之人来说，还有什么比从自然界的亲身经历中所获得的知识更生动、更让人惊诧不已呢？还有什么能比亲自倾听大自然造化的呢喃私语更让人心动的事情呢？这大概就是庄子他老人家所说的"吾将与万物为侣”的意境吧！

从江西到江州，在古代大概要走数月吧。当年老祖天师张陵官拜江州令的时候，他才23岁，那正是一个风华正茂的年龄；而当老祖天师张陵又一次抵达江州的时候，却已是年逾花甲的老者——一位有坚定信仰，并充满智慧的老者。巫山的云、巫山的雨还是那么妩媚，长江的水还是像往常那样咆哮，两岸的猿声还是像往常那样啼个不停。可人呢，人还是昨天的那些人么？还能碰得上他们中的几位呢？物是人非，我亲爱的读者朋友们可曾体味到了其中的落寞之情么？它还能触动早已历经沧桑的老祖天师张陵老祖天师的心境么？

严格说来，巴山和蜀水在古代指的是两个不同的地方。今天重庆一带在古代住着巴人，所以又称巴山；今四川成都周围的一些地区，则称为蜀水。因为它们在文化和地理上表现出一些共同的特征，所以人们用巴山蜀水连而称之。人生很多时候常常会与某些地方结下不解之缘，老祖天师张陵是第二次进入巴山蜀水了，并且，在从此之后长达七十年的时间里，老祖天师张陵再也没有离开过这片美丽的巴山蜀水了。

越过江州，老祖天师张陵和他的弟子们才能抵达川西的鹤鸣山，而在江州和鹤鸣山之间还有青城山。老祖天师张陵和弟子们先在青城山歇息了些时日。“青城天下幽”，青城山的幽静是闻名天下的，但之名其实是晚出的。大概从唐玄宗时代开始才有此“青城山”之名。在此之前，青城山的名称繁多，人们曾叫它天国山、长坪山、天山、天谷山、西山等，每一个名称的背后都有一个浪漫动人的故事。其实，在这众多用来称呼青城山的名称当中，还是以“青城”之名最为形象、生动，因为青城山一年四季树木葱郁，青翠欲滴，四围的群山合拢而成城墙的四廓的形态，看起来真像是一座青色之城。

据记载，青城山有三十六峰、七十二洞、一百零八处胜景。尚在远古的时候，黄帝的老师宁封子曾在此山修道成仙。后来，宁封子又为黄帝出谋划策，因辅佐黄帝有功，黄帝封他为五岳丈人。在老祖天师张陵来青城山之前，曾有一大批逸隐之士在此修道成仙，故青城山历来被视为道教的圣地，并有着“天下第五洞天”的美誉。

巴蜀自古多奇景。老祖天师张陵和弟子们在目睹了三峡之险之奇、青城山之幽之静后，更确信在冥冥之中达到自然造化的背后有着某种神明的力量在起着作用，只有那些能顺应这种力量而行的人才能最终领悟到宇宙人生的奥秘，寻求到生命的永恒意义。

也许到了此刻，老祖天师张陵和他的弟子们才更深地领会到了人生的另一重的境界：生命中的某一扇看起来充满着光明和希望之门在合上之时，神明在冥冥之中也会向人们打开另一扇充满新的可能性的生命之门，而这一扇新开启之门门内的景色会变得更为绚丽、光彩照人，瑰丽得足以让人晕眩。

老祖天师张陵和弟子们的脚步是匆忙的。青城山之景固然幽静得足以让人怦然心动，但此时的老祖天师张陵和他的弟子们并没有要长久停歇的意思，因为在他们心中有着一个永不可更改的目标，他们必须用坚定的步伐，赶往这下一个目标。这下一个目标正好是位于离青城山并不遥远的更往西边一点的鹤鸣山——那是太上老君于梦中嘱托老祖天师张陵前去传道、教化当地百姓的地方。

鹤鸣山，那可是老祖天师张陵漂泊一生的最后一站！

第六章

传道巴山蜀水间

一、哀民多艰：长太息以掩涕兮

两千多年前的鹤鸣山周围地区居住的大多数是一些“尚未完全开化的”（指与以中原地区为核心居住区的华夏民族及其所信奉的中华文明在精神理念上有着较大差距）的土著居民。正如今天的旅行家在一些较落后的原始部落中所看到的那样，这些土著居民通常只能靠刀耕火种谋生，而这种极为粗放式的耕作方式最终只能收获到不多的粮食。当然，因为人少地广，加之自然资源的极为丰富，当地的土著居民还不至于生活在一种极端贫困的状态之中。

对当地土著居民构成最大威胁的因素是医药知识以及治疗一些常见疾病所需要的药物的匮乏：一些在现代人看来微不足道的疾病都有可能夺去个人、家庭甚至整个部落成员的生命。当然，在精神的层面上，当地土著居民通常对一些自然现象充满好奇和感到不解，常常会对一些自然力量产生狂热的宗教崇拜行为，如自残、淫祀、杀活人祭祀神灵等。

“长太息以掩涕兮，哀民生之多艰”，当年楚国大夫屈原看见楚国的下层百姓生存境况之艰辛而不禁泪如雨下，发出长久的叹息。四百多年之后，当老祖天师张陵和他的弟子们来到鹤鸣山地区时，面对呈现在他们眼前的当地居民的生活情境，也不禁发出了同样的叹息。

物质和精神的双重匮乏，让老祖天师张陵和他的众弟子们更深刻地体会到，生活确实不完全是诗意的，而且，对于尚处于原始部落时代的当地居民来说，它还是沉重和充满悲苦的。

可老祖天师张陵和他的弟子们并没有在这叹息之声中陷入极度的悲观和绝望。因为，在那个月朗星稀的夜晚若有所思之后，老祖天师张陵和他的弟子们已有充分的自信，相信只要人为，眼前的状况完全是可以改变的——甚至，不仅可以简单地改变现状，还可以在这片貌似愚昧、无知的土地上，建立起中原地区的人们所向往的希望之乡！这片土地，就像是一张白纸，可以任由老祖天师张陵和他的弟子们在上面描摹出他们理想的未来社会。

有人在黑暗之中会因看不到光明的希望，而彻底地陷入沉沦。另外有一些同样身处于黑暗状态下的人却会说：既然我们大家都处于黑暗之中，那么我正好可以带领大家去寻找光明和希望。

二、悬壶济世：以医传道

据说，东汉时期有一位名叫壶公以卖药为生的老翁，他颇通道术，善于以符箓咒术为人治病。壶公常常于街头高悬一壶（俗称“葫芦”）药，他所卖的药从来不讲价钱，但药却是好药，病人在服了他的药后能药到病除。天长日久，“悬壶”就成了行医这一行业的代名词。这一则故事流传很广，在老百姓的日常生活中产生了重要的影响：我们今天不还是常说“你葫芦里到底卖的是什么药”吗？这句俗语实在是从壶公卖药的故事而来。后来，人们就把那些医术高超、医德高尚，能解除百姓疾苦的行医行为称为“悬壶济世”。

老祖天师张陵携众弟子们进入鹤鸣山时，已是东汉末期。那时的中原地区战火连年，老百姓经常流离失所。因为缺乏足够的食物，很多流离失所的中原难民死在路上，用“饿殍遍野”来形容，一点也不夸张。加之，中原地区还时常会碰上瘟疫疾病的流行，这使当地的老百姓更是苦不堪言，成千上万的平民百姓被一些可怕的传染病吞噬掉生命——曹操不是有诗句“白骨露于野”么，这就是当时中原地区的现实写照。

鹤鸣山和青城山地区虽然远离中原，可也时刻会受到传染疾病的困扰。这一方面是因为一些中原地区逃难的居民把那些可怕的瘟疫带入；另一方面也是因为当地居民原本就落后的医疗卫生条件，如医疗器械、药物、卫生知识的匮乏。当地人经年累月所形成的不良饮食和卫生习惯，这些因素都可能加速瘟疫疾病的流行和传播，给当地居民的生活带来苦难。

作为一位对社会有着强烈的责任心和对百姓生民有着最深切的悲悯同情

之心的道教信徒，老祖天师张陵对这一切怎么可能会熟视无睹而无动于衷呢？

另外，在老祖天师张陵看来，虽然巴蜀地区的土著居民较之中原地区的汉民就文化发达程度而言，尚处于未开化、充满愚昧无知的“野蛮”状态，但这并不意味着当地居民的品性就是恶劣的——“未开化”、“愚昧无知”、“野蛮”的字眼是所谓的“开化”的文明人基于对自身根深蒂固的文化自信乃至于偏见，而用有色眼镜观察其他原著居民的结果；相反，老祖天师张陵却看到了此地居民生活精神状态中的另外一种优点：民风极为淳朴、敦厚，易于接受教化，而没有所谓“文明社会”中诸如精于算计，易于见利忘义等种种人性阴暗面！这正如今天的文化人类学家在进入一些原始部落中时，常常会对那些原始居民近于固执地维护着自身传统习俗和宗教信仰的行为而惊讶不已那样。老祖天师张陵每每被当地居民对部落规则、规范的虔敬态度感动得热泪盈眶。因而，在老祖天师张陵的心目中，当地居民并不缺乏一颗遵守文明规则的虔敬心灵，他们所缺乏的是适当的引导和比较固定化的、必要的礼仪规范，以及对当地居民的虔敬之心所指向的具体的信仰对象之改造。

还有什么比让那些民风敦厚、信仰坚定、道德品行并不低下，却又无辜地遭受种种自然和人为的痛楚更不公平，更让老祖天师张陵难以容忍、难以释怀之事呢？在老祖天师张陵看来，这些当地居民是无辜的，他们所遭受的瘟疫疾病之苦乃是因“天”对那些所谓先进地区的人们的惩罚而连带过来的。“天”之所以降下瘟疫疾病之灾，多是因为中原地区拥有先进的“文明”的人们的行为造成的：中原地区的所谓先进、开化和文明背后蕴藏着的利益集团之间相互争夺，这些争夺不仅使汉族内部的无辜平民百姓身处于苦难的深渊，而且还波及这些地处偏远的所谓“蛮族”。这些带有土著色彩的居民本来可以快乐无忧地按照他们祖祖辈辈传承下来的生活规则、信仰的法则来组织自己的生活，按照自身的生活轨迹过自己喜欢的生活的。虽然，当地土著居民的这种生活方式、态度可能在物质上匮乏一点，但却可以不失人作为人而栖居于大地之上的本真的诗意、乐趣的。

老祖天师张陵每每念及这些，都会为华夏民族中那些自诩文明、先进的上层利益集团所犯下的罪恶而感到羞耻。老祖天师张陵自打一来到巴蜀之地就总是在想，为什么不发挥自己所拥有的先进医药方面的知识优势，来减轻当地居民遭受的病痛折磨呢？

前文已经提到过了，老祖天师张陵是少有的博学之人，他不仅精通中国传统的哲学、天文、地理、历史等学问,而且还在医术、医理上有颇为深入的研究。也许老祖天师张陵的医技没有诸如张仲景、华佗和壶公之类的神医那么专业和精湛,但他所拥有的医学知识和多年求道的人生经历却足以使他成为一名优秀的医生了。再者,老祖天师张陵要完成的目标不仅仅在于"悬壶"以医治当地人的身体疾病,更重要的,老祖天师还要"济世"——给当地居民以精神信仰上的寄托,在这片曾经蛮荒而充满活力的土地上创造新的希望之乡。

再说,老祖天师张陵是怀着一颗宗教信徒所特有的虔敬之心和一种悲天悯人的情怀来行医的,这样一位有着坚定不移的信念的宗教信徒又怎么可能成不了一位好的医生呢?

东汉末年,川西地区流行一种可怕的传染疾病。一个人一旦染上这种疾病,在病人死后不久,他的亲人或朋友因为照顾过他,也会染上该病,表现出与死者相类似的症状,死后也会出现相类似的情况。当地居民不知其中的缘由所在,以为是死者的灵魂注入了生人的灵魂之中所致,所以把死者称为"注鬼"。最后,得此种"注鬼"之病的人越来越多,死的人也越来越多。更危险的是,因为长期生活于所谓的不开化地区,当地居民自身的免疫系统面对这种来自于"文明先进"地区的疾病,几乎是完全没有免疫能力的,这极大地加快了"注鬼"疾病的传播速度。

老祖天师张陵是明白这种传染疾病的病情病理的,他知道,只要做好了消毒杀菌的工作,就可以有效地阻止甚至切断该种传染疾病的传播。于是,老祖天师张陵老祖天师想起了他在龙虎山炼丹的经历,依据他对炼丹药物药性的了解,让人找来雄黄、石灰、朱砂及其他的具有杀菌功效的植物药物,加以合理地药物配伍,溶解成液体状药水,用药水喷洒患者所接触过的家具什物等,还对死者的尸体进行消毒处理。经过一段时间的努力之后,逐渐根除了这种传染性很强的疾病。当地居民因为这件事而对老祖天师和他的众弟子们大加推崇和信任。

自此以后,老祖天师张陵的名声在当地百姓中传播开来,前来向老祖天师张陵老祖天师求医问药的人越来越多。老祖天师张陵于是专门建起了一间小屋作为接待病人的诊所。当然,一开始的时候,这间小屋还是够用的,可是,两三年后,老祖天师张陵老祖天师高超医技的名声传播得越来越广,前来问诊的人更多了,这间小屋也就不够用了。于是,老祖天师张陵老祖天师带领众弟子又专门建起了一些建筑,以接纳更多前来问诊的病人。

上文已经提及，山区的居民尚处于原始部落时的较落后的“文明”状态，“文明”社会中种种商品交换和贸易规则的观念似乎从来没有进入当地人的头脑之中。商品生产、交换活动的匮乏，使得他们几乎没有货币的概念，所以，每当疾病降临时，他们的生活就显得非常的拮据，没有余钱去买那些来自汉人居住区、需要用金银货币交换才能得到的名贵药材。面临这种情况时，老祖天师和他的弟子们就会用一些简单有效的办法来缓解当地居民经济上的压力。

老祖天师张陵精通中国传统医学，他知道，百草皆可入药，而山区的药草很丰富，因此，老祖天师张陵本着廉、简、验和方便实用的用药原则，尽量多地从当地常见的草本植物中采撷治疗疾病所需要的药物，而避免用那些来自汉族居住地区、需要用金银交换才能得到的所谓贵重药材。老祖天师张陵老祖天师在治病救疾活动中所采取的用药原则，极大地方便了病人，也大大地减轻了病人家庭的经济负担。

当地居民中易患的常见疾病，很多是由于日积月累的不良好的饮食和卫生习惯导致的。例如，有些食物本来是适宜于熟食的，当地人却生食；有些植物果实本来不宜作为食物的，但迫于生计压力，当地人却又不得不以它们为食；有些植物本来只宜吃花或叶的，当地人甚至连茎和根都一起吃掉；饮用干净的水当然有利于健康，可当地人有时候不自觉地饮用了受过污染的水；牲畜所居之处和厕所本来应远离人所居住的地方的，可当地人常常使之混杂住在一起。这些不良的生活习惯常常导致当地居民们五脏气脉不畅通，体内出现很多陈年积垢，甚至导致一些莫名其妙的病症出现。另外，诸如成年累月的辛勤劳作、因饮食搭配的不科学所引起的营养不良，也常常导致当地居民身上留下很多顽疾。因为卫生知识的缺乏，当地女性居民在产后常常不知道如何来调理自身的身体，以致留下了很多妇科疾病。

面对这种种现实，老祖天师张陵想了很多办法来医治这些疾病。为了使病人体肠内的积垢得以清除，老祖天师先让病人服食缓泻剂，先去掉肠内留下的积滞物，然后运用一些常见的辅助性食物，如将茯苓、大枣、核桃、胡麻等加入到当地居民的日常饮食中去，以补充病人的营养，达到去除顽疾的目的。

营养不良是当地居民中存在的一种普遍现象。这一方面与生产的落后、经济的拮据有关；但另一方面也与当地居民不合理的饮食习惯有关。老祖天师张陵为了提高当地居民的营养水平，运用了道家常用的食疗方法来调养他们的身体。老祖天师张陵还教当地居民做各种营养价值很高的汤，如猪肤汤、百合鸡子汤、当归姜羊肉汤等。尤其是当归姜羊肉汤，其中的羊肉是血肉中的有情之物，能起到益气补血、温中暖下的作用，对病后、产后体虚弱、血虚等症具有奇特的疗效。

针对某些用药无法取得显著治疗效果的陈年旧疾，老祖天师张陵经过多年的观察、实践和总结，还发明出一些独特的保健疗法。这些方法主要包括后世道家所常用的导引、按摩、服食五牙、叩齿等方法。老祖天师张陵所传授的导引之术强调做功的时间应在丑后卯前，天气清和之时，因为丑时之后正是阴气消退一阳始生、清阳之气上升之时，最适合于修炼导引之功。老祖天师张陵还告诫那些身患顽疾的患者，要求他们在导引行气之时要宽衣、散发，神情要放松，适时地拍打头部的各个部位，这样就可以有效地刺激头皮部的穴位，达到增加毛细血管末梢的活跃程度、促进大脑神经和全身血液循环的目的，起到增强抗病能力、减轻内部瘀血、消除疲劳、降低血压的作用。

老祖天师张陵老祖天师所传授的按摩之法，可以起到无病健身，有病治病的目的。按摩头部可以疏散瘀血，通畅血脉，消除疲劳；按摩鼻子，可以预防感冒，防治鼻疾、神经麻痹等疾患；按摩耳朵，可以加强耳部卫生，增强听觉，防治耳疾、耳部冻疮、头昏、头痛、牙痛等疾病；按摩颈部则可以防治颈椎病；按摩双臂，可以畅通三阳三阴经的血气运行，防治肌肉萎缩和手指关节僵直、肩周炎等顽疾；按摩前胸，推揉腹部，则可以牵拉腹内脏器官，消弭腹内脏中的瘀血，加快平滑肌的蠕动，促进胃液胆汁、胰腺和小肠液的分泌，起到增加消化吸收能力，加强淋巴网状内皮系统的机能，提高肠道抗病能力的作用，从而有助于治疗肠炎、痢疾、慢性肝炎、结肠炎以及直肠、结肠功能紊乱等当地常见的慢性疾病。

而服食五牙和叩齿是道门中人中所常见、常行的长生保健方法，一般不会轻易传授给外人。为当地居民的健康着想，老祖天师张陵还是把这些道门视为不传之秘的保健方法无私地传授给了当地的居民。今天，我们才知道，服食五牙是指道门中人于清晨四五点左右，分别面向东、南、西、北、中五个方位或平坐，或双手握固，或闭目，与此同时，伴随以叩齿三遍，用舌头在口腔内上下左右的牙齿表面上搅动，使之产生唾液，并吞咽唾液。因为唾液中含有溶菌、淀粉酶，并可以分泌抗体、水分等。通过服食五牙从而起到杀菌解毒、抵抗某些疾病、增加消化功能的作用。

人食五谷杂粮，有精思忧虑。有些疾病并非单纯由物理、生理和化学方面因素所导致，而是由精神性方面的因素形成的。在这些可能导致疾病的精神性因素里面，尤其以某些人曾经对亲人或朋友或师长所犯下的道德伦理过错为主，因为这些伦理过错，会让他们心中时时处于愧疚之中，年长日久，会在身体上以难以治愈的顽疾的方式表现出来。

随着老祖天师张陵和他的弟子们在当地居民中的威信越来越高，很多当地居民都把他们当成为可以信赖的导师和良友，进而向老祖天师张陵及其众弟子倾诉他们内心的苦闷和烦恼。在这些向老祖天师张陵和他的弟子们倾诉心事的人中，有很多人都曾经在人生的某个阶段，或面临某些人生的抉择时，对自己的亲人、尊长、朋友、爱人等犯下过伦理道德方面的过错，他们常常会因此而在良心上感到深深的不安，其精神面貌会因此而表现得萎靡不振。严重的时候，这些曾犯下过伦理道德方面过错的人会因此而无法过正常人的生活，进而引起某些生理方面的症状。老祖天师张陵深知，如果不对这些人加以适当的方式予以治疗的话，就可能使他们的症状向恶性方面发展。

老祖天师张陵从来不因为这些人曾犯下过伦理方面的过错而鄙视他们，无论他们是男人还是女人、汉族人还是少数民族人、富贵者还是贫穷者。俗话说，心病还需心药医，老祖天师张陵知道，对待这些曾犯有道德伦理过错的人的适当方式是积极疏导，让他们放下心理包袱。老祖天师张陵原本就精通道门法术，能与神明沟通，因此他便积极引导这些人向神明悔改自己的罪过，让他们真实地感觉到天上的神明会原谅他们过去所犯下的过错，从而让他们重新回归到神明那博大的神圣之爱中，感受到自己并不是一个孤独的个体——自己并不是一个人在战斗，他们绝不会因此而被神灵所抛弃，成为一个无家可归的人。

当然，老祖天师张陵在治疗这类与伦理道德过错相关的精神疾病时所采取的形式是极为多样化的，从来不拘泥于某一种固定不变的治疗样式。但这些多样的治疗样式背后的本质都在于积极地引导病人向神灵进行彻底的忏悔。

经过长期的实践、总结，并结合以前所修行过的道门法术，老祖天师张陵还运用诸如吞食符箓、符文、符水，静室思过和“三官手书”等道门法术来对那些曾经犯下伦理过错的病人进行治疗。

“符”与“箓”本来是有区别的，但随着道教的发展，二者逐渐融合在一起，变成“符”“箓”连称了。我们今天所看到的“符箓”似画而非画，是道士们所独创的一种文字，其笔画扭曲虬结，有的符还配有神将的画像，表达的是向此神将求救的意思。“符箓”的来源很古老，传说黄帝时代，仓颉发明了文字，这竟惹得鬼魂夜哭，大概是文字的发明使得鬼魂们觉得人一下子多了一种对付自己的有力武器。老祖天师张陵经常会用符文、符箓和符水治疗那些患有某些精神疾病的人，其方法的一般原则就是把病人的悔过之意写在纸上，燃烧它后放入水中让病人服下，这叫符水治病；或写三份文书，一份埋入山上，一份埋入平地，一份沉入水底，以向天官、地祇、水官忏悔自己的过错，这叫三官手书治病；或为病人举行适当的仪式，老祖天师张陵为病人作法，以把病人的悔改之意通达神明，从而让病人减轻心理压力；有时候老祖天师张陵还会专门设立静室，让病人独处于静室之中，回忆自7岁知事以来所犯下的罪过，向神明真心忏悔，从而重新拾起对生活的信心，获得生活的勇气。

老祖天师张陵于川西鹤鸣青城山地区居住近70年，他所医治的病人非常多，所治过的疾病种类也非常繁杂。任何时代，人们对那些医术高超、医德高尚的人总是心怀感激，并肃然而起敬意的。这对于老祖天师张陵来说就更是如此：少年和青年时代的老祖天师张陵既博览群书，后来又云游求道于各地，可以说是见多识广，积累了丰富的实践经验，这都为他成为一名优秀的医生创造了良好的条件。更重要的一点是，老祖天师张陵作为一位有着悲天悯人情怀的传道者，当他抵达川西鹤鸣山等少数民族聚居地，看到当地居民所遭受的种种疾病所带来的痛楚时，便对他们有了最深切的同情之心。

另一方面，老祖天师张陵的同情之心还来自于两种不同文明形态的碰撞给当地居民带来的精神、肉体方面的双重创伤。尤其是，当老祖天师张陵看到那些由中原地区的所谓“先进文明”给当地无辜百姓所带来的折磨时更是在内心深处有了深深的负罪之感和忏悔之情。这同情、忏悔和负罪感促使老祖天师张陵更努力、更全心全意地去为当地百姓排忧解难——在老祖天师张陵看来，似乎一个民族、一种所谓先进的文明形态与生俱来的“原罪”都要由他一个人来承担！

当然，当地的土著居民不会作以上这种种抽象的思索，他们对这个世界的理解其实是很单纯而直接的。简单、直接、质朴的他们相信，爱，从来都是相互的，当某个人给予了他们以发自内心的爱之后，那么他们也要付出内心的真爱作为回应。所以，我们看到，当老祖天师张陵以求道传道之人的虔诚之心去爱护当地居民之后，他也获得了当地居民的爱戴和拥护，老祖天师张陵的名字更是广泛传播于当地百姓之中，而那些慕名而来向他求道问学的人也是络绎不绝。这些都为老祖天师张陵完成传道的使命创造了良好的社会条件。

三、惊神泣鬼：老祖天师张陵所行符箓法术背后的人文密码

“符箓”这种道门法术，它是道教中一种极为重要和常用的法术。我们知道，道教中有各种流派，如丹鼎派、全真派、灵宝派、上清派、正一派等，这些道门流派的名称之所以不同，是因为它们在创立时，在道教修行实践方面可能会各有所侧重。但后来，它们大多都会用到“符箓”这种法术。在这些道门流派中，尤以正一道派所使用的符箓法术最为有名，历史也最为悠久。而正一道派恰恰是在老祖天师张陵所开创的五斗米道、天师道的基础之上衍变而来的，其所以骄傲自豪的符箓法术，究其根源，就不得不提到老祖天师张陵。因此，在这里极有必要先对符箓法术的起源、内在含义、功用作一番说明。

“符”，是古代用来调兵的凭证。作为调动军队的凭证，符是先在一块木质、银质、金质或是玉质的材料上雕刻出某些特定的图案——一般是虎头的形状，然后从中把它分成两半，分别由军队的将领和拥有调动军队权力的官员（通常是皇上）保管。通过兵符，军事的权力被一分为二，皇上拥有调动军队的权力，但军队并不在他的手上；军队的将领手上有兵，却没有调动军队的权力。如果皇上要调动军队，就会让他所信任的人拿着他手上的那一半兵符去军队的驻扎之地找军队的将领。这个时候，军队将领就会拿出他手上的另一半兵符与皇帝派来的调兵之人手上所持皇帝的那一半兵符合在一起——如果能严丝合缝，则证明调动军队确实是皇帝的旨意，就可以调动军队；反之，则是有人假冒皇上或帝国政府的名义意欲调动军队图谋不轨！

所以，通过兵符这种方式，帝国政府（主要是帝国的皇帝）就可以最大限度地拥有对军队乃至整个国家的政治、军事的控制权力。当然，兵符中“符”的含义比较单纯而直接，它只具有“凭证”或“信物”的含义。

当然，到后来，当道教把“符”跟道教的法术完美地融合在一起之后，“符”的含义已经远非最初“兵符”所具有的意义所能涵括，它的意义被大大地扩充了。至老祖天师张陵创立五斗米道的时候，“符”被广泛地应用于道门的符箓、符咒法术之中。因此，“符”被道门中人赋予了更深层次的宗教文化上的意蕴。

据史籍所载，老祖天师张陵在巴蜀地区传教的时候，会用符水为患病的当地居民治病，这就叫“吞符”。而符水的调制就离不开“符”的绘制，所谓的“吞符”，直观地说来，指的就是道门术士先在纸上画上特定的图案——通常会用到

特制的墨汁和朱砂——在上面盖上特定的印,这印就叫符印。这一切准备就绪之后,还会用手指对着那纸上的图案做出各种手印,口中还念念有词,祈求天上的神明赋予符以神力。随后,作法的道士会把那张画了符号图案的符纸烧掉。烧掉之后的纸会留下纸灰,然后作法道士把纸灰放进清水中,搅匀之后再让病人服下,以达到治病救人的目的。

所以,在当年老祖天师所行"吞符"的道门法术中的"符"本质上是一种药符。当然,道士在吞符中所画之符上面的印章仍然有作为一种与神沟通的凭证、信物的含义。

当然,在很多情况下,老祖天师张陵所用之"符"是作为与神灵沟通的凭证和信物而存在的。

刚才讲了,在俗世的帝国活动中,"符"是皇帝或帝国世俗权力的核心、关键。后来,道门中人把这一层含义加以引申开去,把它看成是与神明沟通的法术活动的关键。道门中人在行法术的时候,经常会在纸上写上自己意欲实现的愿望,然后加盖上印章。其实,这印章就是一种"符",它的功能在于把自己的意图传达给天上的神灵,并且还会让神灵相信那些写在纸上的愿望确实是出自对神灵有着虔诚信仰的某位特定的道门人士之手——而不是别人冒充——以达到让神灵派出天兵天将,实现行法术的人的愿望的目的。在这里,我们看到,"符"是作为人与神之间所订立的某种契约的凭证而存在的。

当然,说到了"符",就不能不提及"箓",因为道门中人是"符""箓"连称的。

天师符

"箓"是道门中人在纸上所画出来的形似小篆文字的图案——道门中人称之为"云篆",它也是道门中人所常用的一种与天上的神灵沟通的媒介。道门中的"箓",从形式上看,类似于形态各异的文字,其内容正是道门行法术者所期望天神帮助他们实现的愿望。

后世道教之所以那么重视"符箓"这种法术,是因为它与一种非常古老的文化创造活动相关。传说,上古的时候,先民们还没有发明文字,先民的生产、生活很不方便,而最大的问题就是人与人的沟通问题。那个时候,先民们只能使用言语来沟通。可是言语沟通有很大的局限性,一方面因为言语传播的距离很有限,几百米之外的人就听不清楚了；另一方面，村与村之间，部落与部落之间，他们的言语有很大的差异，虽然说的可能是同一种声音，但表达的意思可不一定是同一个意思。

言语作为远古时代先民们用来沟通思想、感情的近乎唯一的方式，其局限性不仅仅表现在人与人之间的世俗交往空间中，同样它还在神与人之间的沟通和交往的宗教信仰活动中表现出极大的局限性。因为，在原始部落时代，村落与村落、部落与部落之间的先民们，他们在日常所使用的语言中，差异很大。日常使用语言差异很大的结果，就导致人与神之间的交流、沟通会出现问题：试想，一村与村、部落与部落的人在向神倾诉自己心中相同的愿望，或者在向神明表达对来年五谷丰登的需求的时候，使用的却是差异极大的言语，这让神灵们如何是好？神灵是不是还要专门一个村、一个部落地学习他们的语言呢？所以，没有文字，对于原始先民们来说，就会对他们的宗教事务活动带来很多的不便利和麻烦，可以想见，肯定也会给人类的生产效率带来极大的影响！

一方面，为了人与人之间、村与村之间、部落与部落之间的事务、思想、情感沟通的便利性、高效性、顺畅性；另一方面，原始先民时代的人们为了更清楚、明晰、有效地向神灵表达自己的种种期望、心愿、请求，华夏民族的先民们必须找到一种更好的、行之有效的沟通媒介。而文字正是在这种情况之下应运而生了。

据说，文字是在黄帝时代，由史官仓颉发明的。文字的发明可是一件了不得的事情啊，据《淮南子·本经训》中记载："仓颉作书而天雨粟，鬼夜哭"，意思是说，仓颉发明了文字，惹得上天降下暴雨，夜晚鬼神都会因为害怕而哭泣。

这当然是一种夸张的传说，神鬼肯定不会因为原始先民们发明了文字而哭泣。但为什么古人又说仓颉造字，鬼神哭泣呢？这背后隐含着什么样的文化逻辑呢？

仓颉造字

为了对文字的发明对于人类社

会的伟大作用有一个更为明晰的理解，我们还是先把眼光暂时投向西方的宗教中去看看，然后再认真地体味一下个中的奥妙吧！

在《圣经》旧约中有一个关于巴别伦塔的典故。这个典故是这样的：在史前人类时代，人类在历经了一次特别大的洪水灾难之后，天下人都说一样的语言，都有一样的口音。于是，诺亚的子孙越来越多，遍布了地面。为了生计，诺亚的子孙便向东迁移。他们在示拿地(古巴比伦附近)遇见了一片平原，于是定居下来。在平原搞建筑是不容易的，因为用作建筑的石料不易得到。但诺亚的子孙们彼此商量说："来吧，我们要做砖，把砖烧透了。"于是他们用砖来代替石头，又把石漆做成灰泥。他们又说："来吧，我们要建造一座城和一座塔，塔顶通天，为要传扬我们的名，免得我们全分散在地上。"由于大家都说着一样的语言，沟通起来十分便利、高效，还能做到同心协力，所以诺亚的子孙们经过努力后，终于建成了繁华而美丽的巴比伦城，城中还有直插云霄的巴比伦塔——巴比伦塔也称"通天塔"——看上去这塔似乎要与天公比高低。后来，上帝终于知道了诺亚的子孙建筑巴比伦塔这件事，深为人类的虚荣和傲慢而震怒。在《圣经》旧约中，上帝也是容易嫉妒的，他不能容忍诺亚的子孙因建高塔而冒犯他的尊严这件事，便决定惩罚这些狂妄的人们，就像他老人家当年惩罚偷吃了禁果的亚当和夏娃一样。

当然，上帝这次没有贸然地对诺亚的子孙们进行惩罚。上帝首先思考的是这样一个问题，那些渺小如微尘般的人类是如何建造起这通天的巨塔的呢？莫非是人类掌握了某种可以开启宇宙自然界的密码？当然，全能的上帝是何等的智慧，他马上就想到了答案——人类使用着同一种语言，因为使用了同一种语言，人们就会齐心协力，形成一个强大的统一体。上帝还心想：如果人类真的修成宏伟的通天之塔，那以后还有什么事干不成呢？还有什么事情人类不敢干呢？一定得想办法阻止他们。于是上帝悄然地离开天国来到人间，变乱了人类的语言，并使他们分散在世界各个地方。因为语言不同，不能形成合力，人类重新变得渺小如微尘，那座本来可以直通云霄的通天之塔最后便半途而废了。

通天塔

从这则《圣经》旧约的故事中我们可以明白，人类有约定俗成的沟通媒介是多么重要！当然，我相信亲爱的读者朋友们一定从中品味出西方基督教文明中这样一个玄机，那就是在西方文明的童年时代，他们的文字文明是极为不发达的。因为没有发达的、为早期部落时代的先民所共同熟悉的文字系统，所以他们希望上帝能赋予他们一种能为所有人掌握的言语系统。但这只是一种后人所设想的理想的状态，因为从现实的情况上来看，栖居于大地之上的人类因为地形、地貌、习俗、饮食、信仰、经济等等先天、后天因素的不同，导致他们很难形成一种能为所有人听得懂，并能理解的共通的言语的语音系统——即使在今天这样一个科学昌明，通信和交通技术如此发达的时代，村与村之间、乡与乡之间、城市与城市之间、城市与乡村之间、民族与民族之间、国与国之间也很难形成一种为所有人都能理解的言语系统来方便不同人群之间的沟通和交流，更不用说远古先民时代了。所以，如果亲爱的读者朋友真诚地相信真有上帝的话，《圣经》旧约中关于巴比伦塔的典故绝不是对人类过去曾经有过的某种值得后人追忆留恋的理想状态的真实描述，恰恰相反，它要表达的是，人类未来某种理想——如果地球上的所有人都能够用同一种言语系统来沟通和交流的话，那曾经渺小如微尘、柔弱如苇草的人类会变得多么可怕，会干出多么不可思议的事业！正如以色列的先民们不可遏制的雄心——竟然想到去修建能通天的巴比伦之塔一样！

再回过头来看道教的符箓法术。与《圣经》旧约中巴比伦塔典故中表达出来的人类意图拥有一种为所有人掌握的共通言语系统的交流方式的希望不同，道教符箓法术的发明自一开始就是基于这样一种现实：即，人类从根上来说，几乎不可能拥有一种为所有人使用的言语系统。既然不可能——至少到目前为止仍然是不可能——出现这样一种理想化的为所有人共同使用的言语的语音系统，那么就只能退而求其次，即人类是否可以发明一种可以间接沟通的符号系统——这种符号系统中的每个符号都拥有相对比较固定的含义。人们如果要表达某种意图，例如希望神明护佑的意图，则可以通过一连串的符号的系统组合就可以实现。随着这些符号的意义、形式和使用的固定化、约定俗成化、普遍化，这些符号就慢慢地演变成了文字——当然，中国古代先民们具有强烈的观物取象的思维方式，所以他们刚开始所创造的文字是极为具象而生动的！

后来，中国古代先民们所创造的这些文字符号还被人们赋予了发音。只不过，不同的部落和族群之间在念读这些符号的时候，所发之音常常是不同的——因为，正如上文曾分析过的那样，所有人使用同一种言语的发音系统进行沟通固然直接、高效，却不现实！

所以，文字的发明是人类历史上的一项伟大创造；文字的发明使人与人之间、人与神之间有了一种相对比较可靠的、间接的沟通方式，它使人类在修建"通天之塔"的道路上又大大地迈进了一步！

说到这里，我想亲爱的读者朋友们似乎可以想明白这样一件事情了，即为什么说自从仓颉发明文字竟然能惹得苍天下雨、鬼神哭泣！为什么道门中人把那些自"文字"符号演变而来的"箓"的图案看得那么神圣而法力无边！因为，在道教符箓法术的背后隐藏着这样一层文化含义——它不仅仅是道士达成自身一己之私的"雕虫小技"，也不仅仅是生活在尘世之国渺小如灰尘、柔弱如苇草的人类向神明倾诉自身苦乐、哀伤等种种人生际遇并祈求神灵护佑的载体！它还是中国古代先民们追寻通往"通天之塔"的过程中所迈出的极为关键和坚实的一步！

笔者在想，如上就是作为道教符箓法术创始人之一的老祖天师张陵于西蜀地区所行符箓法术背后所隐藏的更深层次的文化奥秘吧！

四、神道设教：圣人创道教以化成天下

殷商末年，纣王无道。周武王起兵讨伐，后来一举推翻纣王的统治而开创周朝。周武王当然是一位武功彪炳史册的帝王，但是说到文治，却比不上先辅佐他打天下，后来又制礼作乐、力行文治的周公。

商代尚残存大量原始社会流传下来的不开化的野蛮时代的印痕，例如杀活人祭祀、大量饮酒之后在语言和行为上表现出来的粗俗放纵等。周公有心去除此等野蛮时代残留下来的精神习气，历经数十年的努力，制定了各种各样的礼仪规范，如婚姻之礼、父母子女相处之礼、君臣之礼、丧祭之礼、宗教之礼、饮食之礼、朋友交往之礼等等。随着周朝的百姓对这些礼仪规范的实践和适应，终于除去了商代遗留下来的野蛮气息，开创了华夏文明精神的新气象。难怪后世孔子他老人家常常对周公魂牵梦绕！面对当时礼崩乐坏的现实境况，孔子他老人家常常叹息说道："哎呀，你们看啦，我有好久没有梦到周公了。"

由周公所开创的文治时代，连孔子这样的大圣人都会心向往之，这说明文治教化对于华夏民族有多么重要。可是，现实的情况却是，好多人常常是不容

易认识到，或者是不情愿承认自己的无知和落后的。圣人却正是在大家异口同声地赞美皇帝的新装是多么漂亮的时候，能勇敢地站出来告诉大家皇帝是光着身子的那种人。

因此，任何时代都需要像周公那样的圣人出现，来制定礼乐，教化天下，让人们能彻底地告别那些充斥着野蛮的习气和时代，这就是“圣人设教，以化成天下”的含义。

当老祖天师张陵初入鹤鸣山的时候，他看到了当地百姓生活得极为艰辛、疾病和饥饿时常伴随着他们，还存在以活人祭祀鬼神等十分野蛮的社会现象。

一般来说，传道之初总是十分困难的，也曾一度让老祖天师张陵及其弟子们陷入失望乃至绝望的深渊。但当老祖天师张陵看到当地淳朴的民风，当地人在神明面前能信守诺言的现实之后，他又看到了希望。因为，老祖天师张陵自幼熟读老子的《道德经》，知道老子非常看重民风、人性的淳朴这一点，主张只有先恢复人性的纯朴、善良才能最终引导他们归入大道，才能创建起一个理想的社会。老祖天师张陵还常常这样想：这些当地的土著居民一定是离大道最近的人，不然老君怎么会让我到这个地方来引导他们归入大道呢？

就当地居民来说，他们世世代代、千万年来都生息在这方土地之上，保持着祖上留下来的语言，按照祖上留下来的方式进行耕作、播种和收获，对待朋友、父母、兄弟和妻儿也尽心尽责。他们也有属于自己的宗教，并按照祖上遗留下来的仪式来崇拜心目中的神灵，以寻找内心的平静和精神的慰藉。在当地居民看来，物质方面的生活虽然艰辛些，但还远没有糟糕到让人无法容忍的程度——他们本可以世世代代无忧无虑、有滋有味地繁衍生息下去。

可是，老祖天师张陵却深深地知道，当地居民的这种保持现状的想法更多的是一厢情愿。随着中原地区“先进”文明的传入，汉族政治经济利益集团的介入，他们再也不可能保持原有的生活和节奏了，他们自身的宗教信仰一定会遭受到“异域”文明的侵蚀——并且这种侵蚀常常是通过强力的征服方式来予以完成的。

然而，最糟糕的事情还在于当地土著居民面对即将到来的文明的灾难看上去似乎毫无察觉。当地人的道德品性并不低劣，相反，他们的民风极为淳厚。可正因为民风淳厚，他们又表现出一种轻率的、“无知的”达观——他们以为可以永远按祖上遗留下来的方式、节奏生活下去。

圣人通常是具有先知先觉能力的人。自从老祖天师张陵西入鹤鸣山以来，对这即将降临于当地居民身上的灾难是看得很清楚的，他经常思索这样一个十分迫切的问题，即如何才能使当地居民避免即将到来的文化危机。这不仅仅是出于人之为人的某种天赋的同情心和良知，而且还出于一个肩负着神明嘱托而在心中生起的神圣使命感——这一使命感迫使老祖天师张陵必须找到这个问题的答案，只有找到答案才能让更多的人安然度过近在眼前的文化灾难。

老祖天师张陵来到巴蜀地区所做的第一件事就是使当地人免于各种疾病的吞噬，为此，老祖天师张陵采取了悬壶济世的方式，不仅为当地人排忧解难，而且还赢得了当地人的信任和爱戴。可这一切还远远不够，因为单纯的行医疗疾并不能从根本上改变当地居民的行为方式和精神面貌，必须传授给他们更多的精神文明的东西才能从根本上解决问题。为了从根本上解决这些问题，老祖天师张陵感觉到眼前十分急切的事情就是设立教化，传播老子《道德经》中有关大道的思想理念，从而达到启迪民智的目的。为此，必须创立一种基于老子哲学理念之上的新型的宗教信仰，然后在这种新型的宗教信仰的基础之上，让当地居民接受种种来自于“异域”——中原地区的各种先进文化。

上古时代，仓颉发明文字，竟惹得鬼魂夜哭，可见学文识字有多么重要。可现实的情形却是，当地的土著居民少有人能识字。老祖天师张陵为此而广收门徒，定期讲学，让当地人能学文识字，然后在学文识字的过程中向他们传播老子关于宇宙人生的大道理。

我们知道，《道德经》一书文简意深，即使是我们这些受过长期汉语教育的人都是很难一下子就能领会其中的意义的。可以想见，要让当地这些原本没有读汉书、识汉字传统的人接受《道德经》中关于宇宙人生的大道理就是一件更不容易的事情。不过，老祖天师张陵永远都是一位好老师，他相信只要自己有足够的耐心，老子书中各种关于宇宙自然的大道的思想种子就一定会撒播在这一方丰沃的土地之上，生根发芽，长成参天大树。是的，老祖天师张陵相信，他一定会把老子哲学思想的种子撒播在这些天性淳朴的居民的心中。为此，老祖天师张陵尽量用最通俗易懂的语言来向弟子们讲解那十分深奥的道理。

刚开始的时候，当地居民总是想搞清楚什么是“道”，为此老祖天师就解释道：

道啊，她深妙难测，却离我们不远。她可出入于天地之外，往来于天地万物和人的心身之中，我们的人身在诞生之时是秉承了道的德行的。为什么这样说呢？因为道可以演化为气，我们人身也是由气所构成的，所以我们每个人身上天生就被赋予了道的品性。因此，无论是男女老少，还是贫富贱贵；无论中原所谓先进的人，还是所谓的边疆“蛮族”，他们都可以通过适当的修炼方式而回归于这大道的怀抱之中。

那由大道演化而来的气啊，它如此纯正，它在适当的条件下会聚集起来，形成太上老君的形象。太上老君生时是一位有智慧的老人，他后来便化作一缕青烟，直上云霄。他老人家总是很挂念地上的生民，怕他们过于留恋于世俗的享乐之中，不求学问道，从而最终空空耗费了一生的光阴，死后化为厉鬼。所以他老人家经常会在世人面前显示出他的形象，经常给人以警示。对于那些读过太上老君的书的人，在看到老君的形象后就会更加坚定求道的决心；可对于那些糊涂的人来说，即使是老君站在他面前，他也意识不到这是上天对他的赐福；对于我本人来说，我只是在梦中聆听过他老人家的教诲，他让我来到这里，传播他老人家的关于自然造化的大道理。这是一件很有意义的事情，因为我把它看成是上天对我的厚爱和赐福呀！

人作为人啊，应该遵循天地自然造化而行，否则就是忤逆不道，就会遭受上天的报应。你们也许听说过中原地区这些年连年遭受疾病和战乱的事，那就是因为他们从根本上来说违背了太上老君的教诲。太上老君让他们对人要有包容之心，可他们不听——他们经常是睚眦必报；太上老君让他们节制自己非分的物质欲望，可他们认为老君这是在痴人说梦；太上老君告诫他们只有清静无为、少思寡欲才能化生智慧、明白天地自然造化的大道理，从而才是长生久视之正道，可他们却认为这更是老君在胡说八道；太上老君教导他们要以一种自然平和的心态来对待人生中的功名利禄、荣辱得失，可他们仍然还是要斤斤计较于蝇头小利，这就让他们丧失了智慧，导致他们看不到宝马丢失之后可以避祸，暴风雨过后还有彩虹，冬天过去了还有春天。所以，太上老君他老人家对这些自以为是、拥有一种莫名其妙的优越感的中原人也只能常常摇头，他已经对那些自诩先进和文明的中原地区的居民很失望了。但是，太上老君他老人家对你们却充满信心，因为你们淳朴、善良，你们是离大道最近的人，你们通过努力，一定可以开创一个让中原人羡慕的文明时代和有福的社会。幸福和美满只属于那些对大道有所觉悟的人，只要坚定对大道的信仰，就永远有希望。

老祖天师张陵还深知要把太上老君关于大道的哲学思想理念让当地百姓

接受，还需要从具体的生活细节着手。为此，老祖天师要求当地人在春夏两季严禁砍伐林木、猎杀野生动物。因为春夏两季是万物生长的季节，动物正在产卵或正在哺乳幼儿，上天有好生之德，禁杀不仅仅是为了将来在秋季收获更多的食物，还是遵循上天好生之德和自然之道的表现。

老祖天师张陵又禁酒。因为当地居民农业生产技术本来就落后，产量不高，每年所得的粮食并不多。可当地居民自古以来却有好饮酒之风，每年要耗费大量的粮食在酿造酒水之上，这样一来，使得口粮就大大地减少了；另外，酒还是一种乱性之物，喝酒之后常常会使血脉之气上升，做事情失去法度，严重的还会打架斗殴、无故杀人，有的人家还因此失去了子嗣，导致老人们孤独终老，父母妻儿相互怨恨。

老祖天师张陵还要求当地百姓要尊崇太上老君和黄帝，信行真道，不许随便祭祀鬼魂神灵。

老祖天师还重视教授给当地居民养生之道，以强健当地居民之体魄。

老祖天师还让人涤除当地风行的那些妖言淫邪的文字，劝导当地百姓要积累功德，以和睦乡亲。

春去秋来，光阴易逝。俗话说十年树木，百年立人。老祖天师张陵自六十余岁来西蜀设立教化前后达七十多年。这段教化的时间虽然尚不满百年，却也是一段不短的时间。老祖天师张陵于西蜀地区的教化活动取得了明显的成就，当地居民开始接受和认同他传授的有关太上老君的道家哲学思想理念，并把它贯穿到了当地居民的日常生活之中，塑造了当地居民的精神信仰和人格气质。老祖天师张陵所做的这些工作构成了由他所开创一种前所未有的宗教——道教——事业中最重要、最核心的部分。

在当地人眼中，老祖天师张陵不仅是一位能为他们排忧解难的长者，更是他们心灵世界的导师。老祖天师张陵还是一位充满智慧、能与神明沟通的得道高人，他把天地自然造化之大道理、宇宙运化的奥秘无私地传授给了他们，让他们获得了神明的赐福。面对这样一位慈祥的、具有宗教博爱情怀的老人，当地居民又怎么可能不感恩于他呢？

五、八部鬼帅：老祖天师张陵与部分土著居民的和解

今天在鹤鸣山地区流传着老祖天师张陵与八部鬼帅和六大魔王之间进行

斗法的民间故事。在这个故事里，八部鬼帅和六大魔王都是具有很高法力的妖魔鬼怪，而老祖天师张陵因收受了太上老君所传的经、剑、印、符、箓等法器和道门法术，更是法力无边。在这一则传说故事中，这六大魔王和八部鬼帅平时胡作非为、鱼肉百姓，当地百姓对他们却不敢表示丝毫的不满。随着老祖天师张陵来到西蜀鹤鸣山地区，当地居民就把降伏这些妖魔鬼怪的重任寄托在老祖天师张陵身上。后来，老祖天师张陵以道门法术招来成千上万的龙虎神兵，并运用火攻把八部鬼帅、六大魔王烧得鬼哭狼嚎。最后，八部鬼帅、六大魔王不得不投降、求饶，而老祖天师张陵对他们也是格外开恩，只是罚他们进入阴界，永远不能出来扰乱当地居民。

在这则老祖天师与八部鬼帅、六大魔王之间的斗法故事中，诚然有经过后人夸张和想象的因素，但其中也不免留有历史真实的印迹。也许，我们可以按如下方式来解读这则故事中所包含的历史事实：

据历史资料记载，东汉时的古巴蜀地区，尤其是今川西青城、鹤鸣山地区的居民尚处于较不开化状态，当地崇拜巫鬼之风气十分兴盛，他们常常称自己为“鬼民”。其实这“鬼”字是用来表征他们与其他民族或部落相区别的标志，并不是说他们是生活在阴间的鬼魂。同时，所谓的八部鬼帅、六大魔王中的所谓“鬼师”、“魔王”也不是说他们是真的妖魔鬼怪，称他们为“魔王”或许只是想表明他们对其属下的部落居民非常残忍和冷酷。可以想见，当地一定分布着众多这样的带有较多原始色彩的部落。一般来说，每一个原始部落都会有一个部落首领，而八部鬼帅和六大魔王大概都是当时分布于西蜀鹤鸣山地区原始部落的众多首领。

随着归化由老祖天师张陵所创立的道教组织的人数日益增加，建立适当的宗教管理机构形式就成为越来越迫切的事情。基于天人合一、大道自然的道家哲学信念，老祖天师张陵模仿一年四季有二十四节气，在巴蜀地区设立了二十四治。后来，因为信徒人数的增加和传道地区的扩大，又仿照周天划分为二十八星宿，增设为二十八治，定期举行宗教仪式，并选派人员建立比较固定化的宗教组织，让相对专业的人担任教职人员。

随着越来越多的土著居民加入了老祖天师张陵所创立的新道派，双方多少会产生一些矛盾。这些矛盾最初是由宗教信仰方面的原因所导致的，因为当地居民原来比较崇尚鬼魂和带有浓厚原始色彩的巫术。自从老祖天师张陵于此地每年在固定的日期举行宗教仪式并施行教化之后，当地居民可能对自己原有的信仰越来越淡化。对原有信仰形式的淡化就进而威胁到这六大魔王、八部鬼帅的权威和影响力。这样,在二十四治与当地原始部落的上层人物之间就产生了较严重的利害冲突。历史上因宗教信仰而产生的冲突一般是很难和解的,所以双方最后只能以战争的形式来解决他们之间的矛盾。

老祖天师张陵自幼熟读兵法,知晓阴阳五行之说。在双方作战时,他使用了火攻,正如我们在《三国演义》里看到诸葛亮在对付南蛮的三千藤甲军时使用了火攻那样。经过这一战,老祖天师张陵这一方大获全胜,而六大魔王和八部鬼帅则伤亡惨重。这些魔王和鬼帅们没有办法再战下去,就表示愿意投降。最后双方达成协议,划定界线,互不侵犯。这就是传说中鬼帅和魔王们带领家眷和鬼兵鬼卒归入西方摩挲之国——阴界的故事原型。

所以,通过流传下来的老祖天师张陵与八部鬼帅、六大魔王之间斗法的民间故事,我们大致可以推想出老祖天师张陵当年在西蜀地区传教时所碰到的种种困难,其中最大的困难还是来自于中原地区的文化与当地土著居民自身固守的文化之间的冲突。尽管老祖天师张陵已经尽量做到了以最温和的手段来传播中原文化,并尽量争取做到以不损害当地原始部落首领的信仰权威的方式来创设道教,但事实上,他们之间还是不可避免地陷入了冲突,并最终不得不以武力的方式来解决冲突。当然,最终是老祖天师张陵等人所代表的中原文化取得了最终的胜利。不过,出于对老子道家哲学中的大仁、大慈、大爱的生命的信念尊重,老祖天师张陵并没有对这些不愿归化道德教化的原始部落首领以及他们的部属赶尽杀绝,而是让他们迁入其他的地方。

老祖天师张陵深知,上天有好生之德,面对战争的胜利,他的心情却是异常沉重的。胜利固然是胜利了,可是烧死了很多无辜的兵卒。虽然这是不得已而为之,但是却有违上天有好生之德的天道。对于求道的道人来说,滥杀无辜是会折阳寿的,所以老祖天师张陵常常向神明忏悔,请求原谅自己的过错。

六、二十四治:巴山蜀水之间的希望之乡

孔子说:“为政以德,譬如北辰,居其所而众星拱之。”他还说:“故远人不服,则修文德以来之。既来之,则安之。”

这两句话的意思是说,那些以德行治理国家的人,会受到大众的爱戴和拥护,就像天上的北极星受到众星的拱护一样。治理国家的时候,如果地处边陲

地区的人民不服从中央的管辖，也没有什么关系。只要有有德行的国家管理者，自然可以通过勤修文德来感化他们，使他们从远方来归附。

老祖天师张陵六十岁左右来到鹤鸣山，并在此定居下来。然后是悬壶济世、广施教化，所以，传播太上老君之道成为他后半生最主要的活动。俗话说，冰冻三尺，非一日之寒。又过了四十多年，老祖天师张陵此时已经年近110岁了。这近半个世纪的传道教化当地百姓的工作取得了丰硕的成果。在老祖天师张陵和他的众弟子们的精心教导之下，前来问道求学的人从少到多，从对太上老君关于宇宙自然的大道理的迷茫到有所觉解，从不懂日常的卫生饮食习惯到开始学会并讲究食物营养的合理搭配，以及养成良好的日常生活习惯，从各种充斥着血腥味的人祭到逐渐废弃不用，从平时放纵自身不堪的行为到开始讲究礼仪等等，在各个方面都取得了长足的进步。

当地百姓一开始对老祖天师张陵的教化和传道活动是非常不理解的，甚至很多的时候是充满敌意的。可是经过老祖天师张陵的言传身教，当他们开始尝试着按老祖天师张陵所教导的方式方法去做的时候，才发现原来世上还有这么一种未曾被他们所发现的生活方式，能让他们受用无穷。最后，当地居民们完全自觉地接受了老祖天师张陵所教化的东西，到这个时候，人们发现老祖天师张陵的远见、智慧、大爱，他们开始感念老祖天师张陵的恩德，并自觉地让自己的亲人、朋友、子女前来接受教化，接受老祖天师张陵所传授的太上老君关于宇宙自然造化的大道理和其他一些来自中原地区的文明制度。

这样看来，老祖天师张陵的名声在西蜀地区日益隆盛就是一件十分自然的事情了。当老祖天师张陵看到那日益增多的求学问道的人，心中自然万分欣慰，这就像一个人种下一棵小树，然后看着它一天天长成参天大树，心情比喜悦一样。老祖天师张陵常常庆幸自己当初的选择，他每每一想起太上老君于梦中对他的教诲，心中便激动不已。

老祖天师张陵也面临着一些新的问题，随着前来求道问学的人越来越多，传道的场所越来越不够；随着老祖天师张陵本人年事益高，就不可能每一次都亲自升坛讲学；随着传道的范围越来越广，有些来自偏远地区的居民，他们往返一趟十分不方便等等。这样一些现实的问题使得老祖天师张陵必须采取一些新的传道讲学的措施。

老祖天师张陵想到在各地设立治所，并设立比较固定和专业的人员的方式来解决这些新碰到的难题。他从他的弟子中挑选出比较有修为的分派到各地的治所中去施行传道和教化当地居民。

一般来说，治所设立在人口相对比较集中的地方，以方便当地居民前来学习和参加各种宗教活动。治所的功能就是进行修道、传道、讲习和举行宗教仪式的场所。每个治所都有一组风格简朴的建筑，其主体建筑一般安排在南北中轴线上，叫“崇虚堂”。取这个名字与太上老君的《道德经》有关，因为他在书中说“惟道集虚”。老祖天师张陵老祖天师还教导道民要把“清静虚明”作为人生的态度和追求的目标，而“崇虚堂”的意思大概就是说这里是尊崇虚静以修成正道的地方。在“崇虚堂”中还设有“崇玄台”。这“玄”字也从《道德经》而来，因为太上老君又称“大道”为“玄道”，意思是说大道是很“玄妙”的。在崇玄台上放置有香炉，是用来祭拜太上老君的。此外，在崇虚堂的北面，还有一座叫“崇仙堂”的建筑物，可能在当时的人们看来，那里是得道后与天上的神仙相互交通的地方。

当然，因为中国古代的建筑以砖、木结构为主，很少以石头作为建筑材料，所以难以长久地保存。当年老祖天师张陵在各地所建筑的各类有形建筑，在今天已经看不见了，它们都湮没在岁月的长河中了，只在部分道教经书中还有片言只语的文字记忆。所以，今天那些信道的人只能想象一下那些“崇虚堂”、“崇玄台”和“崇仙堂”到底是一副什么样子——但通常是极尽想象的能力，也难以想象得出它们当初的具体样子的！

老祖天师张陵一开始共设立了二十四个这样的治所。又进一步把它们分为上八治、中八治和下八治。之所以分为上八治、中八治和下八治三个部分，可能是为了对应天、地、人“三才”。在古人看来，天在上，地在下，而人居中。当然，更可能的是受到了太上老君在《道德经》一书中“道生一、一生二、二生三”的启示。

老祖天师张陵之所以分取“二十四”的数字，是因为古代的农历为了让老百姓更为合理地安排农事，按照四季阴阳运行的规律把一年划分为二十四个节气。从这里可以看出，老祖天师张陵创教之始就自觉地效法天地自然之大道，追求天地人合一的精神境界。

后来，随着传道范围的扩大以及入教的人数的扩张，二十四治的设置已经远远不能胜任对教区和教民的管理了，老祖天师张陵于是又增设了四个治，总共就有了二十八治。二十八治中“二十八”之数也不是随便使用的，而是有其更为深层的含义的。“二十八”之数是为了与天上的星宿之数相对应，因为古代把天上划分为二十八个周天星宿区域，这二十八治正好与二十八星宿相对应。

无论是二十四治还是二十八治的时代，均以阳平治为中央教区，但核心教区则有三个，分别是鹤鸣治、阳平治和鹿堂治。这三个区域是老祖天师张陵初到西蜀地区活动比较频繁的地区，所以后来正式设立二十四治(或二十八治)，这三个区域分别设立了治所，成为其中的核心治所。老祖天师张陵年纪大了之后，因为活动能力没以前强，只能经常往来于最早设立的鹤鸣治、阳平治和鹿堂治这三个治所之间，以对其他治所之间的传道事务进行总体规划。

老祖天师张陵还被当地百姓尊称为“天师”。“天师”一词最早出自《庄子》一书。书中提到，当年黄帝抵达襄城的郊外，碰上一位牧马的小童，便问牧马小童如何治理天下的大道理。那位牧马小童随口便说：“治理天下也没有什么特别的窍门，这正如牧马，只要把那些害群之马去掉就可以了。”正所谓说者无心，听者有意。那位牧马小童本来是无心而随口说出的话，却在一心要礼贤下士，寻求治理天下大道的黄帝心中激起了阵阵波澜，认为这些话中蕴含着最高明而深刻的——其实表面上看上去却是那么朴实无华、浅近易明——治理国家社会的哲学思想。

于是，黄帝立马便向牧马小童行跪拜之礼，称牧马小童为“天师”，然后告退。在这则寓言故事中，所谓的“天师”就是指那些得自然无为之道、以天为师的人。老祖天师张陵被称为“天师”，是因为他在西蜀地区的二十四治所施行的是“天师”之道，就是以天为师，法天而行的意思。而通过法天而行来获得自然无为之道，达到教化百姓的目的就自然地被称为天师之道了。天师治世之道与一般世俗政权有所区别，因为一般世俗政权恰恰是违背以天为师之道，所以我们从中看到的是数不清的算计、贪婪、欺诈、虚伪、唯利是从等人性中最阴暗的一些方面。

其实，理解道家哲学和中国历史的人都知道，在黄帝的时候，人类已经开始走出所谓的“原始蛮荒”的状态，而进入所谓“文明的”，有鲜明的分工差别的社会。单纯地从生产效率来看，有分工的“文明”社会当然能生产出丰富多彩的物质产品。但是，从人类精神自由和解放的角度来看，建立在分工基础之上的社会却未必是一个美好的社会，因为有分工就意味着有一部分人是所谓的“劳力者”，劳心者们通常是有闲阶级。有闲阶级的出现就意味着有了一部分人对另外一部分人的压迫的出现。有闲阶级这部分“劳心者”为了保持住他们那种“有闲”的生活条件，就不得不挖空心思，想出各种措施和手段来对付那些“劳力者”，让那些“劳力者”永远维持在“劳力”的状态。所以，我们看到，那些有闲的

"劳心者"为了让那些"无闲"的劳力者维持在"劳力"的状态,可谓是无所不用其极,军队、国家、监狱、警察、法律、政治等等都成了人类历史上空前绝后的大发明,其实这些国家机器背后所隐藏的恰恰是冷漠、占有、算计、贪婪、欺诈、虚伪、唯利是从、自我中心等人性中最阴暗的方面。用后来一句流行话来说,这是一个最好的时代,这也是一个最坏的时代——最好或最坏,要看作出判断的人是站在哪一个角度来说的。

对于乐观的人来说,他们愿意相信,人类文明的进步,尤其是人类科学技术文明的进步,能给人类带来极大的物质财富,最终会让人类战胜自身的所有阴暗面——冷漠、占有、算计、贪婪、欺诈、虚伪、唯利是从、自我中心——并从中走出来,获得永恒的福祉;而对于那些持悲观态度的人来说,他们更愿意相信,虽然人类中的乐观主义者一再地鼓吹人类从所谓的蛮荒时代进入到所谓的文明时代,取得了足以让上帝和神明都感到炫目甚至于妒忌的成就,正如《圣经》旧约中通天之塔的典故所昭示给我们的那样。但其实,人性从来没有变好过,不仅没有变好过,甚至于还变得更坏。科学、技术、艺术、政治、社会等等一切的进步,并不会有助于人性、民风之敦化和淳朴。当年,身处于科学技术和资本主义大发展时代的卢梭就已经提出了这样的看法了,并引起了当时有识之士的极大共鸣。直到今天,当我们在回顾人类走过的这近三百年的历史时,禁不住地要为卢梭当年的远见卓识惊叹不已!

是的,当今天的人们面对这个被现代所谓先进科学技术文明破坏得千疮百孔的地球时;当人们的目光投向那似乎仍然饱受饥荒之困扰的"黑非洲"时,我不知道,那些读者朋友们是否还有信心把这些人类活动仅仅理解成某种人的再正常不过的物质攫取形式。难道聪明的读者朋友们没有看出这些对大自然界的掠夺背后隐藏着那些人类与生俱来的无穷无尽、波涛汹涌、不知休止的贪婪之心?难道我亲爱的读者朋友,当你看到非洲大陆之上,或者我们亲爱的祖国的某个边远的穷困山区,仍然有人连最基本的温饱尚且难以维持,你是否仍然有充分的信心相信,他们的贫穷、落后仅仅是因为这个世界所创造的物质财富太少了?我亲爱的读者朋友,你难道没有想到,这些贫穷的背后不与上文中所说的人性中的种种阴暗面密切相关?

因此,在这样一个所谓的"最好的"时代,我们不仅对人类对地球的掠夺而漠不关心,我们还对人类中那些弱势的群体所遭遇的种种磨难也变得漠不关心了!我亲爱的朋友,当我说到这里的时候,你还是那么乐观地坚信人类是永远向前的吗？难道你心中还没有出现梁漱溟先生当年这样的疑惑，即，“人类会变得更好吗？”

我相信，那些我亲爱的，对人类怀有起码的良善态度和信任的读者朋友们会倾向于认同这个世界是会变得更好的观点。可是，人类文明演变的血淋淋的历史事实却时刻动摇他们对人类这种良善的态度及其起码的信任！因为，至少到目前为止，人并没有变得更好！我们在日常生活中经常会说，让我们展望未来。可是，我亲爱的读者朋友们，你知道吗，人类历史上无数代人都曾经展望过未来，他们可曾在“展望未来中”迎来过人变得更好的那个时刻？

于是，展望未来所迎来的结果，似乎总是失望乃至于绝望的——尽管，在展望刚开始的时刻总是显得那么美好甜蜜，让人豪情万丈，催人奋进！

既然，人类在展望未来的过程中难免会迎来令人失望的结果，于是有很多人干脆就不再展望未来。这些人虽然不再展望未来，但毕竟还在心中保留着对真、善、美的不可遏止的渴求。于是，他们变换了另外一种方式来保留心中那份对人类，对社会的至真、至善、至美的追求。于是，我们看到，人类历史上有那么多哲学家、思想家陷入对人类过去的某种“黄金时代”的追忆之中。

既然是“追忆”，那就更多地只能在想象和思念中回忆！因为作为稍有理智的人都知道，时间在这个宇宙空间中每天都在无声无息地、均匀而无差别、沉静而坚定地迈出自己的脚步，任凭哲学家、思想家伸出看起来是多么强大的手臂试图想挽留它的脚步，它仍然义无反顾地，让人无可奈何地走向历史的深处！古人不是有诗说，无可奈何花落去！落去的表象虽然是花，但本质上却是时间的消逝！

因此，那些人类历史上的美好的时代看来是无可挽回地成为过去了！

所以，作为在这个大地上诗意地栖居的人来说，悲剧构成了人的存在底色，因为向前看，碰到的几乎肯定是失望，乃至于绝望；向后看，虽然能看到曾经有过的美好的“黄金”般的时代，能暂时给沉沦于当下的人增添些许温暖的色调，但那些无可挽回的过去最终带给人们的只是些关于至真、至善、至美的记忆的碎片！那是会让活在当下的人生凭空添上无尽的悲愁情恨的！

但令人惊讶的是，就中国的思想文化传统来说，是很习惯于欣赏、表述这种“两处茫茫皆不见”的悲愁情恨的情绪的！翻开任何一本唐诗宋词，那些用最优美的词藻写成、最能打动人心、被认为是最伟大的诗词作品的主题，几乎都在反复而孤独地申诉着、传达着人的这种“两处茫茫皆不见”的存在的情绪。

但究这种“两处茫茫皆不见”的情绪的起源，则可以上溯至先秦以老子、庄子为代表的道家哲学。不是人类的所有情绪都可以升华而转化为哲学的主题的。但中国人那种“两处皆茫茫皆不见”的复杂情绪却做到了这一点，成为中国道家道教哲学中的永恒主题！这不能不说是老子、庄子的伟大功绩。老子在他的哲学著作《道德经》中告诉我们，“知识”，那种被用来获取功利的知识，对于人生的觉悟是没有用的，滥用“知识”会让我们对物质的欲求泛滥成灾，会让我们看不清人生的真相，并迷失在错误人生的道路上。

老子还教导我们，这个所谓的“文明时代”并不是一个真正幸福的时代。真正的幸福人生应该是安宁、祥和而平静的。可是，在一个所谓的“文明的时代”不仅不能为人们提供一个安宁、祥和而平静的环境，相反，它还处处刺激、引诱甚至鼓励人心中升起无穷无尽的占有欲望。比如，对物质的占有；对善良、名誉(如自我标榜仁爱、慈悲)的占有；乃至于对“美”的占有等等。当人们为着这样一些目标而努力奋斗的时候，其实已经远离了安宁、祥和而平静的“心态环境”了，会变得浮躁、骚动乃至于喧嚣。

回到我们前文所提到的那个问题：人类会变得更好吗？老子对这个问题的回答是：只要人类社会的精神世界的“基本架构”不能改变的话，人类永远不会变得更好。为什么这么说？什么是人类社会的精神世界的“基本架构”？

所谓人类社会的精神世界的“基本架构”指的是人类理解世界的基本模式，那就是把世界划分对立而不是可以圆融相通的两面。比如，《道德经》提道：高尚之所以为高尚，是因为我们默认了卑下存在的合理性、正当性。要是没有了卑下的存在，我们怎么能区分并标榜自我是高尚的呢？同样，儒家标榜的仁、爱、礼、智、信从根本上也是一种二元对立的划分世界并加以理解的方式。这种方式默认了不仁、不爱、不礼、不智、不信存在的合理性、正当性。没有这些“不道德”行为的存在，就不能显示出仁、爱、礼、智、信的优越性。

老子还进一步告诫我们，人类之所以倾向于这种把世界划分为截然对立的二元，并乐此不疲，是那些深深地植根于人性之恶的结果。因为人们总是要通过与他人的比较而获得优越感、快乐感，从而获得自身的存在感！当我们看到别人比我们贫穷或悲惨时，我们会与之参照，确证自身的存在，从而认为自己是“幸福”和“快乐”的。这个世界的残酷现实正是，有一部分人多了，同时就意味着另一部分人少了。一部分人充盈了，另一部分人就会变得缺失了。

当然，面对他人的贫穷或悲惨际遇，我们也会生出同情之心、怜悯之意，但是这种同情和怜悯是以默认把这个世界划分为二元对立的两面的结构的合理性、正当性为前提的，所以这些被很多人所标榜赞美的同情怜悯之心是廉价的，它并不有益于人类社会通往一个永恒的受福祉荫佑的社会。

写到这里，我相信亲爱的读者朋友一定明白了这样一个道理，这个世界的真相事实上是那么的简单！但，因为我们已经太长久、太习以为常地与这个世界亲密地接触在一起，以至于我们连这样一个那么简单的真相都难以想明白。之所以难以想明白，是因为我们常常处于一种缺乏从哲学上来反思自身精神世界的状态。

笔者相信，先秦以老子、庄子为代表的道家哲学是具备这样强大的反思人类自身传统的能力的。所以，我们看到老子在《道德经》中一再地告诫我们，要从那种把世界划分为截然对立的二元的思维方式中跳出来，把一切的贪婪之念、华美声名、占有之欲放下，然后作为个体的人就会回归到如婴儿般“无知”的，与善恶、美丑无关的自然状态。作为群体的人类就会回归到如小国寡民般“纯朴”的与高贵、贫穷无关的大道流行运化的时代。

当然，后来庄子也告诉我们，当一个人把那些深植于人性最深处、根深蒂固的“恶”放下之后，就会重新回到无何有之乡。在那里四目所及之处，只有冰雪般的圣洁，每个人似乎都已经洗刷尽尘世之国的种种罪恶，一个个都绰约如“处子”！

于是，在道家哲学中，小国寡民、无何有之乡，或者“藐姑射之山”就具有了更为深层次的精神象征的寓意，它承载着人类千百年来所苦苦追寻精神家园的梦想，它们成了一种象征，人类精神家园的希望之乡的象征！

但，正如我们在前文中所提到的，人类无可挽回地走向了一条远离他们所从之而来的不归之路。一路叫嚣着狂奔向前，他们很匆忙，甚至来不及多看一眼他们的精神故园，以至于他们离先秦道家哲学为我们所建构起来的精神希望之乡渐行渐远。

但，并不是所有的人都乐意，尽管从表面上看是不得不，跟随别人一路叫嚣着狂奔向前的。中国历史上历朝历代均不乏如老子、庄子那种具有天才的反思人类、人性能力的人。这些天才的思想家们在被动地狂奔向前的过程中，常常因为没有了精神家园的希望之乡的庇护而被摔得遍体鳞伤，精神上的遍体鳞伤！于是，“还乡”成了这些具有天才反思能力的人的思想世界中最重要的主题。他们中的一些人因此而成为哲学家，所以我们在他们所写的哲学著作中常常能体味到他们浓浓的精神思念和对希望之乡的“乡愁”。但他们中更多的人则成为文学家、诗人、画家或音乐家，所以我们能从中国历史上的诗词、散文、绘画和音乐中很轻易地解读出纠缠于他们精神世界中的永远也无法解开的还乡情结。

所以，对先秦以老子、庄子为代表的道家哲学所建构起来的中国人内心深处的精神希望之乡的表达形式是多种多样的，可以是哲学的、文学的、绘画的乃至于是音乐的。这些表达形式当然是比较多的被关注到了的。

那么，比较少关注到了的形式呢？例如，以宗教信仰的形式。

在笔者看来，老祖天师张陵当年于巴山蜀水之间设立二十四治，并向当地的居民传播老子的哲学思想理念的时候，是在用自己的实际行动和方式向老子精神家园的希望之乡的回归。我亲爱的读者朋友，你们难道没有从老祖天师张陵前六十年人生的苦苦追寻中体会到他摔得遍体鳞伤之后那痛彻心扉的哀鸣？真的一点也没体会到吗？我不相信！

当老祖天师张陵来到巴山蜀水之间时，当他看到当地居民那种淳朴天成、自然而毫无矫作之态的民风时，他一定想到了老子《道德经》中所描述“小国寡民”社会。这点燃起了老祖天师张陵老祖天师心中意欲建立起一个现实中的精神希望之乡的激情和希望。这就像是在一张洁白无瑕的纸上，可以完全按照自己的构想来作画一样！

所以，我们看到，在二十四治背后其实留有很多与上古所谓的“黄金时代”遥相呼应的元素。最能表明老祖天师张陵意图回归老子精神世界的希望之乡的证据，还在于他亲自注解《道德经》，并用来教化当地居民。

另外，二十四治在某种意义上确实可以看作是先秦道家哲学精神世界的希望之乡的现实摹版，它在当时就吸引了不少来自中原地区的汉族人士投入到她的怀抱之中。

这里有必要就二十四治的名称（后来则发展为二十八治），在各地的分布情况作一个简要的介绍。尽管这样的介绍中离不开大量枯燥、似乎毫无生气的历史资料的摘录，但请亲爱的读者朋友们能多一分耐心，允许我把它一一介绍给大家。因为，这些看似枯燥的毫无生气的资料承载的正是老祖天师张陵当年对精神世界的希望之乡堂吉诃德式的坚守、执著，以及一种颇具有开创新意的诗意回归。

就二十四治分布的情况看，绝大部分都分布在巴蜀境内，治所一般都在山上。其中上八治是：

第一阳平治，治所在蜀郡彭州九陇县的金城山；
第二鹿堂山治，治所在汉州绵竹县的鹿堂山；
第三鹤鸣山治，治所在大邑县的鹤鸣山；
第四漓沅山治，治所在彭州九陇县的白鹿山；
第五葛璝山治，治所在今彭州九陇县的葛仙山；
第六庚除治，治所在广汉郡绵竹县的庚除山；
第七秦中治，治所在四川德阳的浮中山；
第八真多治，治所在四川金堂县的云顶山。
中八治是：
第一昌利治，治所在四川金堂县的栖贤山；
第二隶上治，治所在四川德阳县的升盘山；
第三涌泉山神治，治所在德阳县的涌泉山；
第四稠稉治，治所在新津县的稠稉山；
第五北平治，治所在彭山的天柱山；
第六本竹治，治所在新津县的文峰山；
第七蒙秦治，治所在四川西昌的泸山；
第八平盖治，治所在新津县的平盖山。
下八治是：
第一云台山治，治所在四川阆州苍溪县的云台山；
第二浕口治，治所在陕西省汉中勉县的老城乡；
第三后城山治，治所在古汉州什邡县；
第四公慕治，治所在什邡县的李家山；
第五平冈治，治所在新津县的灵山；
第六主薄山治，治所在四川蒲江县内的长秋山；
第七玉局治，治所在成都市南门；
第八北邙山治，治所在河南洛阳的北邙山。

后来增设的四治分别为：

冈氏治、白石治、钟茂治、具山治。

以上这四治都在当时的都城洛阳东北部。

当然，为了维持各治所管理机构的正常运转，就需要有一定的经济基础。为此，老祖天师张陵采取了一定的经济措施，他要求每位加入治所接受教化的信众须交纳信米五斗。东汉时期的斗的容量比现在少得多，五斗大概相当于后来大斗的一斗，也就是10升米，大约15公斤米左右，这与中原地区繁重的赋徭役相比，是微不足道的，并不会造成巴蜀居民的经济负担。

另外，前文中提到，老祖天师张陵还经常为当地百姓治病。老祖天师张陵的医术很高超，治病的方式法门往往不同，却能治好各种疑难杂症，常常能做到药到病除。而当地那些家景比较富裕的病人家属为了感谢老祖天师张陵的救命之恩，通常会拿出家中不少钱财物作为答谢之礼。可老祖天师张陵通常只收取他们少量的财物，并把这部分财物作为各地治所的日常开支。而对那些家庭困难的病人，如果有学道、修道之心，在治好他们的疾病之后，老祖天师张陵也并不一定要他们交纳五斗信米。后人把老祖天师张陵所创立的这种以交纳信米五斗作为取得教会资格的宗教形式通俗地称之为“五斗米道”。五斗米道是道教初创时期的宗教形式，是一种比较形象以及口语化的称呼。

各加入五斗米道的信众所交纳的信米、财物除维持各治所正常的运行而消耗掉一部分外，还会剩余一部分，它们会被集中起来，放置在各治所的仓库（教内称之为“天仓”）之中。如果碰上大旱或大涝之年，当地居民的粮食收入会减少，就会出现饥饿的惨状，这时候老祖天师张陵就会命人打开“天仓”，把米分发放给那些饥民，帮他们渡过难关。

我们知道，东汉末年的中原地区，饥荒连年，加之战乱，战死饿死的人不可胜数，以至于出现了“千里无鸡鸣，白骨露于野”的情况。而中原地区所发生的这种十分悲惨的场景却没有在老祖天师张陵所教化、治理下的二十四治（后来则是二十八治）发生过，这不能不说与老祖天师张陵所采取的交纳五斗信米，将财物集中起来，并统一调配使用的集体主义的经济措施有关。后来，当曹操率领大军攻占西蜀二十八治的时候，看到当地物产丰富，百姓安居乐业的场面时，非常叹服老祖天师张陵和他的孙子张鲁在巴蜀地区的教化治理工作，并特别优待张鲁，封他以侯爵之位。

老祖天师张陵还在每一治所设立“祭酒”一职。祭酒总理各治的宗教、文化教育、户籍管理、经济等事务。“祭酒”源自古代举行宴会的时候的主持人一职，一般由德高望重的长者担任。老祖天师张陵把这一称呼借用过来作为各治所最高管理者和教化者的职务名称。在一般情况下，祭酒一职是世袭的，父死子嗣。祭酒下还设有一些辅助祭酒工作的职务，主要有将军、校尉、主簿、领神、监神、督察、功曹、书吏、从事、仙官等，他们分别承担不同性质的职能工作。

老祖天师张陵所设立的“祭酒”一职，大概相当于中原地区的地方行政长官。而“治”大概相当于中原地区的地方州、郡或县一级的行政单位。汉代的地方行政长官大致有“令”、“太守”和“牧”一类的称呼，老祖天师张陵舍之不用，大概是与他早年的为官经历有关。老祖天师张陵是不满于当时中原地区官场的黑暗、腐败才归隐山林的。后来，虽然皇帝屡次征诏老祖天师张陵，但他都坚辞而不就，这说明他对世俗政权已经失望至极。为了表明自己所设立治所的教化治理机构与中原世俗政权之间能有所不同，他才对治所的管理部门的职务采用了一些新的名称。这表明，老祖天师张陵为了使劳苦大众免于沉重的社会苦难，为了构建他们心目中的精神的希望之乡，确实在现世治所的机构设置、管理人员名称等方面有过十分严肃而认真的思考。各治所的建筑风格、管理机构、人员的名称等方面均体现出他头脑中的一些新的观念和想法。

各治所每年都要定期举行一些集体的活动。这些活动主要有“付天仓”和“三会”。所谓“付天仓”是指入会的五斗米道信众在每年的十月一日交纳信米五斗给各治所的祭酒的仪式。刚才讲到，“天仓”是存放粮食的仓库，而“天”表明五斗米道信众内心的虔诚性，他们对“道”教信仰的神圣性，以及所交纳信米的用途的公益性。

所谓“三会”，是指每年在“天师治”（阳平治）所举行的三次朝会（面见五斗米道的最高宗教领袖天师，聆听天师的教诲，并请求天师赐福祛祸等宗教性质活动的集会）。于正月十五日举行的称为“上会”，又称“举迁赏会”；七月七日举行的为“中会”，又称“庆生会”；十月五日举行的为“下会”，又称“建功会”。此外，各治所每年还要举行一些其他的宗教活动，这些活动主要有宣行道法、设厨会、授箓会等。

宣行道法主要是为患有疾病的人举行，届时要为道民上奏于天神，祈求上天恩赐，祛除病人的疾患。而设厨会，主要是为那些违犯科法的道民，或生前犯有罪过的亡灵举行，届时要设立宴饮，举行科仪，请求神明赐以恩典，赦免他们所曾犯下的罪过。

而授箓会主要是为刚入道的信众举行。凡加入教会的道民，都要接受法师的护身符和三戒，然后由天师统一授箓。授箓之后，就意味着此人已正式获得了入道的资格。这些护身符都是经过天师施行法术的，而箓则有多种，都具有通神的功能，可以起到治病、消灾和辟邪的作用。

老祖天师张陵宽惠爱民，但对犯错的信众也会施以一定的惩罚措施，其中一种十分有趣的惩罚措施就是他对那些隐瞒了自己过错的道民罚以修路一百步。罚修路是一项很有创意的处罚措施，一方面，因为修道路与修道读音是相近的，这样的惩罚措施可以起到坚定修道者的决心、时刻不忘记自己修道使命的作用。另一方面，修道路也可以看作是一项十分有意义的公益事业，可以方便大家，使犯错误的人放下小我，投入大我的怀抱。同时这也是道门中人慈悲、仁爱之心的外化表现形式。这一优良传统被后世道门中人所继承，所以，我们常常会看到，无论宫观建筑地处多么偏僻的地方，一般都有铺设得很好的道路相通，这实在是与当年老祖天师张陵对犯错的道民罚以修路的惩罚措施所培养起来的道门习俗相关。

当然，老祖天师张陵对那些犯法的人主要以说服教育为主，让他们知道犯法是一件耻辱的事情。对于那些犯法的人，老祖天师张陵要先原谅三次，对那些屡教难改，继续犯禁违科的人才动用刑法进行惩治。

孔子说，以严酷的刑法来治理百姓，百姓一般只求免于酷法的惩治，却不会去想犯法有什么耻辱感，从而不利于培养他们自觉地向善之心。而如果能以仁德来治理百姓，以礼仪来规范百姓的行为，那么老百姓才会有羞耻之心，也才可能有文明的举止和遵纪守法的习惯。老祖天师张陵自幼熟读百家之书，是十分明白这个道理的。更重要的是，老祖天师张陵在明白了这个道理之后，还把它应用在治理、教化西蜀百姓的实践当中，这就比仅仅明白道理更进了一层。这也就是后人所称赞的老祖天师张陵"以廉耻教民"的原因。

老祖天师张陵因为创立了五斗米道（其实，正式的名称应叫"正一盟威之道"），这也就是后来又称五斗米道、天师道为"正一道"的缘由，它永远被后人所记住。唐天宝七年，老祖天师张陵被当朝皇帝册封为"太师"；唐僖宗中和四年，被封为"三天扶教大法师"。宋理宗加封他为"正一静应真君"，后世道教信众则尊称他为"正一法师"、"泰玄上相"和"降魔护道天尊"等。

人因地而灵，地因人而名。那些老祖天师张陵曾经诗意地栖居于其上的大地，并在上修道、传道、授徒和教化过的地方，今天大多已经成名胜古迹。因为，那些地方曾经承载过老祖天师张陵毕生为之苦苦追寻、奋斗并仰望过的精神家园。

第七章

老祖天师张陵的羽化及其所开创的天师道派

一、鹤鸣青山:老祖天师张陵的羽化

鹤鸣山在今四川省成都市大邑县西二十五里处,属青城山向西延伸出去的支脉。从形状上看,鹤鸣山像一只振翅欲飞的仙鹤。在古人看来,鹤鸣九天,必有仙人出世,因此鹤又总是与道人修道成仙联系在一起的。在老祖天师张陵来鹤鸣山之前,据说秦代的马成子已于此地修道成仙。老祖天师张陵之后,明代的张三丰也是在此修道成仙的。传说山中有石鹤,如果石鹤鸣叫,则有人骑鹤升仙而去。

公元156年,这一年无论是对于老祖天师张陵还是对于他膝下的弟子们,以及当地居民来说,都是一个具有特殊意义的日子。老祖天师张陵在这一年中再度感应了太上老君。老祖天师张陵生于公元34年,到公元156年,他已经是132岁的老人了。一天傍晚,在做完晚课之后,老祖天师张陵突然感到一丝倦意,于是便在鹤鸣山天柱峰顶的一张小桌子上小憩一会儿。很快,老祖天师张陵便进入了梦乡。在梦中,太上老君再度降临在老祖天师张陵的面前。太上老君用深情的眼神看了看这位与自己同样须发斑白的老人,这目光是敬意,是爱怜,是感激还是……

老祖天师张陵深知这目光的含义。自从在龙虎山接受了太上老君的教诲和嘱托之后,老祖天师张陵更是一刻也不敢停歇,几乎把整个后半生全投入在行医、教化、传道和修道等活动上,而在鹤鸣山居民的教化工作上也取得了丰硕的成果，他自己对生命和宇宙大道自然的理解也越来越深、越来越远。每每想到这些，老祖天师张陵心中就有一种莫名的欣慰和幸福感。

其实，太上老君此次降梦于老祖天师张陵主要有两个目的。一是告知老祖天师张陵在尘世的修行已经功德圆满，不久将会听到鹤鸣山的石鹤鸣叫之声；二是来告诉老祖天师张陵，他的子孙将因此为上苍眷顾，将在龙虎山中世袭而为“天师”，但过程不会一帆风顺！

永远地离开这片我们曾经深爱过的，曾经诗意地栖居过的大地，对于我们每个人来说这永远都是一个无比沉重的话题。可是，理智告诉我们，我们永远无法回避它，也无法拒绝它。但愿，那些已悟道、得道之人如老祖天师张陵这样的人在面对它时，不会像我们这些凡夫俗子们的心情那样沉重吧！

梦中醒过来之后，老祖天师张陵随之招来膝下最亲密的几位弟子以及他的儿孙来到自己的房间。他先看看跟随了他大半辈子的王长。他知道，王长是众弟子中最早得道的，王长向他点了点头。老祖天师张陵对王长并不担心。然后看看赵升。赵升是老祖天师张陵到鹤鸣山之后才收的弟子，他虽出身寒微，可很有悟性，并且意志坚定，一心向道，不为名利和女色所动。老祖天师张陵曾对赵升施以各种考验，他均顺利通过。老祖天师张陵对赵升也很放心。

随后，老祖天师张陵用目光一一打量了其他几位弟子，他知道，经过这么多年的教导以及众弟子自身的苦修，他们都已经对于天地自然造化大道有所领悟。假以时日，都会有所成就。老祖天师张陵的目光最后落在其子张衡的身上。张衡此时年纪也很大了，早已是两鬓斑白的老者，对生死大关也早已悟透。老祖天师张陵知道张衡待民宽惠，为人仁厚，又勤加修炼所传授的道法。深知自己所开创的事业必能通过张衡发扬光大。老祖天师张陵此时知道，在天师的继承人的问题上已经没有什么好交代的了。但老祖天师张陵心中还是闪过一丝隐隐的担忧，他不知道由他所开创的道派在以后到底还要碰到什么样的艰难险阻。

虽然房间里的众人都对生死有很深的领悟，但真正到了生死离别的时刻，他们脸上还是露出难过之色。老祖天师张陵这个时候脸上则露出了安和慈祥的笑容，缓缓说道：“你们都不要难过了吧，道人行事强调自然，我们来到这个世界以及离开这个世界都不过是某种偶然的机遇所造成的。每个人最终都要归于那芒芴之间的无何有之乡。其实那才是我们所由而来的故乡，那是回归我们宇宙母亲的怀抱，那其实是一种莫大的幸福呐!"

停了一会儿，老祖天师张陵想起还有一件事要交代张衡。只见老祖天师张陵缓缓开口说道："世事变化无常，为父虽设立了二十四治，创教施化70余年，可是也难保它会永远存在下去。如果将来因为天灾人祸，它要灭亡就由它去吧，能让为父感到最欣慰的一件事是我们所传之道能够在百姓心中扎下根，这是不会随着治所的消失而消散的。昨晚太上老君于梦中还提到上天将要荫佑张家子孙，让我们张家的子子孙孙们在龙虎山世袭而为天师。我知道太上老君说过的话一定是真的，我的后世子孙中肯定有人会再次迁入龙虎山中的。"说完这些话，老祖天师张陵让人拿来都功印、符、剑、箓等法物交给了其子张衡天师。随后，老祖天师张陵溘然闭上双眼，驾鹤西去。

其时，已是秋天。秋风吹落了树叶，那金黄的树叶随风起舞，只见数只仙鹤从鹤鸣山中冲天而起，伴随着鹤唳之声，颇显萧瑟之意。

对得道之人来说，这秋天也意味着凄楚么？它不会也饱含着丰收的喜悦之情么？是该凄楚或是喜悦呢？

二、天师之道："五斗米道"、"天师道"和"正一盟威之道"的含义及其在道教史上的地位和影响

老祖天师张陵在巴蜀地区开创道教的时候，要求入道的信众交纳"信米"五斗，并以廉耻教导当地百姓，因此后人把老祖天师张陵在巴蜀地区所创立的宗教组织形式形象地称之为"五斗米道"。可是从相关的文献来看，"五斗米道"这一名称并不是一种正式的称呼。事实上，老祖天师张陵称自己所创立的道教组织并不叫"五斗米道"，而是"正一盟威之道"。"正一盟威之道"正是老祖天师张陵所创立道派的正式名称。

正因为当年老祖天师张陵在西蜀地区有过这么一段"正一盟威之道"的历史，所以到了后来，老祖天师张陵的后世子孙于龙虎山所传之道无论在官方还是民间都被称为"正一道"。这"正一道"之名其实就出自当年老祖天师张陵所开创的"正一盟威之道"之称。

另外，当年老祖天师张陵在巴蜀地区传道的时候也曾被尊称为"天师"，而

"天师"一般是对得道之人的尊称,故后世又用"天师道"来指称老祖天师张陵在巴蜀地区所创立的道教组织形式。

这样就出现了三个不同的名称用来指称老祖天师张陵所开创的道派,即"天师道"、"五斗米道"和"正一道"。也许我们可以在不太严格的意义上把它们看成是异名而实指的三个概念。但其实,它们之间的内在含义还是有所区别的。为了准确起见,我们有必要把它们内在的宗教文化意蕴作一些简要的解释。

"五斗米道"只是一种民间口语化的最通俗的叫法,也是最易于为人们记住的一个名称。"五斗米道"中的"米"字表明了当初所传之道的民众性,因为"米"一般是与从事农业生产的农民紧密地联系在一起的,它是最直接关系百姓生活的物品。所以,"五斗米道"中的"米"能充分传达出该道派的民间和草根色彩。这种色彩与官方所倡导的所谓儒家"精英式"的官方宗教是很不一样的。为了更充分地理解五斗米道派中的民间和草根色彩,我们还是先从宗教史的角度回顾一下。

我们知道,对于汉民族来说,在炎黄帝时代曾出现过一个叫"绝地天通"、对后世影响深远的宗教历史事件。《国语》中对"绝地天通"这一宗教历史事件作了这样的记载:

昭王问于观射父,曰:"《周书》所谓重、黎实使天地不通者,何也?若无然,民将能登天乎?"对曰:"非此之谓也。古者民神不杂,民之精爽不携贰者,而又能齐肃衷正,其智能上下比义,其圣能光远宣朗,其明能光照之,其聪能听彻之。如是则明神降之,在男曰觋,在女曰巫。……于是乎有天地神民类物之官,是谓五官,各司其序,不相乱也。民是以能有忠信,神是以能有明德,民神异业,敬而不渎,故神降之嘉生,民以物享,祸灾不至,求用不匮。及少皞之衰也,九黎乱德,民神杂糅,不可方物。夫人作享,家为巫史,无有要质。民匮于祀,而不知其福。烝享无度,民神同位。民渎齐盟,无有严威。神狎民则,不蠲其为。嘉生不降,无物以享,祸灾荐臻,莫尽其气。颛顼受之,乃命南正重司天以属神,命火正黎司地以属民,使复旧常,无相侵渎,是谓绝地天通。

这段引文借昭王和观射父之口对发生在上古"绝地天通"的宗教历史事件作了一些说明。昭王问观射父:"《周书》中记载有上古的重、黎两个人能使天地不通,这到底是一件什么样的事?如果不是他们两人使天地不通,上古的百姓是不是真能上天下地?”而观射父回答说:“不是那么一回事。”观射父接着说:“上古时期的百姓心念纯正,天上的神明也对他们格外佑护,那时候神明通过男女巫觋,让他们传达天上神明的旨意。围绕这些,巫和觋又设立了辅助他们完成与天神沟通之类的五官。这些官员各司其职,整顿社会秩序。百姓敬神,神灵护佑百姓,所以他们的职责分得很清楚,社会也很少遭受天神的惩罚,因为天神不会无端地降下灾祸。”

后来,到了少皞氏的时代,出现了“九黎乱德”(“九黎”指的是南方的少数民族部落)的事件,百姓与神明糅杂在一起,每个家庭都设立祭坛,对于神明和先祖,随便祭祀,不遵守章法,淫祀无度,这样就搞乱了法度,社会道德秩序也因此败坏。虽然普通百姓经常祭祀,可这并不是真正的出于敬神之心。天上的神明因此而愤怒不已,降下灾祸来惩罚他们。后来到了颛顼氏的时代,才命令南正重司天嘱咐诸神,又命令火正黎司地嘱咐百姓,要求他们恢复旧日的宗教祭祀秩序,不要神民糅杂在一起,这就是“绝地天通”。

历史学家告诉我们,炎黄帝时代是一个阶级分化极为明显的时代。那时候炎黄两大部落联合起来,发动了大规模的兼并战争,打败了南方的蚩尤部落,统一了黄河流域的绝大部分地区。伴随着统一进程的进行,宗教这一文化现象在仪式、观念和组织上都发生了很大的转变。这种转变的典型形式就是上古文献中记载的所谓的“绝地天通”。“绝地天通”的本质就是由代表少数统治阶级利益的宗教祭祀人员垄断与天上神明相沟通的权利。上边的引文为了论证重、黎“绝地天通”的合理性、正当性而想出了各种理由,但是这些理由的背后并不能掩盖颛顼改革前原始先民们“夫人作享,家为巫史”这一历史事实。而在“绝地天通”后,这种情形完全改变了,出现了专职的与神灵沟通的宗教人员,宗教事务被这些专职人员垄断了。这些巫师一类的人是神界在地上的代表,他们一方面传达神的口谕;另一方面,他们又与世俗政权牢牢地结合在一起,发挥着整合百姓思想意识形态的作用。经过“绝地天通”这一宗教历史事件后,对于生存于中原地区的汉族百姓来说,他们丧失了直接与天神沟通的权利,神明的旨意只能通过所谓的巫史一类人物来传达。对于这些汉族民众来说,表面上是在尊崇神明的旨意,但实际上是常常不得不屈从于专制统治者的意志。

可是,发生在汉民族地区文化历史上这类“绝地天通”的宗教事件在边远的少数民族地区却没有发生过。当年老祖天师张陵到西蜀传道时仍见到当地百姓中巫术盛行，居民中普遍举行宗教仪式和活动（例如以活人祭祀神灵、淫祀等），这些宗教崇拜形式保留较多的原始遗风，在场面上看显得有些野蛮，并具有较多的血腥意味。尽管如此，这样的宗教崇拜形式毕竟是属于当地居民自己的宗教崇拜形式，表达着他们对神明的态度、情感、期盼和希望。当地居民正是通过这种比较野蛮和带血腥味的崇拜形式来表达他们心中的宗教情感和体验的。严格来说，与中原地区经过“绝地天通”之后所形成的国家宗教祭祀仪式相比，这种宗教情感和体验是一种更为直接和自由地表达信仰者内心的宗教信仰的方式，具有较多的民众性和质朴性的色彩和意味。无论如何，这是一种更能直接体现民众的宗教精神风貌的崇拜形式。

老祖天师张陵入巴蜀地区传教之后，他最看重的一点就是当地民风的淳朴。他知道当地居民身上表现出来的是对宗教的依赖和虔诚，他们天生就具有宗教情感、体验和对神明的虔诚态度，这都是所谓汉民族地区的“文明”民众所不具备的。老祖天师张陵所要做的事情就是把当地居民身上的宗教精神气质通过适当的形式予以表现，并去掉当地宗教崇拜活动中原始的野蛮和血腥意味。为此，老祖天师张陵决定通过定期举行宗教科仪活动、让当地居民接纳新的神灵对象和新的宗教哲学理念、严禁淫祀以及以活人祭祀鬼神等来完成对巴蜀地区的原始宗教的改造和创新。“五斗米道”正是这种改革和创新的结果。

而老祖天师张陵让信众交纳信米五斗，表明这是一种带有深厚大众性色彩的宗教形式，因为“米”与百姓的生产生活最接近，最与百姓的生活息息相关。同时，“米”最能表现古代田园牧歌式的诗意的生活意境。

五斗米道中的“斗”字表明老祖天师张陵向当地百姓传达了这样一种宗教理念：对生命的重视和热爱。因为，据我国研究道教的泰斗级学者卿希泰先生考证，这“斗”字当与老祖天师张陵所传之道强调要崇拜五方星斗有关。在中国古代，南斗和北斗是与生和死的观念相联系在一起的：人们的出生要经过南极星君，而死的时候则由北斗星君在生死簿籍中注销其名字。重生的观念在我国可谓具有根深蒂固的传统，寻求此世生命的快乐和意义，使自己生命体保存完好，追求生命的长存不朽，这些观念均是中原地区的华夏文化中非常核心的理念。“五斗米道”中的“斗”字正曲折地表达出老祖天师张陵所传之道中所包含的重视生命的理念。经过老祖天师张陵在西蜀地区数十年的传道活动，这样一种重视、爱护生命的精神理念也终于在当地居民中生根发芽，并最终成为中国土生土长的宗教——道教的核心理念之一。

以上是由老祖天师张陵所开创的"五斗米道"这一道教初创形式的道教称谓内在的宗教意蕴。我们可以再结合老祖天师张陵早期的为官经历来对五斗米道进行一番新的审视，也许可以另外得到一些新的收获。我们知道，老祖天师张陵早期有过一段很短的为官经历。到后来，老祖天师张陵弃官而归隐于北邙山中，汉明帝和章帝数次征召他入朝为官，老祖天师张陵均委婉地加以拒绝。这其中的原因就是老祖天师张陵深知在当时汉代官僚机构的体制之下是绝不可能允许一般的普通百姓拥有与天界神灵直接沟通的权利的。这一点，是由集权机构的本性所决定的。而老祖天师张陵心中一直有一个挽救生民于沉重苦难（不仅是物质意义上的，它还是精神信仰意义上的苦难）之中的理想和抱负。经过长达数十年的深思熟虑，当老祖天师张陵到达西蜀地区之后，终于以"五斗米道"这种宗教形式呈现在世人面前了。也就是说，"五斗米道"承载着老祖天师张陵的社会理想和宗教信仰理想，体现出老祖天师张陵济世救民和博爱众生的宽大胸怀。

当然，老祖天师张陵所传之道的正式名称叫"正一盟威之道"。所谓"正一"的意思是"真正不二"，而"盟威"中的"盟"大概指的是老祖天师张陵要求加入五斗米道的教民与天上的神明订立的盟约，而"威"大概指的是在盟约订立之后，就具有了神圣性，因而道民就必须遵守教会的戒律，勤加修道，心中要时刻有对天地神明的敬畏之心，不能随便违背与神明所订立的盟约。

前文中已经提到过了，老祖天师张陵在巴蜀地区传道时非常重视与神明所订立的契约关系，强调以真诚的忏悔之心来获得神明的谅解，这从老祖天师张陵所施行的道法如"三官手书"、"靖室思过"、符水和符箓治病等道门法术中均可看出，因为老祖天师张陵所创立之道门法术均强调所受之人内在之虔敬之心，要有真心向神明忏悔之心意。

当然，"天师道"这一名称在老祖天师张陵时代并不是一个常用的名称。我们知道，"天师"之名出自《庄子》书中一篇名叫《徐无鬼》的文章，一般是对那些得道之人的尊称。虽然老祖天师张陵在巴蜀地区创立道教之后，也曾经在某些场合被称作"天师"，但据流传下来的文献来看，其实这种称呼并不是十分普遍。至于"天师道"这一名称，它在老祖天师张陵时代就更为罕见。大概称老祖天师张陵为"天师"是想表达因老祖天师张陵道法非常高强，而对他的道法修为充满惊奇、崇拜和赞叹之情。一般来说"天师道"这一称呼的流行还是老祖天师张陵之曾孙张盛天师携祖上所传之信物到龙虎山收徒传道之后的事情。到了张盛天师之后，继承了老祖天师张陵所开创的五斗米道称其宗教领袖为"天师"的传统，并且越来越经常，越来越正式。这样，后来的人就越来越普遍地用"天师道"称呼由老祖天师张陵所开创的"正一"道派。

通过以上的分析可以看出，"五斗米道"、"天师道"和"正一道"三者之间有着很紧密的内在联系。当然，它们三者之间也有着比较微妙的区别。从出现的时间先后顺序上来看，"五斗米道"之名可能出现得最早，"正一盟威之道"和"天师道"两个名称相对而言，大概是比较晚出的。从使用的普遍性上来说，"五斗米道"在老祖天师张陵刚开始创立道教之新道派的时候应该是使用得最为普遍的，以至于在正史中都用"五斗米道"的称呼，而不是用"正一盟威之道"的称呼。而"正一盟威之道"和"天师道"在当时相对不如"五斗米道"的名称使用普遍。但是"五斗米道"的名称使用的时间则不如其他两个名称长。到后来，老祖天师张陵的继承者面临着新的形势，所以并不一定要求入教的信徒交纳信米五斗，故而"五斗米道"的名称也就渐渐地废弃而不常用了。再到后来，"正一道"和"天师道"则是使用得最为普遍的两个名称。就"正一道"和"天师道"这两个名称而言，前者是比较正式的称呼，较多地出现在官方正式的文献中。相对而言，"天师道"则更为通俗化些，民间称"天师道"的要更多些。

我们知道，东汉末期所开创的早期道教派别主要有两派，一派是太平道，主要传播于中原地区。太平道在后来遭到了军阀政权的残酷镇压；另一派就是由老祖天师张陵所创立的五斗米道，它经过老祖天师张陵及其后世子孙、众弟子们的不懈努力，这一道教早期形式终于趋于完善，并一直流传下来。就老祖天师张陵在巴蜀地区所开创的五斗米道派来看，它具有完善的宗教组织机构——二十四治所；有完善的宗教组织管理人员如都功、祭酒等；有自己所信奉的教义和经典，如老子的《道德经》及老祖天师张陵和其子、其孙对《道德经》所作的注释——《老子想尔注》等；有定期举办的宗教仪式如三元日、付天仓等活动。从这些方面来看，五斗米道可以称得上是一种非常成熟的宗教形式，并且这种宗教带有很大的民众性色彩。后世道教的各不同派别基本上保留和沿袭了"五斗米道"的这些初创形式——当然在一些具体的形式上也有所变化。

迫于来自曹魏集团强大的政治、经济和军事压力，老祖天师张陵之孙张鲁天师在掌教期间，被迫归顺曹操。曹操本人是在青州通过镇压太平道而起家的，深知活动于民间的道教组织对于官方政权或是现实的，或是潜在的威胁力量。所以，曹操下命令，要求张鲁天师及巴蜀地区数十万的五斗米道信众迁入中原地带，以方便控制这支不可小觑的宗教力量。

在强权政治的高压之下，五斗米道这种宗教组织形式显示出强大的生命力，它并没有随之走向灭亡；相反，随着张鲁天师带领的家人和部分五斗米道信徒迁入北方，五斗米道随之也传到北方。虽然张鲁天师之后，五斗米道在组织和管理上一度陷入混乱，但经过南北朝时期正一派高道寇谦之和陆修静的整顿和完善，由老祖天师张陵所开创的正一盟威之道的道统终于传承下来。虽然，在南北朝时期，数代张天师的公开活动曾一度销声匿迹，但到了唐玄宗时期，老祖天师张陵所开创的正一道派受到了中央政权的重视，如追封老祖天师张陵为太师，出资修建上清宫和天师府，召请老祖天师张陵的后裔子孙入京，并优待正一派道士等。这样，经过魏晋南北朝一段短暂时间的消沉之后，到唐代中期，通过更为完善的组织机构，更加多样化的传道手段，吸纳更加丰富多样的宗教经典以及对教理教义的丰富，来自中央政府的更多支持和关注，正一道派以一种全新的形象屹立于世人的面前，对当时政治、经济和文化等领域均产生了影响。

宋、元两代是正一道派极盛的时期。宋代的徽宗皇帝是中国历史上少有的崇道皇帝，他对正一派十分优待，数次征召张天师入京作法。正一道派极盛时期应该为元明时代。元代是少数民族入主中原所建立的政权，与中原地区的文化相比，蒙古族的游牧文化相对处于落后的位置。为了稳固自身在中原地区的统治地位，蒙古贵族们花了很大力气来学习汉族的先进文化，这其中，汉民族的宗教文化更是他们学习的重要内容。我们知道，北方道教全真派的掌门人丘处机与成吉思汗有着深厚的交情，丘处机曾劝说成吉思汗以清静无为来治理国家，不要滥杀无辜，后世留有丘处机“一言止杀，功垂千秋”之美谈。其间虽然出现过焚毁《道藏》经版的事件，但总体上来看，有元一朝，大部分皇帝对道教还是礼遇有加的，对正一道派更是如此。我们知道，今天的龙虎山天师府的全称为“嗣汉天师府”，这一名称其实来源于元世祖忽必烈封第三十六代张天师张宗演为“嗣汉天师”，意思是自东汉老祖天师张陵开始，历代张天师代代相袭，道脉悠长。元武宗时期，曾册封第三十八代天师张与材为“金紫光禄大夫”，属宰相级别的中央一品大员之类的高官——但不拿俸禄，地位与孔子的后人“衍圣公”相当。

明代统治者出于政治统治方面的考虑，虽然在一定程度上采取了抑制各种宗教组织发展的政治措施，但对道教仍然是十分重视的。明朝的开国皇帝明太祖朱元璋于洪武元年(1368)曾赐龙虎山正一道派白金十五镒约三百六十两，于今上清镇重新修葺嗣汉天师府，令其面貌焕然一新。后来，明政府还让龙府山天师道(正一道)总领南方三山(龙虎山、茅山、閤皂山)符箓道派，并把当时的宗教管理机构常设在龙虎山的天师府内。

历史上，自从由王重阳于北方创立全真道派之后，人们一般把道教分为南北两大道派，即南方的三山符箓道派和北方的全真清修派。而南方的符箓诸派在传道的方式、科仪、教理上都在很大程度上可以说是出自老祖天师张陵所开创的正一道派，它们之间具有较为深厚的历史渊源关系。茅山宗曾在宋代兴盛一时，当时宋徽宗对茅山高道林灵素优待有加，茅山宗也随之兴盛。但到元明时代，正一道派的影响力超过了茅山派。所以，从历史影响上来看，正一派在南方的影响是首屈一指的。

再看以老祖天师张陵为首的历代张天师在道教中的地位。关于“天师”之名的含义和来源，我们在前文中作了非常详细的解释和论述，这里就不作过多的赘述了。人们一般把老祖天师张陵及其后世嗣教的子孙都尊称为“天师”或“张天师”，因此，“天师”或“张天师”之名并不专指某一人，而是历代正一道和天师道派宗教首领的总称。老祖天师张陵天师被后世尊称为“老祖天师”，正是因为他创立了道教，形成了早期的道教组织，这一点我们在前文中作了非常详细的叙述，这自不待多言。但提到历代张天师在道教中的地位却不得不提到老祖天师张陵在整个道教中的地位。老祖天师张陵不仅在东汉时就被尊称为“天师”，而且从他自鹤鸣山骑鹤飞升而去之后还受尽后代帝王所追封的种种殊荣，历代的封建帝王都对他的人品和创立正一道派之功给予了高度的评价，赐予他各种封号。如，唐天宝七载，当朝皇帝册封为“太师”；唐僖宗中和四年，又封为“三天扶教大法师”；宋理宗加封他为“正一静应真君”。

一般来说，道教所信仰的神仙大致可分为两类，一类是与自然存在有关之神，它们中大多与天上的星辰有关，并先于人类而存在；另一类是由人经修炼或有功于江山社稷之人演化而来的“仙”。前一类如天上的日月星辰所代表的诸神，如三清始祖、玉皇大帝、北极星君等；后一类如黄帝、广成子、马成子、宁封子、老祖天师张陵、葛洪、张三丰等。相对来说，后一类神仙在神仙世界中的地位要低一些，而老祖天师张陵因为他对于整个道教及中华宗教文化乃至百姓的日常生活所产生的深刻和广泛影响，所以在神仙世界中也处于很崇高的地位。在民间文化中，大凡修道升仙之人，必须先谒见老祖天师张陵，然后在他的引见之下去面见玉皇大帝，也才能最终名列仙班。所以，后世修道的道门中人为了感念老祖天师张陵的宏恩大德，还尊称他为“正一法师”、“泰玄上相”和“降魔护道天尊”。

我们在前文中提到过由老祖天师张陵所创立的五斗米道所具有的广泛的民众草根色彩，其实后世道教之所以能广为流传，这与其广泛的民众草根色彩有着直接的关联。老祖天师张陵当年在巴蜀地区传教时无论在对待汉族或是少数民族，无论是贫穷或是富贵的百姓均是平等而视之。除此之外，老祖天师张陵还关心当地居民生活中的疾苦，为他们除病救疾，举行各种宗教活动，这一切均是以大众的需求作为其传教活动的出发点的。我们从民间的传说故事中可以看到，老祖天师张陵主要是以道法高超、能降妖除魔的高道形象出现在世人面前的。近代著名的文学大家鲁迅先生曾这样来评价道教，他说，中国文化的根底全在道教。这句话一点也不过分，它说明了道教所具有的广泛而深刻的民众性色彩。而后世道教之所以能对中国民众产生广泛而深刻的影响，这与它所诞生于民间的广泛的民众性草根性色彩有着最深刻而直接的关系。中央政权要维护社会的稳定，要为经济和政治的发展提供一个有利的和谐环境，就必须要使百姓生活安定。这种安定和谐的社会环境不仅仅表现在要使百姓能满足基本的物质需要上，更在满足他们对拥有一个比较平静、祥和的精神世界之需要。而道教因为它所具备的广泛的民众性草根性色彩正好可以承担起这一功能，它于是顺理成章地成为民众精神和灵魂世界之出口的引导者。这就是为什么道教在后世能产生那么大影响的根本原因。而道教的这一根本性精神气质和品格在其创教之初就被老祖天师张陵赋予了。例如，东汉时期的天、地、水三官本来多为国家举办的官方祭祀活动时的祭祀对象，一般的老百姓并无资格祭拜；而老祖天师张陵则于西蜀地区以三官手书的形式为病人疗疾，并举行相关的宗教仪式，礼拜三官，终于使它们成为护佑百姓的天神。随着道教在全国的普遍化，“三官”成为一般民众都可以崇拜的对象，并广泛地深入到各种民俗活动中。我们至今还能看到，在一些地区的宫观寺庙中还供奉着它们，接受人们的朝拜。

后世称兴盛于南方的道教三个较大的派别即龙虎山的正一道派、茅山道派和閤皂宗道派为“三山符箓派”，这“符箓”二字表明了这三派所具有的一些共同的宗教特征，即都以行符箓法术而闻名于世。事实上，南方符箓道派身上所体现出来的宗教特征正是老祖天师张陵在创教之始就确立起来了的。这一点，在前文中已经提到过并作了比较充分的阐述。

这里还要特别提醒读者朋友加以注意的是：历代张天师都有代代相传承的信物，如经书、法剑、符箓、秘咒、印信等，而这些物品正是施行道法最重要的法器。从中也可证老祖天师张陵之于道教的开创之功。

后世道教在举行斋醮科仪活动时大都要“步罡踏斗”。但究“步罡踏斗”之根底，它其实就是从当年老祖天师张陵所行过的一种叫“禹步”的科仪法术演变而来。故此，老祖天师张陵所创立的“禹步”又被称为万法之宗。鉴于本书是为老祖天师张陵所写的传记，那么就有必要对由他所创立的“禹步”这种道门极为常见法术作一简要的介绍。这一方面是因为“禹步”对于整个道教斋醮科仪的重要性以及理解道教教义和观念世界的重要性；另一方面，也是为了使我们更好地理解老祖天师张陵在道教中的地位。

在道门中人看来，天上的日月星辰是神灵所居住的地方，都具有神圣而不可侵犯的尊严，而那些可以标识出阴阳、四时节气、方位等对于人类生产、生活有紧要关系的星辰尤其显得神圣。这些星辰分别担负着一定的职责，与人的生老病死、福禄寿喜休戚相关。另外，在栖居于大地之上的人们看来，天上的神仙们似乎总是居于遥远的天际，所以它们又被赋予了大美、自由和逍遥等诸多精神存在特征。作为生活在尘世之国的人总是具有各种各样的需求，例如生命的健康、平安，当然也包括养性活命、飞升成仙的要求。为了满足这些需求，就必须要有合适的方式，以与天上的神灵相沟通，从而达成人的各种愿望。老祖天师张陵在创教之初就曾对这个问题作了深入的思考，为此他发明了“禹步”这种方式来沟通天上的神明世界，以祈求神明的佑护，从而达成道门中人的如上愿望。

而“禹步”正是这种沟通天上和人间的方式之一。之所以称之为“禹步”，是因为据说它与大禹有关。传说，大禹治水时，广涉山川，十年没能回家，以至于脚指甲、手指甲以及大腿上的毛全部脱落掉了。可以想见，当年大禹治水的辛苦非同一般。大禹因此而患上了偏枯之病，走起路来步伐比较奇特。又据说，大禹南行时，看见一种奇特的鸟，能发出咒语，可以掀翻大石头。大禹从中得到启示，于是效法那能发出咒语的鸟的声音，以达到感应万物的目的。后世的巫者又从大禹效法鸟的咒语的活动中得到了进一步的启示，于是模仿大禹特殊的步伐，并配以咒语，希望自己能以这种方式来获得某种通神的神力。所以，我们看到，后世的巫者们在效法大禹的特别步伐的同时，还不忘巧妙地把它与咒语融合在一起，这实在是与大禹有着直接的关联。

老祖天师张陵有鉴于大禹及巫者们独特的步伐与咒语配合在一起的威力，就进一步对它加以改造，终于形成了后来被称为“禹步”的道门法术。一点也不夸张地说，正是通过老祖天师张陵的改造，使得“禹作”成为五斗米道的科仪活动中最核心的内容，并在道教中一直传承了下来。

“禹步”又称“步罡踏斗”，是因为它与天上的北斗七星有关。古代所谓“罡”指天罡，就是北斗星；而斗，也指北斗，故它们虽异名实同指。北斗七星由天枢、天璇、天玑、天权、玉衡、闿阳、瑶光七颗星组成。它们每一颗星都对应着一位神灵，居于北斗七宫。其中，天枢宫居贪狼星君、天璇宫为巨门星君，天玑宫为禄存星君，天权宫为文曲星君，玉衡宫为廉贞星君，闿阳宫为武曲星君，瑶光宫居破军星君。从道教的教义来看，崇拜北斗七星不仅可以消除厄难，还可以保命延生。

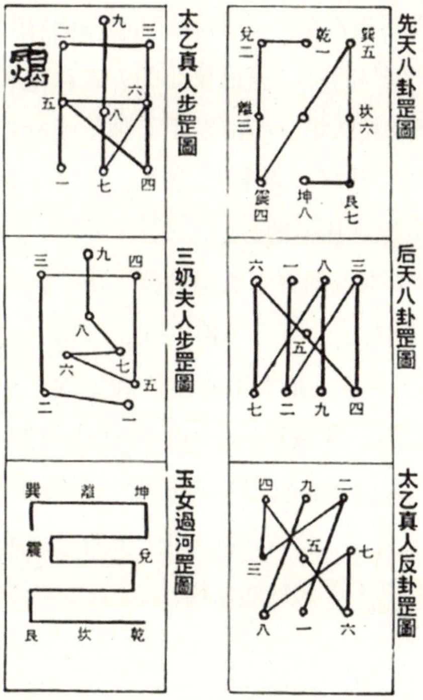

老祖天师张陵行“步罡踏斗”之法所要沟通的主要是这七星。步罡踏斗之法有多种表现形式，其功能也各不相同。据张泽洪先生考证，老祖天师张陵当年专门创立了一种叫“三五飞步之术”的步罡踏斗的法门，这种罡步的特点是：“以节气顺逆，游行九宫，纵横皆十五步，其数与河图络绎错综，以成三才之道，经天纬地之数。法师行飞神之术，多步河图豁落罡。道教的三五步罡，是基于道自一生二，二生三的哲学思想。道教认为三炁分而三光明，三光明而三才具，自太极生两仪，两仪生四象，四象备而五行全，五行全而五星明，五星明而五岳峙。三象征道之三清，天地人之三才，神界之三天，人身之三部；五则象征道之五老，上天之五星，大地之五岳，人身之五脏。人修三五秘法，使三田聚宝、五炁朝元，达到神全炁满。"作为天地万物之灵的人，手指足履皆能合真，步罡之法亦由此产生。[①]

科仪参与人员一般来说都是虔诚的信仰者，他们相信在与天上的神灵沟通以后，其愿望一定能够实现，因而心灵会趋于一种神圣的安宁感，这种神圣的安宁感本身就和人的身心健康状况有着莫大的关系；从另一个角度来说，道教科仪本身也是道教的教义、世界观、宇宙观的形象化表述。道教的法师们身着特定的服饰，手拿法器，按特定的路线、以特定的步伐而行，通常这种步伐用线连接起来后会形成与天上的星斗相符的形状，法师们认为这样就可以往来于天上的神仙之境。伴随着此一过程中的是咒语、掐诀和存想。咒语中很大部分是押韵的诗句，后两者则蕴含着浓厚的丹道功法色彩。与这二者相适应的是人体内部生理机能和节律与外部阴阳大化的宇宙自然环境的节奏之间的相互协调一致。这样，从生理健康的角度来说，可以促进人体血液循环和各器官机能的新陈代谢，从而达到祛病除疾的目的。

宗教科仪对于宗教本身的存在和发展绝不是可有可无的，它是宗教之所以成为宗教的基本要素之一。通过科仪，宗教不仅起到了沟通神明世界的作用，而且还向它的信徒们传达了该宗教的基本教理和教义，以形象化的方式深化和强化了宗教仪式的参与者对宇宙、世界的态度和认识。而由老祖天师张陵所开创的步罡踏斗科仪所起到的正是这样的作用。从这一点来看，老祖天师张陵对于道教科仪活动所做出的巨大贡献是其他人很难比拟的。

除老祖天师张陵外，其他张天师在道教中也占据着重要的地位。历代张天师一般是正一道（天师道）的宗教领袖和精神支柱。历史上曾出现过因第三代天师张鲁仙逝而使得整个北方曹魏政权之下的正一道派陷入组织和管理混乱的局面。那时各治所出现自立教规、自行其是、纪律败坏、不循律法、组织松散、神职人员腐化堕落等情况——当时，第四代天师张盛已经离开了北方，回到龙虎山老祖天师张陵炼丹的遗址结庐传道授徒去了。所以，这一例子说明张天师对于维持整个正一道派组织的存在和发展起着不可或缺的作用。

① 张泽洪：《道教斋醮科仪研究》，巴蜀书社，1999年版，第131页。

历代张天师一般都是正一道派举行重大宗教活动时的主持人。例如龙虎山每年于三元日举行的法会以及为入道的信徒发放度牒、传授符箓的仪式均要求张天师的直接参与。当然,历代张天师都是正一派的宗教领袖,他们在整个道教中都占据着重要的地位、并发挥重要作用。

不过,后世正一道派中有几位张天师对于道教曾做出过特别突出的贡献,而被后人永远铭记。在今天的龙虎山天师府的三省堂正厅中挂着一位杰出张天师的画像,他就是一派仙风道骨、有"碧城"之美誉的第三十代天师张继先。

张继先天师(1092—1128),据文献记载,在5岁之前尚不能言语。5岁时忽闻鸡鸣之声,便笑而赋诗:"灵鸡有五德,冠距不离身,五更张大口,唤醒梦中人。"张继先天师9岁便嗣教。后来,宋徽宗曾四次召其入宫问以各道派道法异同和外丹黄老术之事。张继先天师便劝皇上应该有自己的使命,不要沉湎于外丹黄老这种方外之人专治之术。张继先天师还用《道德经》中的道理劝皇帝应修德以治国。张继先天师的一生著述颇为丰富,其中《心说》、《大道歌》、《虚空歌》备受后人称颂,其为正一道派在心性的修行方面做出了很大的贡献。另外,他自身也有很高的心性修为,被尊称为"虚靖先生"。其气质也是非同凡响,故康熙皇帝题"碧城"——清碧如城——来形容他。

另一位是第四十三代张天师张宇初。他于明正统年间领皇帝之命,组织人员编订了道教的大型丛书——《道藏》,为保存道教文化乃至中国的传统文化做出了不可磨灭的贡献。由于他所主编的《道藏》是在明朝的正统年间,故今天人们把由他主编的这部《道藏》称为《正统道藏》。直到今天,我们所能看到的比较完整的道教文献绝大多数来源于这部道教大丛书,它不仅对于我们了解道教文化有重要的参考价值,而且对于了解我国古代的天文、历法、化学、物理、农业、文学、艺术等文化都有着重要的意义。

第八章

民间传说故事中的老祖天师张陵

老祖天师张陵不仅在中国宗教史上占有重要地位，而且对中国的民间、民俗文化也产生了重大影响。这种影响不仅限于川西和龙虎山地区，它还是全国范围的。例如，在笔者的家乡广西的桂北地区，人们在口语中常说，“你以为你是老祖天师呀!”这句话是用来讽刺那些夸夸其谈、自以为无所不知、无所不晓的人的。这句话中的“老祖天师”指的就是老祖天师张陵，这从一个侧面说明老祖天师张陵当年不仅上知天文、下晓地理，而且还广泛地影响了老百姓的日常生活。而当一个历史人物的影响如果能渗透到百姓的日常生活之中时，他将被人们长久地记忆，成为一种活态的文化，跨越历史，并进入当下的现实生活。

不仅如此，老祖天师张陵的生平事迹还被后世文人纳入笔记小说的创作素材中，经过文学化的手法，而创作出各种美丽动人的故事。与此同时，在民间的逸闻趣事中也流传着大量与老祖天师张陵有关的故事和传说，这些传说故事以口口相传的形式，在一代人又一代人之间传承着——在夏日纳凉的晚上，伴随着那白发白须的老者摇动着的老蒲扇而款款滑落在年轻一代那充满求知欲望的心坎之上。

一、七试赵升[①]：老祖天师张陵对弟子求道心迹的考验

老祖天师张陵自从在桐柏山收了弟子王长之后，知道王长是一可造之才，

① 本故事改编自明代冯梦龙编撰：《喻世明言》，中华书局，2002年版，第131—141页。

因此对他悉心教导，王长的道法修为增长得很快。后来，老祖天师张陵到鹤鸣山，膝下弟子更多了。弟子多了，难免就会对老祖天师张陵有了不同的想法。其中，一些弟子们认为师父——老祖天师张陵偏心，只传授道法给王长一人。老祖天师张陵听到后微微一笑，说道："为师传授道法也是因人而异的，像你们这些俗气未尽的弟子，就只能传授导引房中或服食草木之法，不过延长些寿命罢了。为师断定，明年正月七日午时，必有一四方脸、身材不高、穿棉袄貂袍的青年从东方而来向我学道，这位青年正是可以让为师放心尽传其道术的那一个人，他将来的成就不会在王长之下。"弟子们听后先是大惊，随之就是半信半疑了。

到了第二年正月初七日的午时，老祖天师张陵告诉王长，说他的师弟要到了，并叮嘱王长，让王长他一会儿如此这般地去做。

王长听完老祖天师张陵的吩咐，出了山门，向东而望，果然看见一人从东方风尘仆仆而来，衣着面貌，与老祖天师张陵之前说的分毫无差。这一下，王长和其他众弟子们不由得暗暗佩服师父的预见力了。这时，王长又告诉其他弟子们说，我们的师父将传授道法给此人。众弟子一听王长说师父竟然要传授道法予此年青人，心中越发觉得师父偏心了，心中很是不满。这时，王长又跟其他的师弟们说，师父这么偏心，我们一会干脆不为他通报师父，并对他加以辱骂，不许他进门，不久之后，他受不了我们的侮辱，自然就会离去。王长的这番话，正中其他几位弟子的下怀，因为这样做可以赶走一位强劲的竞争对手，何乐而不为呢？

晌午时分，那位传说中的青年果然来到门外。只见那青年人对众人先施一礼，自称姓赵名升，吴郡人，因仰慕老祖天师张陵道法之高妙，特来拜师学艺。老祖天师张陵除王长外的其他众弟子都有心为难他，便告诉赵升说，老祖天师张陵外出云游去了，你最好还是先回去吧。说完这话，众人便四散开去，没有人再搭理赵升。尽管受了冷落，但赵升并不气馁，垂手拱立门外等候老祖天师张陵。到晚上，众弟子把大门也关上了，不让赵升进门。赵升只好露宿于门外。

第二天，众弟子一开门，发现赵升仍然恭敬地站在门外，请求与老祖天师张陵见上一面。那些弟子便告诉赵升说："我们师父对弟子是很偏心的，我们服侍他老人家数十年了，尚且没有得到他传授的任何修道秘诀，你又何必来凑这份热闹呢？"赵升回答道："做师父的传或不传，都有他的道理。但是我远道而来，只愿见上老祖天师张陵老祖天师一面，以抚慰平生对他的仰慕之情。”众弟子又说，你要见师父他老人家也是可以的，可是老师他现在确实不在家中，也不知道什么时候才能回来，你还是不要在此傻等了，以免耽误了你的前程。”赵升说：“我这次来到此地，是出于一片诚挚的慕道之心。若老祖天师张陵十日不归，我愿在此等候十日；若百日不来，我愿等他百日。”

众弟子见说不走赵升，又见赵升一连数日站在门外，心中遂生起了厌恶之情，于是在对赵升的语言中便夹杂了好多的辱骂和讥讽。可赵升并不跟他们计较这些。到后来，赵升不仅心中并不计较，反而还变得更加和颜悦色起来。

到后来，赵升每天只在中午的时候去村中吃饭，吃完饭后又回到山门前等候。夜晚就在门外露宿。这样过了四十来天，众弟子们便议论开了：“看来这赵升是铁了心地要跟师父学道。我们虽然用了难听的言辞辱骂他，也没能赶走他。所幸的是，师父暂时还不知道我们用这种不光彩的方式对付赵升。”

说完这话不久，就听见老祖天师张陵召集弟子的钟声。老祖天师张陵对众弟子说：“赵升来这儿有四十天了，已经受过你们的辱骂和讥讽了，今天就召见他一回吧。”众弟子听到这话时，一个个大惊失色，才知道师父是可以未卜先知的。于是老祖天师张陵让王长把赵升招进门内。赵升一见老祖天师张陵，不禁涕泣而哭，并立刻向老祖天师张陵叩头，请求收他为弟子。老祖天师张陵知道赵升是真心为求道而来，便应允收他为门下弟子。不过，老祖天师张陵还想继续考验考验赵升，想知道赵升求道的决心到底坚定到什么程度。

收下赵升做膝下弟子后，又过了几天，老祖天师张陵为了继续考验赵升，便派他前往田中的一所茅舍看守黍苗。

赵升二话没说，就来到田边的小茅屋里面，只见屋中连一张坐的凳子、椅子都没有，倒是看到很多往来于田间毁坏黍苗的野兽。赵升只好没日没夜地忙着驱赶它们，丝毫不敢松懈。

有一天夜晚，月光如昼，赵升正独自在茅屋中歇息。只见一女子，美貌非常，径直走进屋内，向赵升道了个万福，便开口说道：“我是西村的农家子女，与同伴出来赏月，因往田中方便，回来后便找不到同伴，又迷了路，因此瞎走瞎撞地到了这儿。我现在两脚走得疼痛，寸步难行，还请求你这位大善人可怜可怜我，允许我在这里歇息一晚，我将永远感念你的恩德。”赵升一想，这田间地头、孤男寡女的，非同小可。赵升刚要推辞，只见那女子直接就躺到了他的床铺上，侧身便睡，口中还发出娇啼婉转的声音，还连连说自己的脚痛得要命，要赵升帮她揉揉。赵升以为那女子是真的痛成那样，也就没有作过多的计较，就让她在自己的床铺上睡了，自己则在地上另外铺了些乱草，和着衣服睡了一夜。第二天，那女子又借口说自己脚痛，不肯离开，还撒娇撒痴地让赵升给她送茶送饭。赵升生性仁厚善良，就照了那女子的要求去做。可是那女子得寸进尺，不依不饶，还尽说些娇言蜜语的话来引诱赵升。到了第二天晚上，那女子又一次先自己脱了衣服上床，还央求赵升帮她盖上被子。可是赵升心如铁石，看到那女子如此放纵，竟然丝毫没有起淫邪之意。这一天晚上，赵升只好在田塍边坐到第二天凌晨。到第三天，仍然如此。到了第四天，那女子不见了，但在墙上题留了四句诗：

美色人皆好，如君铁石心。少年不作乐，辜负好光阴。

那字迹中呈现出妩媚之态，墨汁还没有干，显然刚写上去不久。赵升看完那诗，大声笑道："少年时代的寻欢作乐，又能作得了几时？"于是脱下鞋底，将字迹抹掉了。古语说得好："落花有意随流水，流水无情恋落花。"这正是赵升对待女色态度的真实而形象的写照。

光阴荏苒，不觉春去秋来。赵升又奉了老祖天师张陵的命令，去后山砍柴。赵升在后山上，偶然间在砍一棵干枯的松树的时候，用的力气大了点，"嘎巴"一声，那松树竟被连根拔起。赵升用双手拔起松根，一看，下面竟然藏着黄灿灿的一窖黄金。又忽然间仿佛听见空中有人说话："这是上天赐给赵升的礼物。"赵升转念一想道："我修道之人，这黄金又于我有什么大用？况且无功不受禄，怎么可以无缘无故地贪恋上天的赏赐？"于是他便用山土掩覆好这一窖黄金，然后收拾好柴木，准备下山。但在这时候，赵升却突然间觉得身体有些困乏，便靠着旁边的大石头坐下来，稍作休憩。

过了一会，忽然间狂风大作，只见从山坳里跳出三只黄斑色的老虎。但赵升却安然地坐在那里，一动也不动。其中一只老虎向前紧挨着赵升，只咬他的衣服，却不伤害赵升的身体。此时赵升心静如平镜，一点也不感到惧怕，脸色丝毫没变。不仅不惧怕老虎，赵升还开口对老虎说起了话："我赵升平生不做有昧良心的事，现在离弃家人拜入老祖天师张陵门下，只求修得长生不死之道。假若我前世欠有你的宿债，那么今生活该让你喝我的血、吃我的肉，我也用不着畏惧、躲避；假若我没有欠你的宿债，你就应该马上离去，不要在这里骚扰于我。”那三只大虎在听到赵升说完这番话后，皆低垂着耳朵，耷拉着脑袋缓缓地离开了赵升。赵升转而又自言自语道：“这必定是山神前来试探于我。死生有命，我又有什么好惧怕的！”然后，赵升继续在山上打柴。太阳将要落山之前，赵升挑着柴回去。赵升回到宫观中后，并没有对其他师兄弟们提起山中挖到黄金、碰到猛虎之事。

过了些天，老祖天师张陵又吩咐赵升前往当地的集市购买十匹绢布。赵升到了集市，买好了绢布，拿着它回家。走到半路上，忽然听见背后有人大声叫喊道：“那偷绢布的盗贼往哪里走，快快抓住他！”赵升回头一看，原来是卖绢布的人向着他一路飞奔而来。到了赵升近前，那卖布的人一把抓扯住赵升的衣服，说道：“你买绢布的钱还没付，为什么把我的绢布带走？如果你今天还了我绢布，那么什么事情都好说。如果你想要赖皮，休怪我不客气。”赵升马上就明白了，这卖布之人是想诬赖，诡诈于他，但赵升却不想跟他争辩。赵升又回过头一想：这绢布是师父所用的物品，假若还给了他，如何向师父交代？赵升没有办法，只好脱下貉貂衣袍交给那人，想用自己的貉貂衣袍来抵那绢布的价钱。可那买绢布的人还嫌不够，赵升还是不想跟他计较，又脱下棉袄交给了那卖绢布的人。那卖绢布的人觉得自己占了大便宜，便满心欢喜地离去了。

赵升回到宫观中，双手捧着绢布交给老祖天师张陵。老祖天师张陵问赵升：“你身上的衣服到哪里去了？”赵升回答道：“我偶然间患病，有些发热难耐，便没有穿衣服。”老祖天师张陵这才叹息一声，说道：“不吝惜自己的财物，也不谈论人家的过长，一般人真的是难以比得上你啊！”于是拿来一件布袍赏赐给赵升，赵升接了过来，欣然地穿上了它。

又有一天，赵升和同门师兄弟们正在田间收割稻谷，偶然在路旁碰到一个人。此人衣裳破敝，面目布满尘垢，身体长有脓疮，臭秽可憎，两脚皆烂，不能行走，昂仰着头，向过往的行人乞讨食物。赵升的几位师兄弟们见那人这副模样，都用手掩着鼻子，大声叱喝那人，让他离大家远点。可赵升却十分不忍，于是扶着那人进茅屋里面坐下，并询问他的病痛，看到那人已经忍饥挨饿多日了，于是把自己的那份米饭、食物省下来给他吃。赵升又烧了一桶热水，督促那人把身上的臭秽洗干净。尽管赵升尽心心意地照料那人，可未曾想那人并不满足。那人连声说自己浑身感觉很冷，要赵升为他找一件棉衣穿上。赵升没有多余的棉衣，只好解下自己的布袍，脱下里面的一件让他穿上以抵御严寒。赵升还是不放心那人，考虑到他夜间孤苦伶仃，无依无靠，会感到寂寞，所以，赵升还为那人做伴。到了半夜，那人又大呼小叫说要上厕所。赵升听到了他的声音，连忙起身，扶着他去上厕所，上完厕所后还扶着那人回来。赵升不仅要节衣缩食供养那人，而且夜晚还要悉心照料他，以致赵升自己白天常常无法吃饱，不到半夜便饿得受不了。

在赵升的精心照料之下，又过了十余天，那人的疮患慢慢好了起来。突然有一天，赵升发现那人竟然不辞而别，不见了人影。即使这样，赵升心中也无埋怨之意。后来，有人写了这样一首诗来称赞赵升：

逢人患难要施仁，望报之时亦小人。
不吝施仁不望报，分明天地布阳春。

诗中的意思是说，碰到别人有病患时要帮助他，在帮助了别人之后，不要回望人家的报答。如果帮助了别人却巴望着人家的回报，这就是“小人”的行径了。只有那些不吝啬帮助别人，又不指望着别人回报的人，才能使社会变得美好起来，就像天地之间在阳春三月会变得温暖一样，而赵升正是这种能使社会温暖得像阳春三月一样的人。

又是一年的初夏。一天，老祖天师张陵把众弟子们召集起来，一同登上天柱峰的绝顶处。天柱峰在鹤鸣山的左边，三面都是绝壁，它的形状像高耸的城郭。老祖天师张陵带着众弟子站在山峰顶上，低头往崖壁下方看去，只见山崖间有一棵桃树，傍着石壁而生，就像一个人伸出的一只手臂，桃树的下方则是万丈深渊。那桃树上结了许多桃子，红彤彤的，非常可爱。老祖天师张陵回头对众弟子们说道：“在你们当中如果有人能采摘到此桃树上的桃子，我将传授他修道的无上秘要。”那时，跟随老祖天师张陵上峰顶的弟子中除了王长、赵升外，共有 214 人。他们都纷纷向前靠近悬崖，并向下窥视了几眼，莫不战战兢兢，吓得两腿直打哆嗦，浑身还直冒冷汗，只是稍微往前欠了欠身子，便慌忙后退，唯恐坠入不测之渊。这时，众弟子中只有一人挺身而出，他就是赵升。赵升对众人说道：“做师父的让我们下去采摘桃子，必定是此桃子有可采得的机缘。有圣明的师尊在这里，又有鬼神佑护，一定不会让我们摔死在这深谷之中的。”于是赵升看准那棵桃树所在的地方，纵身便跳下去。可世上居然有这种奇特的事，赵升那一跳不歪不斜，不上不下，两脚分开，硬生生地横跨在桃树之上。这时，只见赵升两腿横跨在桃树上，随意地采摘到那树上的桃子。赵升仰头遥望石壁上方，见自己离师父和其他众师兄弟们大约有两三丈远，四周并无供可攀缘的地方。赵升先是把所采摘到的桃子，向上抛去，老祖天师张陵则伸出手去，一一地把桃子接了上来。抛了又摘，摘了又抛，直到把那棵桃树上的所有桃子，摘得一个不剩。老祖天师张陵接完桃子后，自己先吃了一个，王长又吃了一个，又为赵升留下了一个，刚好还有 214 个，每位弟子都可以分到一个桃子，一个不多，一个不少。

老祖天师张陵又回头对众弟子们说："你们当中哪一位有本事，能把赵升接引上来?"只见众弟子们面面相觑，没有一个人敢应答。老祖天师张陵只好自己靠近悬崖边，伸展出一只手臂，前去接引赵升。众人只看见老祖天师张陵的那只手臂，忽然之间伸长两三丈，刚好伸到够得着赵升的地方。赵升抓住老祖天师张陵的手臂，缘臂而爬上了悬崖。老祖天师张陵的众弟子们看到此情此景，莫不大惊不已!

待赵升上了悬崖之后，老祖天师张陵便将留下的那个桃子递给了赵升。这时，只见老祖天师张陵笑眯眯地看着赵升，并开口对众弟子们说道："赵升心念纯正，所以他能刚好跳到那棵桃树上，并能使两腿刚好横跨在桃树的上方，且不会跌下深渊。为师我现在也想自己跳下去试试，看我的心念是否纯正。如果我的心念是纯正的，那么一定会得到一个大大的桃子。"众弟子听了老祖天师张陵这番话后，都来劝导师父："师父您虽然有很高深的道法，却不宜用跳下悬崖的方式来测试自己的心念。刚才赵升只不过侥幸有师父您的法力保护和接引才免于坠下悬崖。师父您如果跳下了悬崖，又有谁来接引您上来呢？所以，这是万万不可以的。"虽然有那么多弟子们的苦劝，老祖天师张陵跳崖的决心却丝毫不为所动。只见突然之间，老祖天师张陵的心念一动，他的身子立刻就向空中飞抛出去，然后就往下坠落。众弟子们除王长和赵升外，都惊得目瞪口呆，然后就急忙循着师父的身形往下看那桃树，却并没有看见师父落在上面；再看那茫茫无底的崖谷，又没有什么道路可通。众人只能眼睁睁地看着师父的身首往下坠去，也不知道师父在坠下悬崖之后是死是活。众弟子只看得个个悲伤不已，有的弟子还放声大哭起来。这时，赵升对王长说道："师父就像我们的父亲，现在他跳下了不测之渊，我们又怎么可以安心？不若大家一起往下跳去，察看一下他的下落，你们看怎么样？只见赵升、王长二人，同时奋不顾身地向下跳去。一会儿，他们二人恰好落在了师父的跟前，见师父端端正正地坐在一块大磐石上面。老祖天师张陵见赵升、王长二人落到自己面前，大笑一声说道："我早就料到你们二人必然会随我而跳下悬崖来的，足见你们在道法的修为上已经达到很高的境界了。现在，为师将会把道门的修道秘诀全部传授给你们两人。"

以上所发生的七桩故事被后人称之为"七试赵升"。是哪七试呢？第一试，辱骂不去；第二试，美色不动心；第三试，见金不取；第四试，见虎不惧；第五试，偿绢不吝、被诬不辩；第六试，存心济物；第七试，舍命从师。

后世的高道在收弟子的时候都是很谨慎的，不会把道法随便地传授给一般人。大多数高道在下决心传授道法之前，要长期地、用各种方式来考察弟子们的人品，磨砺他们的心性。当然，后来的道门高人当然会设计出种种巧妙的考验弟子的方式，虽然在形式上与老祖天师张陵所用的"七试赵升"之法有所区别，但就他们所要达到测试弟子求道之心是否虔诚的目的上却是一致的。因此，"七试赵升"的故事告诉我们，求道并不是一件轻松随便的事，必须要付出惊人的努力，才能得道。这就是"七试赵升"的故事给予当代道门中人的智慧启迪。

二、降伏妖魔：老祖天师张陵苦战八部鬼帅和六大魔王

老祖天师张陵于龙虎山受授了太上老君的经、剑、印、符等信物，并遵循太上老君的教诲来到巴蜀地区的鹤鸣山传道。从此之后，老祖天师张陵非常刻苦用功地研读揣摩太上老君所授的道法经书，并日夜勤加修炼书上所列的道术、道法。可是，老祖天师张陵在勤奋修炼功法之余，却听说青城山地区有八部鬼帅、六大魔王各率上万成亿的鬼兵鬼卒，横行于民间，杀害了不计其数的无辜百姓。

当老祖天师张陵在龙虎山的时候，太上老君就专门叮嘱他要治理治理这八部鬼帅和六大魔王。老祖天师张陵深感自己在这件事上是义不容辞、责任重大，于是佩带上太上老君所授的《盟威秘箓》前往青城山。

老祖天师张陵先是安置好琉璃宝座，左边供有大道元始天尊，右边放置三十六部道经，还环绕法席挂好十绝灵幡等法物，再于法席之上安放好鸣钟和磬等道门法器，最后，老祖天师张陵还布下了龙虎神兵，静候八部鬼帅、六大魔王

的到来。

过了不久，八部鬼帅果然亲率千万鬼兵鬼卒，手握利刃利箭前来进犯，妄想着能加害老祖天师张陵。这时，老祖天师张陵左手竖起一根指头，只见那指头马上变成一朵大大的莲花，莲花的干上有几片莲叶，那几片莲叶保护着老祖天师张陵，鬼帅、魔王和鬼兵、鬼卒们的刀、箭只要一碰上莲叶就纷纷落下，丝毫伤害不了老祖天师张陵。老祖天师张陵正悠然自得地坐在莲叶下面，看着那些鬼帅、魔王、鬼兵、鬼卒们忙碌来忙碌去。

六大魔王见刀箭奈何不了老祖天师张陵，又命令鬼兵鬼卒们改换火把来烧他。这时，只见老祖天师张陵把衣袖子一挥，那些火把便纷纷掉转过头来，向鬼兵鬼卒们横烧过去，烧得他们鬼哭狼嚎，哀声连连。

见来硬的不行，鬼帅们便想到来软的。他们在离老祖天师张陵较远的地方说道："张真人你本来居住在鹤鸣山中，又为什么来青城山与我们争夺地盘?"

老祖天师张陵回答道："你们这些鬼兵首领，残害生民，罪行滔天。我是奉了太上老君之命，前来讨伐你们。你们如果知罪，就赶快前往西边阴冷的不毛之地，不要再回来为害人间，这样的话，我尚可保你们无事。如果你们执迷不悟，我马上就可以诛灭你们，到那时，你们不仅性命难保，就是连你们子孙的性命也难保了。"

这些鬼帅们并不服气，心中还存有侥幸心理。第二天，这八个鬼帅又搬来周边的六大魔王，会同一处，率领百万鬼兵，在青城山下安营扎寨，欲攻打老祖天师张陵。老祖天师张陵心中很明白，单凭武力打败这鬼帅和魔王们并不能从根本上解决问题，要想办法让他们心悦诚服。于是，老祖天师张陵便提议，双方先比试法力，以法力高低定夺胜负，八大鬼帅和六大魔王便答应下来。

于是，老祖天师张陵让弟子王长积聚起一堆干柴，并点燃柴木。当火势正旺的时候，老祖天师张陵便纵身一跃，跳入火中。一会儿只见火中忽然生出一朵青色莲花，莲花托着老祖天师张陵从火中缓缓而出。六大魔王看后哈哈大笑道："这又有何难!"其中两位魔王早已急不可耐，只见他们用两手分开火焰，纵身便往火里跳了进去。过了一会儿，这两位魔王从火中跳了出来，须眉被烧得精光，浑身被烧得伤痕累累，痛得哇哇大叫，只好匆匆忙忙败回己方阵营。其余四位魔王见状，吓得丝毫不敢动弹。

老祖天师张陵看到旁边有一深潭，便纵身跳入潭中。过了一会儿，只见老祖天师张陵乘着一条黄色飞龙从潭中出来，浑身上下却无一处潮湿的地方。六大魔王看完老祖天师张陵的表演后却大笑不已，说道："刚才这火很厉害，可这投身潭水的法术根本没有什么可值得炫耀的。"话音刚落，只听见扑通一声，六大魔王齐刷刷地跳入深潭之中。只见六大魔王在潭水中连翻了几个筋斗，扑通了好一阵，才急急忙忙地从潭水中爬出来。每一个人都喝了一肚子的潭水。

老祖天师张陵等他们六人忙活得差不多了的时候，又施展一项绝技。飞身向一块巨石跃去，在老祖天师张陵的身子将要接近之际，只见那石头忽然开了一道裂口。于是老祖天师张陵的身子穿过裂口从后面出来，身体丝毫无损。

那六大魔王看了老祖天师张陵的表演之后，忘记了刚才从潭水中爬出来的狼狈样，又大笑起来，说道："凭着我们兄弟六人的力气，即使是这座山也可以穿过去，这小小的石头算得了什么？"说完这话，那六大魔王硬挺着那已经肿起的肩膀，沿着裂缝钻了进去。

正在这时，老祖天师张陵口角微动，念了一通咒语，只见那裂缝一下子便合拢在了一起。那六大魔王的身子只有一半露在外面，另一半则没入石缝之中，进退不能，动弹不得，六大魔王痛得哭声震天。在旁边观战的八部鬼帅见此情景，不禁大怒，只见他们化身为八只吊眼老虎，张舞着爪牙，直奔老祖天师张陵。老祖天师张陵不慌不忙，摇身一变，成为一只威猛的狮子，向这八只老虎冲将过去。八部鬼帅们见这阵势不妙，又变身成为八条巨龙，欲擒拿住狮子。老祖天师张陵见状，随之一念而闪，变身为一只大鹏金雕，张开锋利的喙部和爪子，向八条龙的眼睛啄去。八部鬼帅们见势不妙，便又化身成一团黑色的云雾。一会儿工夫，只见这云雾迅速扩大，遮天蔽日，昏天黑地，让人伸手不见五指。老祖天师张陵见状，马上变身而为一颗红彤彤的太阳，升上九霄之外，只见红光一闪，那阴晦之气顿时间烟消云散。

经过这一番折腾，八部鬼帅已经法力穷竭，无计可施了。可老祖天师张陵的法力表演还没有结束。只见老祖天师张陵取出一块石头，向空中扔出去。转眼之间，这小块石头就化为一小山般大的巨石，空中竟然还有一根如藕丝大小的线连着，承担着这重达数万斤的巨石。只见那巨石在空中向六大魔王和八部鬼帅驻扎兵营的方向飘移过去，最后停悬于魔营、鬼营之上。

这时，老祖天师张陵又伸出食指和中指往空中一指，那巨石之上立马出现了两只老鼠。那两只老鼠爬上了那连着巨石的细线之上，并争先恐后地啃咬那细线。那细如发丝的线，怎么经受得起两只老鼠的啃咬！只见那巨石摇摇欲坠，似乎马上就要从空中坠落于鬼营、魔营之上，实在是危急万分，惊险异常。我们知道，中国成语中有一个词叫“命悬一线”，有兴趣的读者朋友们可以考证下，是不是跟老祖天师张陵与六大魔王、八部鬼帅之间的这次斗法有关。

那八部鬼帅见此情景不由得惊恐万分，害怕那石头落在魔营、鬼营上方。那巨石要是砸在上面，从此之后这六大魔王、八部鬼帅恐怕是要断子绝孙了！没办法，八部鬼帅只好齐声向老祖天师张陵哀告，乞求老祖天师饶命，并答应愿往西方的裟罗国居住，不再侵扰、为害当地百姓。

老祖天师张陵见时机已经成熟，这才念动咒语，不仅那悬停于鬼营、魔营之上的巨石马上消失不见，而且那原本半截身子落入大石中的六大魔王也从石缝中得以脱身而出。

可当那八部鬼帅与六大魔王们合为一伙之后，他们胆量又大了起来，踌躇不前，久久不愿离去。老祖天师张陵知道不再给他们一点颜色瞧瞧，他们是决计不肯离开的。于是，老祖天师张陵口敕一道神符，飞上云霄。一会儿工夫，只见风伯招来狂风，雨师降下暴雨，雷公打起了响雷、电母点燃了闪电，天兵天将们手拿兵刃，径直向青城山杀奔而来。那六大魔王、八部鬼帅们见此情景，心中害怕不已，顿时消失得无影无踪。老祖天师张陵这才收住法力，并回过头对弟子王长说：“从此之后，蜀民就可以过上安定的好日子了。”

三、龙虎神韵：龙虎山间与老祖天师张陵有关的传说故事之——力劈冲天龙[①]

“力劈冲天龙”这则与老祖天师张陵有关的故事在江西贵溪县龙虎山地区流传得很广。我们今天在龙虎山上清宫能看到周边呈环状耸立着的九座山峰，它们分别是天门山、应天山、冲天山、西华山、圣井山、乌剑山、狮子山、乌龟山和台山。但据当地的故事传说，这九座山是由九条龙变化而来的，因此上清宫所

① 本故事参阅易夫编著：《道界诸神》，大众文艺出版社，1999年版，第405页。

在之处就是九龙集结之地。

本来，这九条龙并不在这里，它们原来是在东海修炼的。可是在大约九千年前，太上老君他老人家收了张良为徒弟，并答应要给张良的八世孙老祖天师张陵一块风水宝地作为炼制金丹之处。于是，太上老君就把这九条龙从东海赶往上清宫修炼，并嘱托西天佛祖看管住它们，不让它们随意走动。

这九条龙在此修炼了一千年之后，其中有一条叫冲天龙的龙特别不适应这里干燥的环境，便偷偷地逃回了西海。谁知西天佛祖法力无边，马上就知道了冲天龙逃跑的事情了，便亲自下了天界，把冲天龙从西海抓回来，还加派了身边的一只神虎到上清宫看管冲天龙。

那冲天龙生性叛逆，心中的怨气很大，等西天佛祖回去后，就与看管它的那只神虎相互打斗起来，这样一直打斗了几千年。不过，那神虎终究不愧为西天佛祖身边的守护神，法力十分高强，冲天龙最终还是未能斗过神虎。没办法，那冲天龙索性就在上清宫周围的山上隐居起来，忍气吞声地勤加修炼，希望修好功夫再找机会逃离这让它心烦意躁之地。

后来，老祖天师张陵来到了龙虎山中炼制仙丹大药，丹成而龙虎现。再到后来，老祖天师张陵在此地修建了上清宫，此地从此更是名闻天下，前来进香的人络绎不绝，宫里宫外香烟缭绕，灯火彻夜通明。老祖天师张陵为确保九龙永不逃跑，此地风水永不衰落，后世子孙所居的上清宫能永远香火不断，还施展法术，用镇龙牌把九条龙镇住。

那冲天之龙本来就因为自己打斗不过神虎而在心中积聚起了满腹的怒火，现在老祖天师张陵还用镇龙牌镇它，直把它镇得火冒三丈，心中感到无比屈辱。于是，那冲天龙在一天深夜，趁着神虎熟睡的时候，又悄悄地要逃跑。神虎虽然睡着了，可老祖天师张陵那时还没睡。在那冲天龙没跑多远的时候，便被老祖天师张陵发现了。老祖天师张陵于是对着那冲天龙大声呵斥："大胆畜生，竟敢不服本天师的法术，又想逃跑不成？还不快来受伏！"

那冲天龙根本不理会老祖天师张陵的这一顿呵斥，继续往西逃窜。于是老祖天师张陵画了一道降妖符，打在冲天龙的前方，想封堵住它的去路。但冲天龙已经修炼了近万年，法力远胜昔日，那老祖天师张陵的法符竟然对它起不了作用，只见那冲天龙绕过那降妖符继续往西而去。

老祖天师张陵见降妖符挡不住冲天龙，心中不禁大怒，便拔出镇妖宝剑，对着冲天龙的腰部全力劈将过去。但那冲天龙就着劈剑而来的方向就地一滚,躲过了剑,并用尾巴向着老祖天师张陵横扫过去。只听"唰"的一声,那冲天龙的龙尾携着地上的沙石直扑老祖天师张陵脸孔而来。老祖天师张陵深感事情不妙,就骑上仙鹤飞上九霄云天,好不容易才躲过这漫天的飞沙走石。最后,老祖天师张陵只得用宝剑向下方连划了数下,才使这漫天飞沙走石慢慢地消失。

见飞沙走石打不住老祖天师张陵,那冲天龙便扬起头来,向半空中喷了一口水。瞬时,只见天上乌云滚滚。顷刻间,天上的倾盆大雨向地上倾泻而来。这雨下得非常之邪乎,直让人看不清眼前的事物。大雨非常之大,千年不遇,让上清宫前的泸溪河水不到片刻工夫就上涨了一丈多,大有淹没上清宫之势。

老祖天师张陵此时身子尚在半空中,这大雨和河水倒是暂时奈何不了他。冲天龙见一招不成,又施一招。冲天龙这次改用了火攻!冲天龙从口中吐出一颗烈火焰焰的火龙珠,只见这火龙珠向着老祖天师张陵的方向飞奔过去。那火龙珠在老祖天师张陵面前飞来飞去,老祖天师张陵不得不东躲西闪。又过了一会儿工夫,随着火龙珠不停地环绕飞奔,弄得满天都是火焰,连老祖天师张陵所穿的道袍和他所骑仙鹤的翅膀都着了火。老祖天师张陵深感大事不妙,他知道自己是由凡人修道成仙而来,自己功力虽然已属高强,但与这冲天龙相比,自己还是有很大的差距。这冲天龙固然属于妖孽之列,却已经苦修了近万年,功力远胜老祖天师张陵。老祖天师张陵于是只好仰天长叹道:"我命休矣!"

正在这危急时刻,老祖天师张陵的叹息声却惊醒了沉睡多时的神虎。只听见那神虎一声长啸,直震得地动山摇。冲天龙一听到这声长啸,被吓得倒退到一百丈开外。老祖天师张陵趁着这难得的时机,喷吐法水,浇灭掉身上和所骑仙鹤翅膀上的火焰,又急忙把这事上章奏明玉皇大帝。玉皇大帝闻知此事,立即派雷公和电母来救援老祖天师张陵。只见雷公、电母释放出七道如金蛇般的电光,一齐射向那在空中飞舞着的火龙珠。接着,只听见一声霹雳,那七道如金蛇的电光把那火龙珠一劈而为两半,其中一半落入大地,化为尘土;另一半则落入泸溪河畔,慢慢地熄灭掉。

那冲天龙失去了苦修得来的火龙珠,顿时间就无法自由行动了。这时,那冲天龙心中已经十分害怕,变得惊恐万状。老祖天师张陵乘机挥剑对着冲天龙的腰部劈去,直把冲天龙的背部劈出一道长长的口子。人们今天仍然能在上清宫的冲天山峰上看到一道深深的裂缝,那裂缝就是当年老祖天师张陵用宝剑劈下的印记。还有,那被雷公电母的电光劈为两半的火龙珠,其中一半落入了泸溪河中。这一半火龙珠和老祖天师张陵当年打下的镇龙牌至今还留在上清宫前的泸溪河畔。那冲天山上的裂缝、半边火龙珠和镇龙牌一起成为龙虎山中三道最亮丽的风景。

四、舍身为牲:巧治白虎神[①]

老祖天师张陵于龙虎山修道多年,道行已经很高深了。后来,老祖天师张陵在受到太上老君的教诲之后,又来到鹤鸣山地区传道授徒。有一天,一位同道中人来告诉老祖天师张陵说,城西边出现了白虎神,喜欢吮吸人血,当地居民每年都要送活人至白虎神庙,让白虎神吮食人血。老祖天师张陵听了那位同道中人的话后,心中感到万分难过。

这一年,又到了以活人祭祀白虎神的时候了。于是老祖天师张陵亲自前往城西,果然看见当地百姓捆绑着一个人,还敲锣打鼓,要把这活人送往白虎神庙,让白虎神享用这活人。

老祖天师张陵问旁边的一位乡人这是怎么一回事。那乡人如此这般地告诉了老祖天师张陵整件事情的前因后果,与之前那位同道中人所说的并无二致。乡人还强调说,如果中间有一年不送活人让白虎神享用其血,白虎神就会发怒,就会大兴风雨,毁坏庄稼,祸及六畜,所以当地人都十分害怕白虎神。于是,周边的乡亲们就自发地组织起来,集钱捐物,每年都要用这些捐集而来的钱买一个活人,将他赤身捆绑起来,然后把那活人送往白虎庙。到了夜半时分,那白虎神自然会出来享用活人的血肉。这一以活人祭祀白虎神的淫祀习俗已经流传了好多代了,即使当地官府下令要禁止也禁止不了。老祖天师张陵听了那乡人的这番话后,又看了看那位被严严实实捆绑着的活人,心中感到十分难过和不忍。

这时,只见老祖天师张陵挺身而出,让乡亲们放了那位被捆绑起来的人,并说,自己愿意代替他前往白虎庙。众乡亲们告诉老祖天师张陵说:“这人家中贫困,也没有什么依靠和牵挂,是自愿舍身祭神的,他已经收受了乡人们捐资的五

① 本故事改编自明代冯梦龙编撰:《喻世明言》,中华书局,2002年版,第131—141页。

十吊钱，并用这些钱为他的父亲和妹妹办理了丧事。俗话说，‘拿人钱财，替人消灾’，今天让他去祭祀白虎神，乃是他分内的事，你又何必代替他，白白地去葬送了自己的性命？”

老祖天师张陵不慌不忙地告诉乡亲们说，他不相信白虎神吃人的事。如果真有此事，自己愿意独自承担后果，死了也不会怨恨乡亲们。

乡亲们听完老祖天师张陵的话后，当下就小声地商量起来。他们想，既然老祖天师张陵他这么固执，还不信白虎神吃人的事，那就让他代替吧，反正横竖都是一条性命，把谁送给白虎神都是一样的效果。老祖天师张陵是自愿的，与我们没有关系，不如就让他去。于是，乡亲们把那人放了。随后乡亲们要拿绳索来捆绑老祖天师张陵。只见老祖天师张陵不慌不忙地说道：“我是自愿的，决不会逃走，你们又何必绑我！”众人一听，觉得他说得有道理，就没捆绑他。之后，老祖天师张陵就被乡亲们送入了白虎神庙中。

老祖天师张陵在庙中见香烟缭绕，灯烛通明，供台上方供奉着面目狰狞的土制神像，案桌上则摆放了很多祭品。乡亲们一见到那面目狰狞的土制神像，叩头便拜。拜完后，乡亲们便相继走出庙门，在出庙门的时候还把门关上，并上了锁，以防老祖天师张陵逃走。

老祖天师张陵倒对这些并不在意。一会儿后，庙中便恢复了死一般的寂静，可老祖天师张陵心中却不害怕。只见老祖天师张陵睁大了眼睛，静静地坐着，以等待白虎神的到来。

大概到了深夜时分，只听见一阵狂风刮过，白虎神耀武扬威地来到了神庙中。它一见老祖天师张陵，以为是乡亲们专门奉献给自己的祭品，伸出双爪便过来抓取。这时，老祖天师张陵在心中默念太上老君的名字，只见他的口耳鼻中都放出红光，那些红光马上就罩住了白虎神。老祖天师张陵在龙虎山时曾修炼了数十年，这红光乃是这数十年苦修的结果。

那白虎神一见那数道红光，便大惊失色，忙问老祖天师张陵是何许人。老祖天师张陵回答说自己是奉天帝的命令，来人间管制四海五岳的神灵，为百姓降妖除魔。老祖天师张陵问白虎神是何方妖孽，胆敢在此地荼毒生灵。老祖天师张陵还告诉白虎神说：“你的罪孽深重，天道难容。”

那白虎神还欲反抗，但只见自己前前后后、左左右右都布满了老祖天师张陵的影子，还看到老祖天师张陵遍体都泛出红光，吓得那白虎神连眼睛都不敢睁开。它知道这次碰到了专治自己的神人了，反抗是没有用的。无奈之下，只得叩头求饶。

老祖天师张陵后来弄清楚了，原来这白虎神为金神所变。很久以前，一位叫五丁的人在开辟道路时，不小心凿破了蜀山，使其中的金气泄露。这泄出的金气便化身为白虎神。白虎神每年都要出现，毁坏庄稼和六畜。当地人很害怕它，便为它建起了庙宇，并答应它每年都以活人祭祀，供它享用。白虎神这才答应不兴祸作害于当地的乡亲们。

老祖天师张陵炼过金丹，早有一股真火存留在胸中。火克金，因此这白虎金神一遇到老祖天师张陵便被制服。

老祖天师张陵见那白虎神求饶，便与它立下誓言，要它今后不许再荼毒生灵，永不兴祸为害当地的乡亲们。那白虎神应允了下来，并受授了老祖天师张陵的戒律，然后才离去。

第二天凌晨，众乡亲们来到白虎神庙中，想看看它享用了他们所献的活人祭品没有。但众乡亲们只看见老祖天师张陵端坐于席上，纹丝不动。乡亲们感到非常惊异，忙问缘由。老祖天师张陵便如此这般地把昨晚所发生的事情说了一遍，并告诉乡亲们白虎神今后永远都不会再来兴祸作害了。

乡亲们心中对老祖天师张陵非常感念，要请教他的大名。老祖天师张陵便告诉乡亲，自己是在鹤鸣山修道的张天师，说完便飘然而去。

乡亲们非常感激老祖天师张陵为他们除去一害，于是在白虎神庙的前方又重修了三间前殿，里面供奉老祖天师张陵的神像。自此以后，当地再也没有发生白虎神吃人的事了。

五、驱瘟避邪：老祖天师张陵勇战青城魔君

在今天的川西都江堰地区还流传着一个与老祖天师张陵驱瘟避邪活动有关的民间故事。不过，这一次故事的主人公不只老祖天师张陵一人，而是老祖天师张陵与弟子王长、赵升三人。故事的梗概如下[①]：

① 本故事参见黄能秀选编：《都江堰民间故事精选》，四川民族出版社，2002 年版，第 12—16 页。

传说在很久以前，青城山是一座被山精霸占了的荒山。那山精还自称“青城魔君”，一般人都不知道它从哪里来的。那山精的性格是喜怒无常的，当地百姓非常难以伺候。那山精不光要当地百姓给它敬酒献肉，还非常挑剔：酒的味道差了、献的肉肥了，甚至于头叩少了它都会大发脾气。然后就会兴风作浪，为害当地百姓，直闹得当地百姓全家不安，鸡犬不宁。每当山精大发脾气的时候，当地居民会无缘无故地挨到它的磨盘腿，或是挨了它的掏心拳。即使当地百姓在上山砍柴时，也会遭到那山精的捉弄：斧头会变成扫帚；下沟挑水，挑回来的水会变成大粪。有些当地居民见到受山精捉弄的种种情景，会情不自禁地埋怨几声。埋怨之声尚未出口，山精就会吐出口水。转眼之间口水就会变成山洪，好端端的民屋冲得连影子都看不到。

后来，当地百姓听说离青城山不远处的鹤鸣山住了一位名叫老祖天师张陵的老祖天师，专门替人治病除害，道法十分了得。当地百姓便派了人前去鹤鸣山，请求老祖天师张陵老祖天师为他们除害。老祖天师张陵听了来人的请求，知道青城山的百姓深受山精的欺压，心中感到十分愤怒，立刻背着降魔剑，骑着锦毛虎，带着膝下最得意的两名弟子王长和赵升来到了青城山，并找了一个宽敞的、向阳的山洞住了下来。

那山精打听到了老祖天师张陵带着两位弟子来青城山要对付自己这件事，还打听到他们还算是有些道法的。只是，那山精尚未弄清楚老祖天师张陵师徒三人更多的虚实，便不敢轻举妄动，先偷偷地爬到青城山后山的一堆乱石岗上躲藏了起来。

虽然，山精因为不知虚实而躲了起来，但私下里也没有闲着，它暗中命令手下的走卒们四处施放瘟疫为害百姓，妄想通过这种方式达到与老祖天师张陵师徒三人作对的目的。

因为那山精派手下走卒施放瘟疫的缘故，当地有很多居民得了疾病。老祖天师张陵在鹤鸣山地区悬壶济世的名声早就传到了当地居民的耳中了，他们便纷纷请求老祖天师张陵师徒三人救治瘟病。

老祖天师张陵给人治病有个妙法，那就是只要病人拿得出五斗米的，就让他们先拿出五斗米。老祖天师张陵把这些米用药水浸泡成药米，然后再交还给病人用来治病。老祖天师张陵在泡制药米的时候需要让王长和赵升帮忙做一些事，但那时候徒弟们的道法修为尚浅，因此在浸泡药米的时候，老祖天师张陵对两位弟子还不太放心，怕他们毛手毛脚，把米弄脏了，或者染上了毒物，治不好病。所以老祖天师张陵常常在很多时候不得不关闭洞门，一个人耐心仔细地调制药水，泡制药米。

有一天，老祖天师张陵打发王长去看望病人。王长走到半路的时候，碰上了一位年轻的姑娘。那姑娘看上去虽然是一副山里人模样，却长得乖巧漂亮，非常迷人。王长看见姑娘坐在路旁，孤零零地在那里流着眼泪，越发显出几分楚楚动人之态，于是就走过去问那位姑娘为什么哭。只见那姑娘可怜巴巴地说："我家里穷得没有米下锅了，我好多天没吃过饭了，是饿得受不了才哭的。"说完话之后，又大声地哭了起来。王长是一个厚道人，十分同情这位姑娘。

王长本想回去禀明师父，拿点米给这位姑娘的。可王长转念一想，怕师父责怪自己与这位姑娘有什么其他的说不清道不明的隐情，便私下里和姑娘约了个地点，叫她准时到那里去取米。取米的时候到了，王长瞒着师父带了些米出来，到约好的地点把米交给了姑娘。姑娘心中非常感激王长，对王长是千恩万谢，说了一箩筐的甜言蜜语，还请求他过几天再给她拿一些米来。

几天后，王长又偷偷地带了师父的米到约好的地点，只见那姑娘正拿着一袋米在那里等自己呢！她把一袋米交还给王长，说道："我家现在已经有吃的了，爹妈非常感念你对我们一家的帮助，一定要把这袋米还给你。"说完这话，那姑娘还羞答答地瞄了王长几眼。王长被姑娘的那几眼瞄得也有几分不好意思，再没说什么客气的话，接过姑娘递过来的米，扛在肩膀上往回走。回到居住的地方，王长偷偷地把姑娘返还的那袋米倒在囤子里，和原有的米混在了一起。

过了两天，老祖天师张陵又要下山为山民治病了。可是，这一次病人吃了老祖天师张陵的药米不仅不见好，还出了大事情，那些病人的病不仅不见减轻反而加重了。有的病人还大吐大屙，肚子痛得要命，在地上满地打滚。老祖天师张陵感到很奇怪，就把王长和赵升叫来问话。赵升负责管理香火和烧饭煮菜，从不迈出山洞门半步，事情不可能出在他身上。王长自知再也瞒不过师父了，便把事情原原本本地全讲了。老祖天师张陵一听，马上就明白是山精在作怪。老祖天师张陵知道，山精不除，祸害不止，便下决心要彻底地清除掉山精，免得它以后为害当地居民。

转眼间端午节到了，有几户当地人家为了感谢老祖天师张陵医治好了他们的病，要请老祖天师张陵师徒三人前去喝雄黄酒，吃糖粽子。为了彻底地除掉山精，老祖天师张陵师徒三人并不敢在乡民家久留，三人在乡民家中匆匆地吃完饭，便与乡民们道别，赶回山洞的家中。老祖天师张陵师徒三人回到山洞时却发现太上老君所传授的宝剑不见了。再到洞外一看，老祖天师张陵的坐骑，锦毛虎也不知什么时候死在地上，嘴角边还流了一摊黑血。老祖天师张陵见状轻声说了句："这还了得！"便扯了一把陈艾草，堆成野兽的形状，挥了挥衣袖，陈艾草马上变成了一只斑纹猛虎。老祖天师张陵又随手摘下一片菖蒲叶，迎风晃了几下，那菖蒲叶立马变成一柄明晃晃的锋利无比的长剑。

老祖天师张陵跨上猛虎，手仗长剑，正要去山上搜寻那山精。这时山洞旁的一棵银杏树下突然冒出了几缕黑烟，一个丑陋无比的黑脸大汉出现在老祖天师张陵的面前。那黑家伙见了老祖天师张陵，还称自己是什么"青城魔君"。

黑脸大汉骑着一头从当地农家偷来的大牯牛，也不多说话，飞扬着从老祖天师张陵那里偷来的宝剑，对准老祖天师张陵老祖天师就迎面刺来。老祖天师张陵知道这又大又黑的家伙必为山精所变，让二位弟子站在一旁，便向那黑家伙扑了过去，口中大喝一声："恶魔休得猖狂！"驱动猛虎迎了上去。双方剑来剑往，打了三十回合，仍未分出胜负。

老祖天师张陵师徒三人居住的山洞门口有一棵棕树。和其他的棕树一样，山洞门口的棕树是独干的，长得笔直溜圆。老祖天师张陵在与那由山精所化的黑家伙的厮杀之间看见了此树，想到了一个对付那黑家伙的办法。只见老祖天师张陵突然间剑身一晃，那剑竟然从棕树顶上向下直劈而去，眼看着就要活生生地把树干劈成两半。可是，老祖天师张陵的剑在将要劈到树的根部时便停留了下来。这时候，老祖天师张陵又急忙抽身扶了一把那棕树，并在口中念道："活！"只见那棕树被劈开的两半便立刻向中间靠拢在一起，稳稳当当地站立着，反而比以前更显得精神。从此以后那棕树便成了一棵"两杈树"。

这时，老祖天师张陵越战越勇，那菖蒲叶变的剑开始显灵，艾虎也开始发威。不一会儿工夫，双方又大战了三十回合。那山精所变的黑大汉毕竟法力不及老祖天师张陵高强，有些支持不住了，知道自己今天断难取胜，便卖了一个关子，将宝剑往怀里一收，跳下牛背，直往山洞上方的乱石堆里逃匿而去。老祖天师张陵只得沿着山洞旁的道路来回地寻找山精。

老祖天师张陵忽然间感觉地动山摇，抬头一看，只见半空中飞来一块大石头，硬生生地朝他头顶上压了下来。不过，老祖天师张陵眼疾手快，纵身一跃，就闪开在一旁，又挥动手中的宝剑，向那巨石砍了过去。只听见晴空一声霹雳，那宝剑砍在巨石上，火星四溅。只一瞬间，那块巨大的石头便被劈成三块，骨碌碌地滚下深涧。这就成了我们今天在青城山所看到的“三岛石”，也叫“降魔石”。

那山精见巨石暗害不了老祖天师张陵，只好驾起黑风，往后山方向逃跑去了。

老祖天师张陵见山精败走，并没有立刻前去追赶，只是转身取出朱笔和黄笺，画了一道神符，并令弟子王长和赵升前往后山捉拿那山精。可那山精狡猾异常，那乘着黑风而走的只是他的替身，其真身仍然藏匿在山洞背后，并准备伺机报复老祖天师张陵。

山精见老祖天师张陵画下了神符并让弟子拿着往后山去捉拿自己的替身，便认为老祖天师张陵的道法不过尔尔！不禁大声狂笑道：“姓张的，你本人尚且奈何我不得，几个歪歪扭扭的屁字能奈我何?”听了那山精的这番狂妄之言，老祖天师张陵不禁火冒三丈。这时，只见老祖天师张陵把慧眼睁开，马上知道那山精就躲在对面的山上，便把手中的朱笔往藏在山对面的山精扔去。只听见一声巨响，对面的山岩被老祖天师张陵掷出的朱笔划开了一道巨大的裂口。那山精来不及躲避，正好被朱笔击中身子，一下子就倒在地下，直痛得唉声连天。

老祖天师张陵走到山精面前问道：“你现在还认为自己是很了不起的青城魔君吗？你是不是还有什么妖法没有施展开，要不要接着再施展一番?”那山精在这个时候心中确实害怕得不得了，连忙说道：“我再也不敢妄称什么青城魔君了，张天师您就饶了我吧!”说完，趴在地上连连叩头。

老祖天师张陵又命令山精现出原形。山精马上就现出了原形，原来山精是一个麻黑色的壳壳虫变的。老祖天师张陵不由得哈哈大笑：“原来你的魔法不过如此!”于是便命令王长和赵升将那壳壳虫赶下了青城山。那壳壳虫因屁股上挨受了老祖天师的朱笔掷打，受了伤，边爬还边放出阵阵臭屁，当地山民便把它称作“屁斑虫”。老祖天师张陵的坐骑艾虎又见那壳壳虫爬得慢吞吞的，早就不耐烦了，于是大发虎威，向那壳壳虫扑将了过去，一把抓住了它。屁斑虫见自己落入艾虎的爪掌之中，心中一急，只得使出浑身的力气，把臭屁大放一阵，希望用臭气熏走艾虎。艾虎确实怕臭，爪子一松，壳壳虫便趁机慌慌张张地钻到石缝里面不见了。

老祖天师张陵降服了山精，一时间青城山的天气也晴朗了起来。只见那山草慢慢地转为绿色，那山花争奇斗艳。老祖天师张陵见青城山风光秀丽，景色迷人，是一个潜心修道的好地方，于是便和两位弟子在此长住了下来。之后，老祖天师张陵隔个三天、五天就要骑上他的艾虎，背上他的蒲剑，走下山去为当地山民治病，在需要的时候，还会施行道法为百姓祛灾祈福。

谁知那屁斑虫逃走之后，经过一段时间的调养之后，身体好了。俗话说，好了伤疤忘了疼，那屁斑虫身体好了之后仍然魔心不改，只要发现老祖天师张陵一离开山洞，它便会从石缝中钻出来，偷偷摸摸爬进山洞中捣乱。王长和赵升因为道行修为还不到火候，收拾不了那屁斑虫，于是就把屁斑虫捣乱的事告诉了师父，请师父给想想办法。老祖天师张陵笑笑，先摘了几株长在地里的菖蒲把叶捆成一把，挂在洞门的右面，又摘了几枝陈艾挂在洞门的左面，然后宽慰徒弟，让王长、赵升放心。第二天，老祖天师张陵便独自到外地云游去了。

屁斑虫的本性难改，看到老祖天师张陵外出云游去了，不免暗暗大喜，认为自己报仇雪恨的机会来了，便纠合了山前山后大大小小能飞会爬的虫虫，雄赳赳气昂昂地杀奔到王长和赵升所住的山洞前。只见山洞的门口左有威猛的艾虎把门，右面的蒲剑闪耀着寒光，一个个被吓得魂飞魄散，再也不敢到山洞前来捣乱了。

再到后来，老祖天师张陵就带领王长、赵升二位弟子离开了青城山，回鹤鸣山传道去了，之后再也没有回来过。当地的山民百姓开始想念他们了，于是便把老祖天师张陵和他的二位徒弟修道时居住过的山洞称为“天师洞”，还在洞外修了一座肃穆庄严、飞桷鎏檐的道观，取了一个很有哲学含义的名字叫“常道观”。又把老祖天师张陵挥剑所劈成的三块大石头称为“降魔石”，也有人称之为“三岛石”；还把老祖天师张陵跟山精作战的时候掷笔成所形成的巨大的裂口称之为“掷笔槽”。当地百姓还把老祖天师张陵施以道法治好的分身棕树保护起来，并起了一个形象生动的名字叫“歧棕”，也称“奇棕”。居住在山里的人家常常会受到毒虫的侵害，所以他们常常用老祖天师张陵教给他们的方法来对付毒虫，家家户户都会摘两束菖蒲和陈艾叶挂在门口，这样就可以辟邪降魔，消灾灭害。

六、伏妖盐井：老祖天师张陵和盐井女神的故事

前文说过，老祖天师张陵自幼熟读天文、地理、术数以及诸子百家之书，严格地来说，老祖天师并不属中国传统意义上的那一类只会死读圣贤之书的人，而是会融会贯通、理论联系实际，秉承家族读书传统中那种经世致用精神的读书人。这就是为什么到后来，老祖天师张陵既能烧炼金丹，悬壶济世，为西蜀百姓行医疗疾，又能行道门科仪律法，并结合《道德经》和儒家伦理中的思想大要治理和教化当地百姓的原因。

其实说到老祖天师张陵以经世致用的精神为西蜀百姓排忧解难的活动时，就不能不说到他为当地百姓开凿盐井以解决当地居民日常生计的事。至今在巴蜀地区的百姓间还流传着老祖天师张陵和盐井女神之间美丽而动人的传说故事。这个传说故事正是当年老祖天师张陵以自己深厚的天文地理学知识解决当地百姓的实际生计问题的历史映像！

盐是一种百姓生活的必需品。但在古代，制盐工业不发达，不像我们今天这样能大量地从海水中提取海盐，那时候人们所吃的盐一般都来自于盐井，因此开挖盐井就显得尤其重要。

自古以来，巴蜀地区的井盐业都是很有名的，因为这些地区的井盐资源非常丰富。据相关历史资料记载，最早在巴蜀地区开凿盐井、发展当地的井盐业的人要数在秦代以开挖和建造都江堰而闻名于世的李冰。

在古代，盐是关系到国计民生的生活必需品，一般由政府官卖，民间是不允许贩卖私盐的。当老祖天师张陵来到川西传道时，亲眼看到了当地百姓为盐所困的局面，那原本产于自己休养生息于其土地之上的井盐竟然不能为土地的主人充分地使用，这就非常具有讽刺意味了。老祖天师张陵于是便下定决心要解决当地百姓吃盐困难的问题。

当然，开挖盐井是一件技术含量很高的活，并不是一件很容易的事，只有那些上知天文、下晓地理的人才能担当此任。老祖天师张陵一方面非常熟悉天文地理方面的书本知识；另一方面，老祖天师张陵一生走遍大江南北，对各种地形、地貌和地质构造非常熟悉，有着丰富的实践经历。这一切为他开挖盐井提供了方便和可能。

据说，当年老祖天师张陵站在阳平治的阳平山上向山下看去，只见烈日照射的山下升腾出一片白茫茫的雾气，于是便指着山下那片雾气升起的地方对众人说道："就在此挖井，一定能挖出井盐。"后来，当地人便按照老祖天师张陵的指示在山下挖了一口深达五百七十尺的盐井，果然涌出了盐泉。当地百姓为了表达对老祖天师张陵的感恩之情，就把这口井称作"陵井"。当时，陵井地处一片无人居住的荒山，自从在此地打出盐井，这里便成了一片盐井工业区，不仅满足了当地居民食盐的需求，而且随着盐井业的兴盛，也带动了当地经济的发展，使此地呈现出一片繁荣的气象。到了西魏时期，还把"陵井"所在的地区设立为陵州，后世的当地百姓还专门为老祖天师张陵设立祠庙，以永远纪念老祖天师张陵对川西盐井业所做出的贡献。到了唐代李环任陵州刺史时，还重修了天师堂，并树立石碑，以作为对老祖天师张陵的永久纪念。当然，后世围绕着老祖天师张陵开凿盐井的事迹也衍生出众多的传说故事，这些传说故事每一个都十分的动人。

据《陵州天师井本传》记载[①]：有一天，老祖天师张陵正走在山路上，遇上了十二位美丽动人的姑娘。这十二位美丽的姑娘平素就听说过老祖天师张陵的名声，她们对老祖天师张陵非常崇拜。当见到老祖天师张陵本人时，纷纷表示愿意嫁给他做妻子。老祖天师张陵知道这十二位美丽的姑娘都是由地下泉井中的阴神变化而来，是会害人的。不过，老祖天师张陵并没有当面拆穿她们的身份，而是先不露声色，下决心要治一治她们。

于是，老祖天师张陵便对那十二位姑娘说："要嫁给我也可以，但是你们要拿礼物送给我以表明你们情意的深浅，我要视礼物的轻重来作为选择谁做妻子的标准。"这十二位美女听完老祖天师张陵的话后，都拿出一枚玉环来献给老祖天师张陵，但是，那些玉环直径都不过只有数寸而已。老祖天师张陵见这些玉环太小，就说："我要施展法术将这些小的玉环变成一个大的玉环，谁捡到它，我就选择谁做妻子。"说完，老祖天师张陵就把这些玉环抛在地上，并暗中念动咒语，一会儿工夫，只见那十二枚玉环就合并成一只直径达一尺的大玉环。只见那只大玉环随即飞上空中，向路旁的水井落了下去。那十二位美女们见状，都纷纷把衣服脱了下来，跳入井中去寻找那只大玉环去了。就在这个时候，地下

① 见《云笈七签》卷一百一十九。

的盐泉突然大量地涌入井中，形成盐井。那口盐井很深，达五百七十尺。那十二位美女们跳下去之后，就再也没有上来过了。

七、悲天悯人：老祖天师张陵点化小孩、住火神庙的故事[1]

先看老祖天师张陵点化小孩的故事。

这一天，老祖天师张陵在路上遇见了一个要饭的老头，那老头手里还牵着一个十几岁的小男孩。老头和小孩可能是很多天都没有乞讨到吃的东西了，所以走了没多远，老头就饿死了。老祖天师张陵见那小孩可怜，就有心想帮助他。于是，老祖天师张陵便给老头选了一块风水地，让小男孩把老头安葬在那里。

那小男孩听从了老祖天师张陵的话，到村里的一位老嬷嬷那里借来了镢头，挖了个坑，安葬了老头。小男孩送还镢头时，天已经很黑了，于是就在老嬷嬷家中住了一宿。老嬷嬷没有亲生儿子，过继来的侄子对她很冷漠，平时根本不过问她的事。加之那小男孩现在也是无亲无故、无家可归，所以，老嬷嬷就收了小男孩做她的义子。从此以后，老嬷嬷在家纺线，小男孩外出要饭，日子还能将就着过下去。

有一年清明节，那小男孩去上坟，遇到了一个南蛮子。南蛮子就骗小男孩说："这是一块嚎地，连嚎三声便家破人亡。"小男孩不信，反驳说："我现在虽然是孤身一人，但也不能说是家破人亡啊！"又过了几天，老祖天师张陵来告诉小男孩说："千万不要信那位南蛮子的话，你千万不能起坟。那个南蛮子还会来劝说你迁坟的。"

果然，一年之后那南蛮子又来了，一个劲地劝小男孩起坟另迁他处。但是任凭那南蛮子说破嘴，小男孩坚决不起坟另迁。自此以后，小男孩和老嬷嬷的日子越过越好，还发了大财，娶了漂亮贤惠的媳妇，生了五个孩子。再到后来，小男孩的五个孩子都做了大官，于是小男孩就成了官太爷。有一天，老祖天师张陵来到官太爷家中贺喜，官太爷就热情地摆酒设宴接待他。但是，老祖天师张陵只跟官太爷拉家常，却不吃酒。过了一会儿，只见老祖天师张陵说："谢谢

---

① 本故事来源于"中国民间故事网"，讲述者：李发生，男，东戈镇中心校教师；搜集者：魏士洲，男，东戈镇政府青年干部。

你的盛情款待，我要走了。”转眼间就不见了。那位官太爷这时才明白，原来自己受到了神仙的点化。

再看老祖天师张陵住火神庙的故事[①]。

有一天，老祖天师张陵在路上碰见了火神爷。老祖天师张陵见火神爷走得匆匆忙忙地，便问他要去干什么。火神爷说：“我要去把扬州城给烧了。”老祖天师张陵一听这事非同小可，火神爷这一把火要是真烧了，会伤害多少无辜的百姓啊！老祖天师张陵于是急中生智，心生一计，便对火神爷说：“你还是别去啦，让我代劳吧！”火神爷便回答说：“这个事你可办不好。”老祖天师张陵便接着问道：“我修行了那么多年了，放把火这种小事我怎么会办不到。火神爷你年纪大了，还是先回去休息，等着我的好消息。”火神爷想想觉得老祖天师张陵的话有道理，加上自己确实是年纪大了，不想旅途奔波，于是就答应让老祖天师张陵代劳。

老祖天师张陵到了扬州，让全城百姓张灯结彩，还告诉百姓说这样做就可以袪除天灾。于是在夜晚的时候，只见扬州城家家张灯结彩，满天通红。火神一看到这场景，便以为扬州已经被老祖天师张陵一把火给烧了。

过了些天，天神发现扬州没烧，就追问火神爷是怎么回事。火神爷回答说：“扬州是烧了的，我是让老祖天师张陵替我烧的。”天神说：“烧了，为什么扬州城现在还好好的？”火神爷就跑去问老祖天师张陵到底是怎么回事，老祖天师张陵只好实话实说：“当我到扬州的时候，看到那里的老百姓很可怜，不忍心降下火灾，所以我就没烧。”火神爷听后说：“好你个老祖天师张陵，让我遭了罪。我也得让你遭罪，凡是你的庙，我都给你烧掉。”火神爷盛怒之下一把火就把老祖天师张陵的庙全给烧了。老祖天师张陵没有办法，找到火神爷说：“你烧了我的庙，我就住你的庙。”打那起，老祖天师张陵就住火神庙了。这就是后来中国民间的火神庙供奉老祖天师张陵的由来！

① 本故事来源于“中国民间故事网”，讲述者：李发生；搜集者：魏士洲。

第九章

全国各地与老祖天师张陵相关之灵迹、灵物

老祖天师张陵为道教的创始人，他本人学识渊博，更难能可贵的是他有一颗宗教家所特有的博爱众生的心灵，他一生中的绝大部分时间都用在修道、传道、教化百姓以及为百姓治病救疾、降伏妖魔等活动之中。老祖天师张陵一生的足迹遍布浙江、河南、江西、安徽、四川等省。俗话说，人以地灵，地以人名，在老祖天师张陵羽化之后，全国各地还留下大量与他有关的灵物、灵迹。这些灵迹、灵物是老祖天师张陵一生心路历程的生动写照，通过这些灵迹、灵物，我们也许能更深地体会到老祖天师张陵那慈悲度世、悲天悯人的博大的宗教家之胸襟。这里选取与老祖天师张陵相关的有代表性的灵迹、灵物作一简要介绍。

一、炼丹之井：老祖天师张陵于龙虎山炼制金丹时使用过的泉井

天师井

炼丹井位于今江西贵溪县龙虎山正一观内，距上清古镇东约五里。当年老祖天师张陵行至龙虎山时，发现该地周围有九座四季常青的山峰，这九座山分别叫狮子山、冲天山、应天山、西华山、乌龟山、圣井山、天门山、台山和乌剑山，它们呈环状拱卫着这块宝地。精通风水地理学的老祖天

师张陵深知，此地乃是九龙集结之地，是炼就金丹大药的绝妙好地，于是便在此结庐设坛炼丹。我们知道，道门中人炼制金丹大药，是离不开上等的好的井水的。当年，老祖天师张陵就在今天的正一观内选址，打下了一口井，作为炼制金丹大药之用。当然，此井井水品质尤其优良，当年老祖天师和他的几位弟子也从中取水作为日常生活之用。该井直到今天仍然还在正一观内，其水常年不断，可供游客饮用，称"天师井"。

二、龙虎玄坛：老祖天师张陵成就金丹大药之地

老祖天师张陵于龙虎山炼就金丹大药之后，又于梦中受太上老君之托，前往西蜀地区传道，便离开了上清宝地，此后再也没能回来过。老祖天师张陵在临终之前嘱托其子张衡，将来如果有机会一定要让张氏子孙重回上清宝地。后来，老祖天师张陵的曾孙张盛天师铭记其父系师张鲁天师的临终遗言，携老祖天师张陵所传之经、印、剑、符、箓自洛阳回到老祖天师张陵于龙虎山炼丹所在的龙虎宝地。张盛天师刚回到龙虎山时正是在其曾祖父老祖天师张陵结坛炼制仙丹的地方结庐而居的。后世道门中人多称当年老祖天师张陵炼丹的地方为"元坛"，或"玄坛"。

三、伏魔之殿：梁山一百零八将的出处

伏魔之井位于今龙虎山上清宫的伏魔殿内。上清宫离嗣汉天师府大约二里处，始建于唐代会昌年间，唐武宗曾亲笔题匾额"会仙观"。宋代徽宗皇帝于政和二年将"上清观"升格为"上清宫"。元代曾对上清宫进行过五次大规模的维修，但元末一场大火将上清宫烧毁。明代朱元璋于洪武二十三年赐予钱币五千贯，重新修建，历时四年才告完成。

据说当年上清宫的规模几可比肩于皇宫，有人说其殿堂的楼阁仅比皇宫低一尺八寸。有清一代，也非常重视对上清宫的维修，康熙皇帝于公元1713年专门拨白银七万两，对上清宫进行了彻底翻修，乾隆、嘉庆两帝，都曾对上清宫进行过多次维修。不过，1930年的一场大火把上清宫烧得精光，现在仅留下清代所修建的九曲巷、门楼、福地门、午朝门、钟楼、下马亭、东隐院等少数建筑物。

伏魔之殿

此外，上清宫还留有一些元明清三代的一些石碑，其中以元代大书法家赵孟頫书写的碑最为有名。钟楼内还留有一口保存较为完好铸造于元代的重达九千九百九十九斤的钟。现在这口钟和赵孟頫所撰写的石碑均移入天师府保管。

伏魔殿是上清宫的主要建筑之一。它之所以出名，与施耐庵的《水浒传》息息相关。《水浒传》的第一回合是“张天师祈禳瘟疫，洪太尉误走妖魔”，其中写到，宋朝的重臣洪太尉带着皇帝的诏书来到龙虎山向张天师宣诏，碰巧张天师外出云游，洪太尉无事就在上清宫内到处游荡。后来，洪太尉游荡到了伏魔殿，见伏魔殿门上贴着由历代张天师亲自画符、盖印、封贴的交叉封条，顿时起了好奇之心。

伏魔殿平时是不对外人随便开放的，因为它是历代张天师关押妖魔的地方。尽管宫中道士苦苦劝阻，试图说服洪太尉不要打开殿门，但因为洪太尉的特殊身份，以及他对历代张天师斗妖伏魔等故事传说的好奇之心，所以，洪太尉强行下了一道命令，让宫中道士打开伏魔殿门。没办法，宫中道士只好一一撕掉门上的封条，让洪太尉进到了殿内。

镇妖符碑正面

洪太尉进到殿内之后，又看到殿内正中央有一口井，这口井叫“镇妖井”，井边立了一块石碑，正面刻有据说是老祖天师张陵所画的镇妖符，碑的背面刻有“遇洪而

镇妖符碑反面"遇洪而开"

开"四个字。这四个字本意是想告诉上清宫内的道士,如果宫前的泸溪河发了洪水,可以打开井盖,以利于泄洪。

《水浒传》中的三十六个天罡星,七十二个地煞星,在洪太尉到来之前,正是被关押在这不见天日的镇妖井内。施耐庵还特别提到,当年老祖天师张陵在四川传道创立五斗米道时,曾在青城山上,同代表当地巫教势力的八部鬼帅、六大魔王进行过大决战,最后将他们一一收服,把他们也锁在这镇妖井中。后来,历代张天师都要在井盖贴上用来镇服妖魔的封条,以防止妖魔逃出井内,祸害人间。

据施耐庵接下来的叙述,洪太尉进了伏魔殿,看见了镇妖井。本来进了伏魔殿也就进了,还算不得什么非常紧要的大事。糟糕的是,洪太尉的好奇之心越来越大,当他看见殿内中央的镇妖井时,竟然还想看看那镇妖井内关押着的妖魔到底长得啥模样!于是洪太尉又命令宫内道士打开井盖。那些陪同洪太尉的道士当然知道,打开井盖,此事非同小可,张天师又外出云游去了,要是放出了井中妖孽,祸害了大宋江山,这责任谁担当得起!

于是,那些陪同洪太尉的道士坚决拒绝打开镇妖井盖。事情巧就巧在镇妖井旁的石碑背面上所刻的"遇洪而开"四个字。洪太尉解释说,这个"洪"字,指的就是他本人,因为他姓洪,"遇洪而开"的意思就是说,镇妖井的井盖要是碰上他洪太尉来了,就得打开让他看。宫中道士当然知道这是洪太尉的狡辩,但是迫于洪太尉的身份和权势,最后还是不得不打开了井盖。

《水浒传》中对洪太尉命人强行打开井盖,"三十六天罡星"、"七十二地煞星"从井中而出的过程做了十分精彩的描述:洪太尉强行找人推倒了压在井上方的石碑,掘起了石碑下方石龟,挖掉石龟下方的石板,于是便露出了深达万丈的镇妖井。这时,只听得刮喇喇一声响亮,"恰似天摧地塌,岳撼山崩,钱塘江上,潮头浪涌出海门来;泰华山头,巨灵神一劈山峰碎。共工愤怒,去盔撞倒了不周山,力士施威,飞锤击碎了始皇辇。一风撼折千竿竹,十万军中半夜雷"

……那一声响亮过后，“只见一道黑气，从穴里滚将起来，掀塌了半个殿角。那道黑气直冲上半天里，空中散作百十道金光，望四面八方去了”。从此之后，“一朝皇帝，夜眠不稳，昼食忘餐，直使宛子城中藏猛虎，蓼儿洼内聚飞龙”。闯了大祸的洪太尉吓得“目睁痴呆，罔知所措，面色如土”。自从这“三十六天罡星”，“七十二地煞星”从镇妖井中逃脱出来之后，直闹得大宋皇帝数十年都不得安宁。所以，伏魔殿内的镇妖井不仅是施耐庵《水浒传》中一百零八将的出处，更是这部伟大小说的开端。

今天，我们在伏魔殿内能看到四壁上画有各种壁画，表现的就是这段故事。

四、鹤鸣遗响：鹤鸣山的天谷洞、正一盟威之道碑、鹤鸣石、天师井

本书在前文中曾提及，当年老祖天师张陵于巴蜀地区的鹤鸣山传道创教的时候，在各地区建立了专门用于道教修行的建筑。一般来说，这些用来进行道教修行的宫观建筑场所是面向所有五斗米信众开放的，它是公开公用的。不过，熟悉道教的人都知道，在道教修行的过程中，有很多方面是隐秘的，口口相传、秘而不宣的。当老祖天师张陵在修习一些不便于向所有五斗米道信众公开的道门法术的时候，便需要专门找一些比较隐秘的修行场所，而位于鹤鸣山后的天谷洞正是老祖天师张陵当年从事这些比较隐秘的修炼活动的地方。

天谷洞位于鹤鸣山后山的天柱峰的半山腰上，要进入到天谷洞中则要爬上一条位于石壁之上近于垂直的十分陡峭、艰险的山路。可以想见，老祖天师张陵为了能找到这样一个有利于进行隐秘的修炼的场所一定是颇费了一番心思的。

天谷洞

天谷洞是鹤鸣山中的一大奇地，笔者曾去实地考察过。当我们一行人抵达天谷洞时，正好是盛夏三伏天，外面是酷热难当。然而，当我们一行人抵近天谷洞口的时候，习习的凉风扑面而来，浑身感觉到阵阵清凉之意。当我们坐在洞口稍加休息时，

十分明显地感觉到胸前有热风回旋，后背则有一股股逼人寒气沁入骨髓，洞口这一步之内，成了温寒交替之界，真让我们感叹造化之神奇。

“正一威之道”古碑

天谷洞的神奇还不止于此，更绝的是，今人在天谷洞内曾发掘出一块古碑，钟乳石材质，硬度极高。碑的表面呈蜂窝状，形状不规整，高约 1 米，宽约 0.6 米，厚约 0.2 米，右边镌刻有“盟威之道”四个字，中间则刻有“正一”两个大字，左下方刻有“张辅汉”三个小字。

据四川省社科院道教研究专家李远国先生分析，“正一”“盟威”等碑刻文字与史书中所载中国道教初创时的正式名称“正一盟威之道”相符，碑的下部所刻“张辅汉”三个字，则是道教创始人老祖天师张陵的姓和字。李远国先生还提出，这块古石碑是中国道教史上发掘出来的年代最早的石碑，它为老祖天师张陵当年于鹤鸣山地区开创道教提供了极为有力的实物证据。

前文中提到，老祖天师张陵驾鹤西去的时候，山中有巨石发出鹤鸣般的悲唳之声。这就是鹤鸣石的由来。据明代罗洪先在《广舆图》一书中的记载：“鹤鸣山岩穴中有古鹤，鸣则仙人去。昔广成子修炼于此，石鹤一鸣；汉张道陵登仙于兹，石鹤再鸣；明张三丰得道于斯，石鹤又鸣。”这是说，自古及今，鹤鸣山之石鹤共鸣叫过三次：第一次是秦代的广成子于此修道成仙之时；第二次为老祖天师张陵飞升归天之时；第三次为明代高道张三丰于此地飞升之时（现在鹤鸣山的一块石壁上还留有张三丰的手印，天柱峰的半山腰还留有张三丰手植的柏树）。

天师井

其次，在鹤鸣山道观的文昌宫中，至今仍藏有状如飞鹤的三块石头，石头上面还有白色的鹤形图案。据当地馆员介绍，该石头仅见于鹤鸣山。这大概是当年老祖天师张陵骑鹤归天的见证之物。

鹤鸣山天柱峰顶上有一口井，也叫天师井，为当年老祖天师张陵亲手所挖。该井奇就奇在虽位于山顶，可一年四季都不会枯竭，水位不会太高也不会太低，一千多年过去了还是如此。去山顶的游客用手一伸即可用碗打水，并且水很甘甜，是当年老祖天师张陵居于此地时的饮水之源。一直到现在，居住于山上的道士还一直饮用此井中的水。自汉代至今，一直沿用至今的古井是不多见的，天师井当为中国使用时间最久的一口古井。

另，据说在今武夷山古闽越王城遗址内也发掘出一口古井，于西汉时所挖。该井现在也有可饮用之水，但长期埋没于地下，已经有数百年时间没有使用了。后来，是经过考古学家们的发掘才使其重见天日的。其实就沿用时间之长短而论，位于天柱峰顶的天师井恐怕是名副其实的“华夏第一井”。

五、青城余韵：青城山的天师银杏、掷笔槽、伏魔石

老祖天师张陵创立五斗米道主要是在四川大邑县鹤鸣山境内，但他其实与离鹤鸣山不远的青城山也有很密切的关系。例如，本书的前文中曾提到，在民间故事传说中，老祖天师张陵正是在青城山地区与八部鬼帅、六大魔王，以及山精屁斑虫斗法的。另外，老祖天师张陵在历史上确实曾在青城山的天师洞隐居修道，并且时间也不算短。今天青城山还有一座非常著名的道教宫观，叫“古常道观”，内有大量与老祖天师张陵相关的灵迹、灵物。下面将为亲爱的读者朋友们做一一介绍：

先看天师银杏。

古常道观的三清殿内，有很多古树，其中有一棵千年银杏，该树巍巍然高达近六十米，树干直径达七米，需六七人才能合抱，为老祖天师张陵亲手种植，至今尚枝繁叶茂。近代国画大师徐悲鸿曾来此地写生，其中有一幅画即表现了这棵千年银杏的雄姿。

天师银杏

由于这棵树为老祖天师张陵亲手所植，所以又被称为“天师银杏”，历来被青城山道士视为“镇山之宝”，距今已有1800年了，并于2004年荣膺“天府十大树王”之首。更为奇妙之处在于，天师银杏的腰身间布满“钟乳”（当地道士称之为“白果笋”）密布而悬垂。其质为木，但其色如碣石般粗粝凝重，其状则如棒槌、石笋、尖锥。众多木质钟乳布满树身，非常像缓缓流淌的岩浆，似动非动，异常逼真。天师银杏树的各大分枝关节之处，也有形态迥异的“白果笋”倒悬，如牛角、芋头、木锏、笋尖。（天师银杏的根部至腰身处，其状若漏斗，最阔处其直径达20米，树之主干多粗壮歧枝，如巨伞凌空撑开，枝丫纵横盘错，凤舞龙蟠，密如蛛网。枝干上苔藓密布，一年四季，一片茸茸幽绿，很是奇特。）

再看伏魔石。

伏魔石也叫试剑石，位于青城山三清殿的左边。该石耸立于海棠溪旁，上合下分，为青城山的一大奇观。该石又名“三岛石”，据说当年老祖天师张陵与八部鬼帅斗法于青城山时，山中的鬼精也出来凑热闹，推出巨石挡住老祖天师张陵的道路，老祖天师张陵见状十分愤怒，于是一剑劈向大石，分而为三，从此之后，这块巨石就成了今天这个样子。游人还可以看到石头上有“降魔”二字，这是清光绪九年（1883）第六十一代天师张仁晸回青城山祭祖，行达此处时于石上所题。

再看青城山的掷笔槽。

掷笔槽离伏魔石不远，为两山之间所夹的狭长山谷。据说当年老祖天师张陵在青城山力战八部鬼帅和六大魔王，最后战而胜之。六大魔王表示心悦诚服，老祖天师张陵生性仁厚，不愿赶尽杀绝，于是双方达成协议：六大魔王和八部鬼帅迁出老祖天师张陵传道的地区，并要求他们永不进犯。老祖天师张陵在写好协议之后，将大笔一挥，扔入山中涧谷，即形成了今天“掷笔槽”的形状。

伏魔石

掷笔槽

当然，掷笔槽的来历也有另外的传说。据说当年老祖天师张陵在青城山与山中的山精斗法，那山精很不把老祖天师张陵看在眼里，就在对面的山上大笑。老祖天师张陵心中不免大怒，随手就把刚画完鬼符的朱笔向那山鬼掷过去，只见那笔划过山中的巨石奔那山精而去，最后击中了山精的面门，并把山精打倒在地。老祖天师张陵最后降服了山精，而那朱笔所划过的巨石上则留下了一道很长很深的裂缝。后人为了永远记住老祖天师张陵为当地居民驱瘟辟邪之恩，就把那道朱笔划过形成的狭长的裂缝称为“掷笔槽”。

第十章

老祖天师张陵的主要著作、宝诰、法印、法剑、法符以及天师名号

一、主要著作

老祖天师张陵天性聪颖，从 7 岁开始便熟读《道德经》，在他长达 130 多年（也有人认为老祖天师张陵驻世 160 余年）的生命历程之中，他广泛地沉溺于诸子、阴阳、五行、术数、天文、地理等学问之中。老祖天师张陵天性聪颖、用功又勤，加上他一生的足迹遍及祖国的山山水水、大江南北，对老百姓的疾苦以及天地自然造化之大道有着最切身的体会，这一切都为老祖天师张陵的著书立说打下了良好的基础。

据记载，老祖天师张陵于鹤鸣山创道传道时曾著有道书二十四篇，因年代久远及历代王朝所发生的战乱等原因，这些道书大多被毁。到目前为止，我们可以确定为老祖天师张陵所作的道书主要有如下几部："微经十二卷"、《天官章本》和《黄书》。此外，人们一般认为《老子想尔注》也属老祖天师张陵所作，当然也有人认为《老子想尔注》为系师张鲁天师所作。除《老子想尔注》外，人们一般认为"微经十二卷"、《天官章本》和《黄书》这三部道书均包含在老祖天师张陵于鹤鸣山所作的道书二十四篇之内。

其中《天官章本》是关于老祖天师张陵所行道法道术及宗教礼仪方面的书，书中列举的道术名称多达七十七条。老祖天师张陵在道教史上是素以道法高超而著称的，他行医济世、传道授箓、降妖除魔、驱瘟辟邪、宽惠爱民，这些都可以从《天官章本》一书所列举的道术中得到印证。

而《黄书》是一本关于道教房中术知识方面的书。该书原本为口耳相传之作。道门之所以要口耳相传房中之术,是因为当时的社会舆论还没有宽容到容纳“区区”性知识、性生活技巧等方面学问的程度,可是在老祖天师张陵这等具有先知先觉的圣人看来,房中知识对于巴蜀地区那些对性知识尚处于茫然无知状态的居民十分必要,所以不得已采取了口耳相传这样一种折中的传播性卫生知识的方式。

另外,老祖天师张陵一生传道讲学,对老子《道德经》一书中的微言大义多有阐发。老祖天师张陵于《道德经》方面的研读心得都保留在《老子想尔注》一书中。老祖天师张陵用来教化巴蜀道民的最主要教材就是老子所作的五千文。一般认为,《老子想尔注》成书于其孙系师张鲁天师之手,但其中记录了老祖天师张陵研读和讲授《道德经》时的很多思想观念和言论,这是可以肯定的。正如孔子述而不作,其门徒根据孔子的言论整理出《论语》一书一样。

另外,有其他被认为老祖天师张陵所作的道书,这些道书主要有:

《中山玉柜神气诀》一卷;《刚子丹诀》一卷;《神仙得道灵药经》一卷;《峨眉山神异记》三卷;《太上三天正法传》;《太平洞极经》;《太上玄灵北斗本命延生真经》;《太上说东斗主算护名妙经》;《太上说西斗记名护妙经》;《太上说中斗魁保命妙经》等。

以上这些道教经书,未必完全出自老祖天师张陵之手,但其中记载的事件却留有老祖天师张陵生前活动痕迹的真实影子。尤其是后四部道书——《太上玄灵北斗本命延生真经》、《太上说东斗主算护名妙经》、《太上说西斗记名护妙经》、《太上说中斗魁保命妙经》——更与老祖天师张陵有着密切的关系,因为据当代著名的道教史研究泰斗卿希泰先生考证,老祖天师张陵所开创“五斗米道”中的“五斗”之名与崇拜五方星斗有关,而书中记载的正是这一历史事实事件。

二、天师宝诰

我们知道,道教的宫观道士每天都要做早晚功课,而早晚功课正是道士们最主要的修持形式之一。“课”指的是课诵,“功课”就是例行的作业。顾名思义,所谓的早晚功课就是道士每天早晚两次上殿念诵必读的经文。一般来说,道士们所诵经文的内容并无多大差异,主要包括三部分:一是各种咒,如“净心神咒等”；二是几部经，如《太上老君说常清净经》；三是各种“诰”，如“玉清宝诰”。“宝诰”正是道门中人早晚功课中用来念诵的文字。一般来说，各宫观早晚功课的前两个部分的内容会因宫观所归属的道派，或因袭的宫观传统的不同而会有所差异，但多是大同小异。不过，各宫观早晚功课中所念诵的“宝诰”则可能完全不同。由老祖天师张陵所开创和传承下来的正一道派早晚功课中均要颂赞本派祖师的“祖天师宝诰”（这里的“祖天师”指的是老祖天师张陵）和“虚靖天师宝诰”；而盛传于北方地区的全真道派的早晚功课则颂赞本派祖师的“北五祖诰”、“南五祖诰”和“七真诰”；茅山道院道士的晚课中则有“三茅真君宝诰”等等。

在道门中人看来，早晚功课中念诵宝诰丹经是修道的重要法门之一，通过这种方式，可以复元真之性以及炼就不坏之身。同时，念诵宝诰也可以达到养生的目的，因为道士做早课时，多在早上五六点钟，此时，阳气初升，阴气未动，饮食未进，气血未乱，念诵宝诰可以使人心平气和、脉通窍利。晚课时间一般在下午五六点钟，此时人已疲倦，阳气衰微而阴气渐旺，做晚课可以达到消除疲劳、平静焦躁和增进睡眠的功效。

老祖天师张陵是正一道派的创教祖师，所以正一道派的弟子们一般在早晚功课中都要念诵到“祖天师宝诰”。“祖天师宝诰”的内容如下：

本来南土，上溯蜀都。先获黄帝九鼎之丹书，后侍老君两度于玉局。千轴得修真之要，一时成吐纳之功。法箓全成，受盟威品而结璘诀。正邪两辨，奇福庭治而化咸泉，得就大丹。道齐七政，大悲大愿，大圣大慈，三天扶教辅玄体道大法天师，雷霆都省太玄上相都天大法主，正一冲玄神化静应显佑真君，六合无穷，高明大帝，降魔护道天尊。

“祖天师宝诰”的意思是说，老祖天师张陵本从南方而来，然后从江西西进，前往西蜀传道。先前曾获得过黄帝九鼎丹书，后来曾两度感应太上老君，并从他老人家那里得到关于修真大要的法门及经、剑、印、符箓等信物。后来他又在巴蜀地区开创正一盟威之道，广收弟子、驱瘟辟邪、降妖伏魔、挖掘盐井、造福百姓。因此，老祖天师张陵可以称得上是一位“道齐七政，大悲大愿，大圣大慈”的圣人——这是后人对他的赞颂。最后一句话是“三天扶教辅玄体道大法天师，雷霆都省太玄上相都天大法主，正一冲玄神化静应显佑真君，六合无穷，高明大帝，降魔护道天尊”，是历代帝王或正一道信众出于对老祖天师张陵的尊敬而赐予的各种封号和尊号。

三、传教信物：老祖天师张陵所传之经、印、符、剑、箓

据文献记载，老祖天师张陵在巴蜀地区，以阳平治和鹤鸣山治为中心，以神道设教，以忠孝、诚信诸伦理观念教化当地的五斗米道信众。后来，老祖天师张陵于汉安元年(142)正月十五上元之节，感应太上老君驾乘五条白龙下临鹤鸣山，亲授老祖天师张陵以三五都功诸品经箓，三五斩邪雌雄剑两把，以及阳平治都功印一枚。太上老君降临亲授老祖天师张陵的经、箓、剑、印等物，后来就成了历代张天师继位时的传承信物，并且代代相传。

因此，太上老君亲授老祖天师张陵之经、箓、剑、印等物的重要性自不待言。不过，对于一般读者朋友来说，这些传教信物总是具有很浓厚的宗教神秘色彩。不仅对于一般读者朋友是如此，对于那些真正的道教信徒们来说也是如此——毕竟，有多少道教信徒也许一辈子都没有亲眼看过历代张天师所传承之剑、印。

在老祖天师张陵从太上老君处所受授的经、印、符、剑、箓诸信物中，所传之经，指的是先秦道家大哲学家老子所撰写的五千文。大家知道，东汉时的文字多写在竹简或纸上，当然也有写在布帛之上的。自老祖天师张陵创立五斗米道至今，已经近两千年，可以想见，太上老君亲授老祖天师张陵之老子五千经文，已经不存在了。但太上老君所授五千文之内容，是肯定会被保留下来的，并一直是天师道历代张天师穷其一生熟读、参悟的对象。

天师符

就太上老君所传授老祖天师张陵之符、箓来说，其情形与所授之经差不多。我们知道，无论是道门之符或箓，都是画在纸上的。既然画在纸上，在自然条件下，就不可能保存长达近两千年的时

间。可以想见，太上老君亲授老祖天师张陵之符箓现在已经不存在了，但符或箓的画作技术是一定在历代张天师中或秘或显地传承了下来的。因为，天师道在道教史上向来是以符箓法术而名著于世的，历代张天师都会为了驱瘟辟邪、降伏妖魔，或者为了除病疗疾、祈福禳灾而画符作箓。

第三十代天师张继先曾自信满满地说：

吾家法箓符箓，上可以动天地，下可以撼山川，明可以役龙虎，幽可以摄鬼神，功可以起朽骸，修可以脱生死，大可以镇邦家，小可以却灾祸。

不仅如此，历代张天师为了扩大天师道派的影响，也会把画符作箓的技法传授于那些愿意献身道教的信徒。虽然，今天已经无法目睹太上老君所亲授的符箓之真容，但我们仍然可以从天师道道士所作的形态、功用各异的符箓图案中找到当年太上老君亲授老祖天师张陵的符箓样貌的真实的形影。

再看太上老君亲授老祖天师张陵的剑。

刚才讲了，太上老君亲授老祖天师张陵的剑全称叫“三五斩邪雌雄剑”。剑既然称雌雄，那就一定分阴与阳；既然称雌雄，那就一定是两把；既然称斩邪，那就意味着剑是用来祛除妖魔的。

从法剑之名称看，这与道教重视阴阳五行的观念是一脉相承的。更为重要的一点是，当年太上老君亲授老祖天师张陵的剑是用铜铸造的。因为是铜铸造而成，所以，这雌雄二剑就可以以代代相传的方式予以保存下来。事实上，历代张天师都把太上老君亲授之雌雄二剑当作最重要的传教信物之一。从某种意义上说，这剑与老祖天师张陵是一而二，二而一的，人们至今在各地供奉老祖天师张陵的神像，或在各种书籍印有老祖天师张陵的图案上，或各种民间传说故事中都可以确证这传承自太上老君之三五斩邪雌雄剑的存在。

捉鬼图方镜

因为三五斩邪雌雄剑的重要性，历代张天师都视之如同自己的性命，轻易不以之示人。笔者曾在网上搜索过三五斩邪雌雄剑的图片，没有找到。另，又据本人看到资料，三五斩邪雌雄剑至今只剩下一把，另一把剑大概是在南北朝的时候，因为当时社会动荡以及其他种种原因而遗失了。

据说，至今留存下来的一把剑保存在江西省博物馆。

最后，再说说太上老君亲授老祖天师张陵之印。

由于历代帝王曾赐予张天师以各种封号，所以可以想见，历代张天师所拥有的印玺应该是很多的。但直接与老祖天师张陵相关之印却不会很多。刚才说了，老祖天师张陵感应了太上老君，于是太上老君便亲授之以印、经、剑、符等物，其中就有印。

后来，老祖天师张陵又开创了五斗米道，设立二十四治，以教化当地百姓。其中，老祖天师张陵所在的管理和协调其他各治的中央治所叫天师治，也叫阳平治。当时在各治所之间应有文书往来，以传达老祖天师张陵所颁布的法令、制度、礼仪等。为了显示这些文书的权威性和真实可靠性，老祖天师张陵便会在上面盖上天师印，即“阳平治都功印”。

今天，人们在青城山古常道观天师殿内的隋代老祖天师张陵雕像的左手心上能看到一方印章，上刻有“阳平治都功印”字样。据说，老祖天师张陵擅长雷法，此印放于他手心，意思是它是一种可以用来除妖降魔的法器。

当然，二十四治的各治所都有都功印。最近在川西地区出土了一方木质印章，上刻有“平盖治都功印”的字样。因此，可以推测，当时每一治应该都会有属于自己治所的都功印。但阳平治都功印应该是老祖天师张陵日常所使用的，最能表明他在五斗米道中的尊荣身份。

我们知道，老祖天师张陵道术高超，经常运用符文、符书上彰神明，为百姓排忧解难或驱除邪魔。在这些上彰神明的符文、符书或符箓上都要盖上老祖天师张陵之印，以在神明面前表明自己的身份。这类印是盖在符纸之上的，应叫“符印”。可惜的是，我们今天几乎没有机会看到老祖天师张陵的原印，只能从一些文献资料上见到原印的字样。

太上老君亲授老祖天师张陵的印是世代相传的。当年张盛天师从中原地区回到龙虎山所携带的就是老祖天师张陵所传的阳平治都功印，它成为历代张天师袭教之信物。因为这枚印是太上老君亲授老祖天师张陵的，后来成为历代张天师掌教最重要的信物，所以称这枚印为“祖印”。

问题在于，历代张天师所使用过的印是很繁多的，有些印的来历和身份还极其尊荣,甚至还是朝廷亲赐的。据第六十一代天师张仁晸增修、清光绪十六年(1890)刊刻的《留侯天师世家宗谱》卷一之“世传官私印剑考”一文中的说法,龙虎山天师府原有祖遗玉刻阳平治都功印一颗,丹印二颗,玉刻大阳平治都功印一颗,银刻双纹阳平治都功印一颗,铁印神霄玉文章印一颗,玉刻五岳真形印一颗。其中祖遗玉刻阳平治都功印正是与老祖天师张陵直接相关的祖印。此外,还出现了所谓“玉刻大阳平治都功印”、丹印、银刻双纹阳平治都功印、铁印神霄玉文之章印、玉刻五岳真形印。更让一般读者朋友们一头雾水的是,民间还流传有所谓“镇山印”、“代劳印”、“卞和玉印”等印的说法。那么,这品类繁多的诸印之间有什么内在的联系?它们各自在什么场合中使用?它们与“祖印”之间到底存在什么关系呢?

祖印是太上老君亲授老祖天师张陵的,它是绝无仅有的,这一点是世所公认的,没有任何疑问。明代的郎瑛曾经说过:

自道陵传下者,则玉印一枚,其文乃曰阳平治都功印,云篆也,至弘治(这里“弘治”应为“成化”之误,即公元1467年)年间朝廷恐其随身有失,另碾一颗赐之。(《七修类稿》)

这段文字清楚明白地告诉我们,从老祖天师张陵传下来的作为历代掌教天师之信物的印只有一枚,且是玉质的。祖印上面的印文是“阳平治都功印”,是用云篆体雕刻而成的。公元1467年,明代朝廷因为怕张天师遗失祖印,另外碾了一颗印赐予张天师。

阳平治都功印

又,第五十四代天师张继宗在《崆峒问答》也提及明朝廷赐予张天师银印之事:

因古时用祖印于符箓上,后人以为太亵,故嘉靖年间(1526),复制银印代之,为之代劳印。……其祖印非国家大典斋醮,不可轻用。

这条史料告诉我们很多信息，比如说，在相当长的一段时间之内，历代张天师在符箓上用印的时候都是直接用祖印的。而到了明嘉靖年间的时候，有人觉得在一般的符箓上，例如，那些针对普通百姓的需要所画的符箓，直接用祖印显得太不敬重，甚至于是亵渎神明了，所以朝廷又按照祖印的样子，复制了一枚银印。后来，张天师在一般性的符箓上用印的时候，就用这枚银印代祖印之劳了，所以称之为“代劳印”。当然，第一段史料中所提到的朝廷赐予张天师的那枚印，可能也是玉质的，也可以称之为“代劳印”。不过，有了代劳印之后，祖印使用的机会就很少了，但也不是绝对不用，在张天师为国家举行大典斋醮等庄严的场合还是要请出祖印的。

《留侯天师世家宗谱》卷一“世传官私印剑考”所提到的“大阳平治都功印”是后来人们提到比较多的，它又是一方什么样的印呢？

据第五十四代天师张继宗在《崆峒问答》中的说法，“大阳平治都功印”的出现是因为老祖天师张陵“不敢以祖印下行”，于是另刻一方印作为下行之用。这另刻的那方代祖印作下行之用的印，就叫“大阳平治都功印”。所以，从功用的角度来讲，大阳平治都功印的出现，正是为了代祖印下行之用，因此“大阳平治都功印”充当的正是“代劳印”的角色。

又据《留侯天师世家宗谱》卷一“世传官私印剑考”的记载，到二祖嗣师张衡的时候，于阳平治的地下挖掘出一方玉石。这方玉石来头很大，据说它源自战国时代的卞和玉。大家知道，卞和玉一开始的时候为秦国得到，被剖为三。其一被秦国镌刻作为传国玉玺；其二未镌，被秦国藏之于阿房宫中。后来，老祖天师张陵的十世祖留侯张良在随汉高祖刘邦入关的时候，得到了这方未镌之玉石，并藏埋之于阳平关。

据《留侯天师世家宗谱》卷一“世传官私印剑考”中的说法，第二代张天师嗣师张衡后来又从阳平治的地下挖掘到一方玉石，这正是当年留侯张良藏埋于阳平关地下的那方卞和玉石。嗣师张衡用这方挖掘出来的卞和玉石，依照大阳平治都功印的规制，复制了一方印，上面刻的也是云篆体的“阳平治都功印”。因为是用卞和玉石镌刻而成，所以又叫“卞和玉印”。

卞和玉印和大阳平治都功印的规制是一样的，都是大径四寸，只是二者所用的材质不一样。祖印和卞和玉印、大阳平治都功印上面所刻文字是一样的，但祖印相对要小一半，只是大径二寸。

自从卞和玉印出现之后，原来那方代祖印作下行之用的大阳平治都功印被当做镇山之印，封而不用了。这就是"封山印"的由来。不过，也有人称"封山印"为"镇山印"，因为后来张天师入朝觐见的时候，要随身携带祖印和卞和玉印，而留此印以镇龙虎山天师府中，故名"镇山印"。

所以，大家可以看到，历史上先后出现的两方大阳平治都功印均是作为祖印的代劳印目的而出现的。只是，由于后来用卞和玉石雕刻而成的大阳平治都功印材质优秀，其代祖印的身份就一直延续了下来。据《留侯天师世家宗谱》中的说法，此卞和玉印，"白如冰雪，略无瑕玷，望而有光，真人世稀之宝也，传为楚卞和璧同璞分镌者。"从此之后，卞和玉印"乃下行之印，一应文牒用之"。

当然，卞和玉印虽不是祖印，其身份只是作为祖印的代下行身份而出现，但因其材质来源的特殊性，在后世人们的眼中，它俨然成了历代张天师所画符箓之上最耀眼的明珠。例如康熙时代的张继宗天师在回答"今符上哪三印"的提问时，回答说有"中卞和玉印，左金印，右银印"。又过了近百年的时间，到乾隆朝时，张天师所画符箓上所用印由三枚而变为恽敬(1757—1817)所说的四枚，而卞和玉印依然居于其中，可见其代祖印作下行之用的身份是极为特殊而稳固的。

至于本文一开始提到其他种类繁多的张天师所用印，大多离不开因时、因地、因需而镌刻作"代劳"的性质。有金制的，有银制的，当然更有玉制的。这当中，有朝廷复制赐予的，也有历代张天师们出于各种需要或基于在某种比较特殊的情形下的考虑，或某些特定的演法所需而新造的。从使用者身份的角度来说，由于它们都供张天师使用，也可以称它们为"天师印"。当然，这类"天师印"与老祖天师张陵就没有直接关系了。

四、天师名号：老祖天师、祖天师、张天师诸名号的含义

读者朋友们已经看到了，在本书中大量用到"老祖天师"这个词。其实，稍懂天师道历史的人都知道，天师道的宗教领袖的名号还有其他几个，例如"张天师"、"祖天师"和"老祖天师"。笔者在这里对"老祖天师"、"祖天师"、"天师"这几个天师名号稍加一点解释。

前文中已经提到过，"天师"一词，语出《庄子》，就是以天为师、法天而行的意思。东汉末年，老祖天师张陵曾在四川鹤鸣山地区传道授业，教化当地百姓，

奉行自然天道，以天道为师。所以由他所开创的道教又称为“天师道”，其宗教领袖后来自然地被称为“天师”。不过，当时老祖天师张陵的“天师”名号只是民间的俗称。因天师道的嗣教领袖均出自于老祖天师张陵的嫡系子孙，都以张为姓，所以俗称“张天师”。

虽然，严格说来，“张天师”名号指的是天师道代代相承之掌教首领的总称——也就是说，“张天师”并不专指某一位具体的天师道领袖个人。但实际上，老祖天师张陵对于天师道乃至于整个道教创立的贡献是如此之大，并且，老祖天师张陵也是道教中最早被称为“天师”之人，以至于后世的人们用“张天师”一词来专指老祖天师张陵这个特定的个人。用“张天师”来专指老祖天师张陵只是一种民间口语化的称呼，并不是书面意义上的称呼，这是要特别提醒读者朋友的！当然，在不太严格的意义上，在某些特定的语境之下，在不引起语义混乱的情况下，还是可以用“张天师”来专指老祖天师张陵的。

历代天师道领袖的名号中，第二个名号是“祖天师”。我们知道，在中国传统文化中，“祖”一般是用来形容某个家族发端先辈的，如伏羲被视为中华民族的生人初祖，黄帝则被视为是中华民族的人文始祖。到了后来，在一个家族中，能被冠以“祖”之名的人，通常来说是对于该家族事业的形成发展做出过极重大贡献的人，如汉朝的刘邦和唐朝的李渊，均被称为“高祖”。

我们知道，对于天师道来说，老祖天师张陵无疑是对于其形成发展做出过极大的贡献，似乎称老祖天师张陵为“祖天师”是再自然不过的一件事。然而，事实上，“祖天师”的名号并不是用来指称老祖天师张陵老祖天师的，而是用来指称天师道第三十代张天师张继先的。这又是怎么一回事呢？为什么作为天师道创教之祖的老祖天师张陵没被冠以“祖天师”的名号呢？

事情的经过是这样的。当年老祖天师张陵在创立五斗米道之后，在巴蜀地区传承了三代，即老祖天师张陵传嗣师张衡天师，嗣师张衡天师再传系师张鲁天师。系师张鲁天师袭教之后，曹操大兵压境，不允许在汉中巴蜀地区存在“五斗米道”这样一个政教合一的政权。当然，作为五斗米道首领的第三代天师张鲁深知自己无论在军事方面，还是在经济、政治、文化各方面均无法与中原的曹魏集团相抗衡，所以接受了曹操的招安。接受招安的结果是，曹魏集团对系师张鲁的家人及五斗米道中的骨干力量给予极高的礼遇，张鲁的几位儿子还被封了侯，张家与曹家还结为姻亲：系师张鲁天师的儿子甚至于迎娶了曹家的公主，曹操的儿子甚至也迎娶了系师张鲁天师的女儿。这里可以看出，曹魏政权对作为五斗米道的宗教首领的天师张鲁确实是礼遇有加的。

不过,北方的曹魏集团内部各种势力的争斗也是复杂和残酷的。大家知道,曹魏后来是被司马家族篡了权的。所以,系师张鲁天师也看出了自己所处的险恶处境,他知道,当曹魏被司马家族取代的那一天,由于张家与曹魏政权那种极为亲密的关系,极有可能会遭到清算。所以,系师张鲁天师在临终之前,叮嘱其子张盛天师——也就是后来的第四代大师,日后一定要重返龙虎山中传承老祖天师张陵所开创的五斗米道。当然,后来中原地区的政治形势发展也确如张鲁天师所预料的,司马家族最终取代了曹魏家族。所以,从张鲁天师叮嘱张盛天师重返龙虎山中传承五斗米道中可以看出他的意图,即远离这个是非之地。所以,张盛天师后来返回老祖天师张陵当年炼制九转神丹的龙虎山玄坛立庐就带有远避家族灾祸的目的。

正如本书前文中所看到的,张盛天师确实是遵循了张鲁天师的嘱咐的,他确实返回了龙虎山,当然也达到了远避家族灾祸的目的。不过,重返龙虎山传承天师道的另一不利后果也随之而来,天师道从此远离了中原政权的核心区域。在失去王权的大力扶持之后,可想而知传承于龙虎山的天师道一脉(或称正一道)的发展,会受到极大的限制。再加之短暂的西晋王朝结束后,国家陷入南北分裂的状态,连年的战争,这些因素都使得当时在龙虎山传承的五斗米道陷入了低谷。正是这个原因,在两晋南北朝时期,于龙虎山传承下来的天师道一脉的宗教领袖的名号——张天师——并不突出。

龙虎山传承的天师道直到唐代才开始重新受到官方的重视,这主要是因为当时的李唐王朝奉老子李耳为自己的祖先,尊奉道教。当然,有唐一代对龙虎山传承的天师道也连带地重视起来,下命令找寻老祖天师张陵的后裔,并加以礼遇。虽然唐代有王权扶持道教的大背景,但客观地说,龙虎山传承的天师道并不特别突出,没有出现过才华特别卓绝的张天师来发扬光大于龙虎山传承的天师道。

直到宋朝初年,于龙虎山传承的天师道才开始发扬光大起来。这主要是因为当时龙虎山传承的天师道中出现了一位道法高超、才华卓绝、品行极佳的宗教领袖,他就是第三十代天师张继先。自此以后,通过张继先天师的不懈努力,龙虎山天师道的影响无论是在宗教领域,还是政治文化领域,均达到了两晋南北朝以来所无法比拟的深度和广度。

可以毫不夸张地说,第三十代天师张继先是名副其实的天师道的中兴人物。通过他，天师道在历代王朝的宗教信仰、政治、文化领域均占据了稳固而重要的地位。从此之后，直至清末，无论封建王权如何更替变化，张天师在封建王权中地位始终坚固如磐！

刚才已经言及，在中国的家族文化中，对那些为家族的形成、发展和繁荣兴旺做出过特别重大贡献的人总是会被特别地予以崇拜的——这正是中国传统家族文化中对英雄祖先崇拜情结的外化。正因为第三十代天师张继先对于由老祖天师张陵所开创的天师道的中兴之功，所以，很自然地，张继先天师被子孙们奉为张氏家族的英雄祖先而予以崇拜。于是，张继先天师被奉为"祖天师"——尽管在他之前还有开创天师道的老祖天师张陵，但这并不矛盾。正如刘邦被称高祖，而事实上刘邦并不是刘家的始祖一样。

当然，张继先天师被奉为"祖天师"之后，另一个与张天师名号相关的极为现实的问题自然也就浮现了出来——作为在事实上开创了五斗米道的宗教领袖的老祖天师张陵天师应该给予一个什么样的名号？"祖天师"之名已经给了张继先天师，那么应该给予老祖天师张陵天师什么样的名号才能表彰他的创教之宏大功德？

中国文字的意蕴是极为丰富的。所以，后来的人们就想出了在"祖天师"之前加一"老"字，变成"老祖天师"，用"老祖天师"称呼老祖天师张陵天师，就完全可以解决这个与天师名号相关的问题。"老祖天师"一方面表明了"老祖天师"与"祖天师"之间的血缘关系，另一方面，也可以彰明这两代天师各自所作所为对于龙虎山天师道的伟大功绩。

说到这里，我想亲爱的读者朋友们对"张天师"、"祖天师"及"老祖天师"这几个有关天师名号的含义，及其各自所指已经有了最清楚明白的理解了。但还有一个与老祖天师张陵相关的姓名问题要跟读者朋友们作一简单的交代。

相信读者朋友们在阅读与天师道相关的书籍文献中会接触到另外一个名字——"张道陵"。其实"张道陵"所指称的就是老祖天师张陵。之所以在"老祖天师张陵"的姓名之间加一"道"字，主要是为了表彰老祖天师张陵一生学道、向道、修道、创道之功。

张道陵画像

第十一章

各地供奉老祖天师张陵的重要道观

在历史上，由老祖天师张陵所开创的正一道派曾经总领江南和天下道教事务，所以老祖天师张陵对于道教有着十分突出的贡献。此外，老祖天师张陵在民众心目中同样占据着重要地位，不仅很多道派把他作为宫观中供奉的对象，而且很多的民间祠庙中都曾供奉过老祖天师张陵的神像。老祖天师张陵对于道教和民众生活产生过重大的影响是毋庸置疑的。由于中国近现代化进程的影响以及其他一些人为方面的原因，更由于道教自清代以来，便开始呈现出衰落之趋势，而与这一衰落趋势相应，那些曾经供奉过老祖天师张陵的道观也大为减少了。尽管如此，我们今天仍然可以在一些著名的宫观之中找到老祖天师张陵的神像。俗话说，大浪淘沙，在经历了道教衰落、西学东渐之态势的“淘沙”过程后，我们也许更能体会到鲁迅先生所说的“中国的根柢全在道教”这句话所包含的真知及其分量，使我们更加清楚地认识到我们自身的民族特性，从而能在今天这个席卷全球的现代化过程中多一份沉思、少一点轻率的冲动。

除传统供奉老祖天师张陵神像的道教著名宫观如龙虎山的天师府、正一观、青城山的天师洞、鹤鸣山的鹤鸣山道观外，近些年来又有一些新复建的宫观开始恢复对老祖天师张陵神像的供奉。此外，我们欣喜地看到，一些新修的道观也开始把老祖天师张陵作为供奉的对象。这至少说明，道教在中国文化中仍然具有极强的生命力，在那些真正关心祖国传统文化和对道教怀有真诚信仰的道门中人的共同努力下，越来越多的人开始关注和信仰道教，这可以说是道教的一大幸事吧。

一、龙虎仙家：龙虎山的嗣汉天师府和正一道观

先看龙虎山的嗣汉天师府。

龙虎山的天师府，全名“嗣汉天师府”。这一名称来源于元世祖忽必烈封第三十六代天师张宗演为“嗣汉天师”，意思是自东汉老祖天师张陵开始，正一道张天师代代相袭，道源流长。当年老祖天师张陵行至云锦山时，看到此地有两座对峙的山峰，一峰如卧虎，一峰如盘龙，就知道这是一块风水宝地。据说，老祖天师张陵炼丹成功后有龙虎显现，“龙虎山”因此而得名。后来，老祖天师张陵离开龙虎山，前往川西的鹤鸣山地区传道教化百姓，曾一度感化太上老君，老君还答应老祖天师张陵说要世世荫佑其后代子孙。

三国时期，曹魏政权的政治、经济、军事势力强大，为使生灵免于涂炭，老祖天师张陵之孙张鲁天师不得已归顺曹魏，并携家眷、信徒迁往中原的邺城。后来，张鲁天师之子张盛天师谨记父亲的教诲，有心求道，并弃官不做，带着曾祖父老祖天师张陵传下来的印、剑、经箓自中原地区来到龙虎山，并在当年老祖天师张陵炼制九转神丹之地结庐而居，进行传道授徒等宗教活动。

后来，龙虎山正一道派的影响越来越大，龙虎山天师府的地位也就越来越非比寻常。我们知道，天师府是历代张天师们饮食起居的场所，是中国历史上少有的世家府第，它南朝琵琶峰，面临上清溪，北依西华山。张盛天师初来此地时，秉承其曾祖父崇尚简朴自然、一心向道的风格传统，并没有大兴土木。后来，随着道教的日益贵盛，历代封建王朝的统治者们不断加封老祖天师张陵和他的子孙们，天师府也被不断地加以改建、维修、增建和扩建，特别是宋元明清四代，都曾对天师府进行过大规模的修建。宋崇宁四年(1105)，天师府始建于上清镇关门口。元延祐六年(1319)，又迁建天师府至上清长庆坊，约在今上清镇的西边。明太祖洪武元年，皇帝亲赐白金15镒于上清镇中心重建天师府。此后，天师府曾历经十多次的增建、复建和维修。天师府是一座具有皇家气派的道教建筑群，规模宏大，气势非凡，府内绿树成林，遮阴蔽日，环境清幽、鸟声啾鸣。我们今天所看到的天师府的现存建筑，大多为乾隆至同治年间所建。在极盛时代，天师府占地约32000平方米，有大小房屋500多间，这些房屋以三省堂为中心，按八卦方位罗列。天师府的整体建筑结构呈八卦方位排列，而三省

天师府府门

堂正位于八卦的太极上。三省堂是历代张天师日常饮食起居之所，这一布局体现了张天师沟通天、地、人三才，掌控阴阳五行的道教思想理念。天师府规模宏大、构筑华丽、装饰豪华，有王府的华贵，却不失道教的哲学意蕴（其布局暗合八卦方位），它无论在中国政治史、宗教史、文化史还是建筑史上都占有不可或缺的地位。以前天师府中珍藏着大量由帝王、政界要人或社会名流所赐予的文物，可惜的是，由于天灾人祸等原因，很多文物都没能保存下来。

现在我们所看到的天师府主要由府门、大堂、后堂、私第、书屋、花园、万法宗坛等建筑物组成——当然，有部分建筑是在受到“文革”破坏后加以维修或复建的。

走近天师府门，即见深红色的高墙大院，下有八卦铺地，左右有石雕麒麟卫护，顿时把人带入道教所特有的宇宙时空的氛围中。府门坐北朝南，面河而立，高大雄伟，气势极为宏大。

而府门两边的柱子上书有这样一副楹联：

麒麟殿上神仙客，龙虎山中宰相家。

天师府二门

该楹联出自明代大书法家董其昌的手笔。联中所说的“麒麟殿”一般指皇宫大院，而“神仙客”则指历代张天师，意思是说，张天师是皇宫中的常客，而龙虎山中的天师府则更是历朝历代位高权重的政要们经常光顾、求策问对的地方。这副楹联表明了张天师在封建王朝中的尊荣身份和威望，形象地传达出历代张天师既是“神仙”又是“宰相”的双重显赫地位。

当然，这副对联也可另作解释。我们知道，老祖天师张陵是西汉重臣张良的十世孙，而“麒麟殿”是西汉皇帝刘邦召集朝廷重臣商讨国家大事的大殿，只有像张良这样帮他打下天下和稳固汉室江山的重臣才有资格进入“麒麟殿”议事。张良功劳虽大，但他更愿意在帮助刘邦稳固汉室江山之后归隐山林，所以，后来张良曾屡次向刘邦表明自己愿从赤松子游历山川、向往神仙的心迹。老祖天师张陵是张良的后裔，所以龙虎山的“嗣汉天师府”便可以称得上是西汉初于麒麟殿上议政的“神仙客”张良及其子孙的家了。

又，元武宗时代，曾封第三十八代天师张与材为“金紫光禄大夫”，虽然不拿宰相的俸禄，但其官品却相当于宰相，因此，天师府也确实可以说是名正言顺的“宰相之家”。

从天师府门进入二门，便可见门联：

道高龙虎伏，德重鬼神钦。

灵泉井

这副门联描述的是老祖天师张陵当年在龙虎山炼丹时，丹成而龙虎现。后来，老祖天师张陵又到巴蜀地区传授五斗米道，一生悬壶济世，以德化人，降妖伏魔，驱瘟辟邪，在挑选入门弟子时，对道德人品有着严格的要求，强调先修人道后修仙道，门联中所讲述的正是这些事。

二门内有大院，院内有高大成片的橡树、樟树，林木间种满花草，院中鸟语花香，环境清静，极合道教天人合一之旨趣。院中还有一口井，叫“灵泉井”。据说，“灵泉井”为南宋高道、内丹派南宗的创始人白玉蟾开挖。这“灵泉井”的开挖背后还有一个美丽动人的故事：据说当年白玉蟾挖凿到七七四十九丈深的时候，惊动了井底龙王。龙王便问白玉蟾：“你何必挖凿得这么深呢？”白玉蟾真人就回答道：“我要借四海之水，以炼制仙家不朽之大丹。”该“灵泉井”是张天师家人世世代代饮用之水，井水甘甜，并且碰上久旱的年月，“灵泉井”也不会枯竭。

从二门经玉皇殿，即到三门。三门内的三省堂为整个天师府的主体建筑，是历代张天师的日常饮食起居之所。在三门的院墙上有这样一副对联特别引人注目：

南国无双地，西江第一家。

在中国古代，像龙虎山张天师世家这样的名门望族是少之又少的，而特别是像老祖天师张陵后世子孙那样，有那么多代张天师受到皇帝的召见，以及来自朝廷的封赏和重视这样的情形就更为罕见，这恐怕只有山东曲阜的孔家才可以相比拟吧！

孔子的后代世世受封为“衍圣公”，老祖天师张陵的后代则受封为“天师”。客观地说，历代张天师的地位除在极盛的时期与“衍圣公”的地位相当外，一般情况下要稍低于衍圣公。所以联中说龙虎山天师府只能是在南方无双（“南国无双地”），而不能说在华夏大地上无双，因为北方有山东曲阜的孔府。尽管不是全国无双，我们还是不得不佩服当年老祖天师张陵确实具有独到的眼光，为他的子孙们选了这么一块风水宝地。在南国都可以无双，那么在“西江”（长江以右的地区称“西江”，又泛指江南地区）就肯定无人家可比了（“西江第一家”）。

天师府三门

进入三门即到达“三省堂”（内有“天师殿”）。这是一座相对独立的院落，由前中后三厅组成。

前厅里设有一块圆形的绿石，叫“迎送石”，历代张天师迎送客人均到此留步。正殿的中央供奉着三尊神像，中间那位背负刀剑斧戟，并在龙虎旌旗簇拥下仗剑而坐的就是老祖天师张陵的塑像。老祖天师张陵身旁悬挂着这样一副对联：

有仪可象焉，管教妖魔丧胆；无门不入也，谁知道法通天。

这副对联非常形象生动贴切地表达了老祖天师张陵一生降妖除魔的事迹。侍立在老祖天师张陵两旁的是他最得意的两位高徒，一位为王长，另一位为赵升。在后室中还悬挂着另两位张天师的画像：一位是一派仙风道骨的第三十代天师张继先，另一位是精通道儒经典的第四十三代天师张宇初。

三省堂

后厅为一江南院落式风格的建筑群，左右有金光、紫气二门，正中之门则直通后堂。后厅的建筑物极为富丽堂皇，门窗雕梁画栋，饰以浮雕，十分生动逼真，简直可以说是呼之欲出，图案风格多高清淡雅，给人超凡脱俗之感。右手边一间房屋为张天师的寝室。此外，其中还有一楼名“绣花楼”，是张天师家待字闺中的小姐们刺绣绘画的地方。

穿越后厅，经八卦门，就到了灵芝园。灵芝园中有古四季桂一株，树姿婆娑，四季飘香。园北的敕书阁，是历代张天师保存皇帝圣旨诏文及重要的公文书信的地方。可惜的是，敕书阁曾经于清代咸丰年间毁于一场大火，烧掉了很多重要的文书。

敕书阁后还有百花园，园中花香树葱，景色十分优美，是天师散步、休息和纳凉的地方。

这里尤其要一提的是位于三省堂西边的“万法宗坛”。“万法宗坛”分为正殿、东殿和西殿三个部分。正殿又名三清殿，供奉着玉清元始天尊、上清灵宝天尊、太清道德天尊这三清尊神。此外，三清殿还供奉着“三官”神像。“三清”是“三清始祖”，道教认为宇宙间的天地万物均由“三清”创化而来；而“三官”是指天、地、水三官，它们与老祖天师张陵的关系十分密切，当年老祖天师张陵在西蜀传教时即以“三官手书”为人治病。东殿为灵官殿，西殿则为财神殿。灵官是道教巡察、护法和监坛之神；而财神殿则供奉的是骑着黑虎、手拿银鞭、上章奏表、往人间送财送福的财神爷赵公明。据说当年老祖天师张陵作法时，赵公明在旁守护着玄坛，所以又称他为“赵玄坛”。

“万法宗坛”内有雌雄罗汉松二株，大者为雄，小者为雌。据说它们是南宋皇帝赵构的母亲所栽。虽然已经历时千年，但这两棵雌雄罗汉松枝繁叶茂，躯干盘曲，实为珍贵的实物资料。

龙虎山正一观鸟瞰图

正一观大门

天师府为我们认识道教本身及道教在中国历史上的地位、兴衰巨变提供了很好的素材，是值得游客们细细品味、耐心观摩的好地方。

再看龙虎山的正一观。

前文中已经多次言及，东汉中叶，老祖天师张陵辞官归隐之后，由嵩山入淮河流域，后进入江西的云锦山。老祖天师张陵见此地山环水抱，风景秀丽，九峰并出，龙虎对峙，就知道此地为炼就仙丹大药的绝妙好地，于是便在云锦山停留了下来。后来，老祖天师张陵率领一干弟子经过长达十数年的艰苦努力之后，终于成就了九转神丹。据说老祖天师张陵在成就九转神丹之时，“丹成而龙虎见”，云锦山便由此而改名为“龙虎山”。

再后来，老祖天师张陵在梦中受太上老君之所托，离开了龙虎山，并一路西行，去巴蜀地区的鹤鸣山传授太上老君之大道。但毫无疑问，龙虎山是留有老祖天师张陵炼制九转神丹的遗址的。

据《龙虎山志》记载：第四代天师张盛自汉中迁返龙虎山之后，曾在老祖天师张陵当年炼制九转仙丹的遗址之上建祠祀祖；五代南唐时，继老祖天师张陵一脉的张天师曾在此修建天师庙；北宋崇宁四年(1105)，正一道的杰出领袖第三十代天师张继先奉敕在此地修葺天师祖庙，后宋徽宗时将此地之天师祖庙改为演法之道观；明嘉靖三十二年(1563)，明世宗专赐公款重修该演法道观，并改演法观为正一观。故龙虎山“正一观”之名称实从明世宗时开其端，但其历史渊源则可上溯至老祖天师张陵炼制九转神丹的东汉中叶。

正一观在历史上是非常有名的道教宫观。据历史文献记载，第四代张天师张盛为祭祀老祖天师张陵而兴建起“老祖天师庙”。当时，第四代天师张盛把当年老祖天师张陵炼制九转神丹的地方称为“玄坛”，也称“元坛”。并谨遵其父张鲁张天师之命，立志要“永宣祖教，以传于世”。所以，在张盛天师掌教的时代，每年的三元节便是登坛授箓的时候，各地的学道之人便纷至沓来，形成了“昼夜长明羽人国”的繁华景象。张盛天师所开建之天师祖庙，也曾饱经沧桑，尤其是魏晋南北朝时期，当时国家分裂，百姓不得不颠沛流离，封建王权自身尚且自顾不暇，更谈不上对龙虎山数代张天师有什么激赏。可以想见，当年张盛天师所创建之祖天师庙也曾有过很长一段时间的落寞。

自唐宋两朝开始，国家对道教日益重视，曾一度有意或无意地把道教提高到国教的高度。也正是从此时开始，正一道派在全国道教的历史地位有了大大的提升。随着正一道派在全国道教中地位的提升，历代掌教之张天师也开始重视对天师祖庙——演法观、正一观的修建。从此之后，这里宫观林立，高道云集。有唐天宝年间(724—755)一代高道吴筠所赋一首《龙虎山》诗为证：

道士身披鱼鬣衣，向日忽向青天飞。龙虎山中好明月，玉殿珠楼空翠微。

唐宋之后的历代王朝，均非常重视对正一观的维护和修建，不绝如缕。据历史资料记载，南唐保大八年(950)，敕建天师庙，翰林学士陈桥曾撰文立碑纪念；宋元祐元年(1086)，第二十八代天师张敦复重建演法观，受御赐匾额“演法观”；宋咸淳七年(1271)，第三十六代天师张宗演又对演法观加以修葺，使其殿宇焕然一新；明嘉靖三十二年(1553)，敕改观名“演法观”为“正一观”；明万历七年(1579)，太监杨辉监督重修正一观；万历三十九年(1611)，第五十代天师张国祥奉旨复修，一如旧制，即正殿五间，中间祭祀老祖天师张陵及其两位最著名的弟子王长、赵升，且均为浴金铜像。正殿之后为玉皇殿、丹房、厨房和浴室；明熹宗天启三年(1623)又对正一观加以修复；康熙五十二年(1713)朝廷又拨专款重修正一观，并改“玉皇殿”为“玉皇楼”；雍正九年(1731)朝廷派遣官员重建正一观，并命令第五十六代天师张绍麟协作。此次修建经历数月，重建后的正一观，正殿五间，重檐、丹楹、彤壁、琉璃瓦，东西周庑各有十间，以朱栏环绕。元坛殿三间在东庑中，从祀殿三间在西庑中，仪门三间，阶下建有钟楼、鼓楼，所有殿、楼、门、庑、梁、栋都饰以彩绘，富丽堂皇。正门中额题“正一观”三字，阙门皆朱漆铜沓冒，门外立有两根高大的幡旗杆。从阙门至楼前的甬道、台阶，均以巨石砌成；嘉庆二十年(1815)，第五十九代天师张钰又借公款修复，建制如旧。正一观至今已有1900余年的历史。

今天的"正一观"是在原址按宋代建筑风格重建的。占地60余亩，坐东朝西，南北对称，主要包括七星池、正门、仪门、钟鼓楼、元坛殿、从祀殿、祖师殿、玉皇楼、丹房、红门、廊庑以及生活用房等，主要体现出明、清时期的一些建筑艺术特征。整个正一观的建筑风格以灰瓦白墙为主，气势浑雄，又不失古朴典雅，暗合道教仙骨傲然之姿态。观外则绿树葱茏，龙虎侍卫；观内则仙气氤氲，香烟缭绕。

正一观对于正一道派的重要性自不待言，它向来被视为是正一道派祖庭的象征——而离正一观不远处的嗣汉天师府则被视为历代张天师尊荣身份及地位的象征。当然，从旅客的角度来说，正一观也是休闲观光、了解祖国传统文化的好去处。

二、青城幽韵：青城山的天师洞

青城山是我国著名的道教名山，是中国道教的发源地之一。传说在远古的黄帝时代，宁封子曾隐居于此。宁封子是黄帝的制陶官，为黄帝烧制各种五色彩陶；宁封子还长于"龙蹻飞行之术"——即现在我们所说的轻功。后来，黄帝在与南方的蚩尤部落作战的过程中，正是凭借宁封子所传之"龙蹻飞行之术"打败了蚩尤。黄帝念及宁封子的功劳，便封隐居于青城山的宁封子为"五岳丈人"——也称"宁封丈人"。至今，在青城山还有一座山峰称"丈人峰"，这正是为了纪念宁封丈人的。

东汉顺帝汉安二年(143)，老祖天师张陵在龙虎山炼就九转神丹之后，受太上老君梦中之托，来到了青城山。当时，老祖天师张陵看中青城山群山如廓，清碧涵幽的意境，便在此结庐传道。后来，青城山就成了道教的发祥地之一。青城山向来被视为道教的名山，被列为道教"十大洞天"中

青城山

天师洞

的"第五洞天"。

我们知道，老祖天师张陵在巴蜀地区传道的中心区域是在鹤鸣山，但实际上，鹤鸣山和青城山距离并不远，所以他在青城山也留下了众多的活动踪迹，正如我们在本书的前文中所看到的，在民间传说故事中，老祖天师张陵正是在青城山与八部鬼帅、六大魔王、青城山精展开一系列的斗法活动的。

从老祖天师张陵与青城山精斗法的民间故事中，我们知道，老祖天师张陵当年在青城山的修道活动的区域是以青城山的一个山洞为中心而展开的。到后来，为了纪念老祖天师张陵，就把老祖天师张陵曾经在里面修行居住过的山洞叫作"天师洞"。

当然，当年老祖天师张陵所修行居住的山洞本来是很简陋的，但随着青城山的道教活动日益隆盛，便围绕着老祖天师张陵曾经居住修行过的山洞建起了一系列高大雄伟，极富道教哲学意境的建筑。虽然，这时候再用"洞"来称呼这些建筑物有些不大合适，但人们仍然愿意用称之为"天师洞"，因为这是老祖天师张陵当年居住修行过的地方，后人正是用这种方式来对老祖天师张陵开创道教之功加以恒久的纪念的！

"青城天下幽"，青城山是道教名山，历代高道辈出，全山遍布各种宫观建筑，其中最有名，且至今完好地保存下来的就有数十座，如建福宫、上清宫、祖师殿、圆明宫、老君阁、玉清宫、朝阳洞等。但这众多的宫观建筑中都是以"天师洞"为中心而依山势之便利展开修建的。所以说天师洞是整个青城山道教宫观建筑群的核心是一点不为过的。

天师洞又称"古常道观"，是青城山最主要的道观，1983 年就被确定为全国重点道教宫观。天师洞附近景色幽丽，东有三岛石，巨石矗立。在民间传说中，老祖天师张陵于青城山降妖伏魔时，遇山中山精推来此石挡路，遂拔剑劈之，裂成三块，所以称"三岛石"。如今在三岛石上刻有"降魔"两字，所以也称"伏魔石"。三岛石旁泉水环流、浓荫蔽天。沿着石隙所凿石阶逐级而下，可下至海棠溪畔。海棠溪涧深壁陡，藤萝垂挂，无比幽静。在天师洞的西侧有掷笔槽，这是个 60 多米深的幽谷，民间故事中传说，老祖天师张陵在与青城山的八部鬼帅、

古常道观

六大魔王斗法时，以笔作符，并以之为伏魔利器攻击魔王时击中对面山石而形成。掷笔槽的景色奇幽。

自青城山入口处之建福宫北行两公里即至青城山的主观——天师洞。天师洞中供奉有老祖天师张陵及其三十代孙“虚靖天师”像。天师洞始建于隋朝大业年间，三面环山，一面临涧，古树参天，分外幽静。现存殿宇大多建于清末，规模宏伟，雕刻精细，并有不少珍贵文物和古树。这里正是东汉末年时老祖天师张陵讲经传道的地方。

天师洞内的正殿为三清殿，殿后有黄帝祠和天师洞等古迹。天师洞右下角有一小殿，名三皇殿，内供奉有轩辕、伏羲、神农石像。

天师洞内最有名的建筑是古常道观，它位于青城山混元峰的半山腰。古常道观不仅是天师洞内最著名的建筑，也是整个青城山道观群落的中心。古常道观还是青城山规模最大、殿堂最为壮观瑰丽、最负盛名的建筑。从狭义上讲，“天师洞”指的是老祖天师张陵当年修道、收徒、授徒及饮食起居的，于青城山混元峰顶半山腰处一岩洞内。因为天师洞位于青城山的古常道观内，且老祖天师张陵对道教做出了不可磨灭的贡献，所以人们通常又用“天师洞”来指称整个古常道观。但，古常道观原观早毁，我们今天所看到的古常道观为清代重建的。古常道观的建筑分为三个层次，第一层为三清殿，第二层为三皇殿，第三层为黄帝祠。

天师洞——这里的“天师洞”指的是当年老祖天师张陵隐居修行的山洞——位于古常道观的最高处。要进入天师洞，必先进入古常道观的山门。古常道观的山门上书有“古常道观”几个大字，两边还有副对联。进入山门，然后穿过“云水山光”殿往前走，即抵达三清殿。

三清殿建于1923年，是古常道观的主殿。三清殿前铺设有九级石阶，屋的前檐外排列有六根高大的圆形石柱，五间殿堂呈一字排开，而正中的一间高悬着清康熙皇帝御笔所书的匾额——“丹台碧洞”。殿前高悬有数副对联，其中一副引自道教教主老子的《道德经》：“一生二，二生三，三生万物；地法天，天法道，道法自然”。三清殿中供奉的是道教至高无上的三清尊神，即灵宝天尊、道德天尊和元始天尊。在道教看来，三清尊神居于不同的仙境之中，元始天尊居于玉清仙境之中，灵宝天尊居于上清仙境之中，道德天尊居于太清仙境之中。道教认为，正是这三清尊神化生了天地万事万物。

穿过三清殿往前走，即抵达黄帝祠。黄帝祠始建于隋代，是整个古常道观建筑群最早的建筑之一，所以，宋代又曾以“黄帝祠”来指称整个古常道观。黄帝祠的正门上有民国时期于右任老先生所题的草书“古黄帝祠”四个大字。据说，在上古的时候，黄帝曾到青城山拜得道的高人宁封子为师，宁封子教黄帝以各种道术，最后黄帝打败了南方的蚩尤部落。后来黄帝功德圆满，于荆山铸造九鼎而乘龙成仙，而宁封子也被封为青城山的主治神仙。不仅如此，后世还尊奉黄帝为中华文明的始祖，故他在青城山占有重要地位也是自然的事情了。黄帝祠内供奉有黄帝石雕像，黄帝祠之名正由此而来。

三皇殿是古常道观内的另一主要宫殿，它靠近黄帝祠。三皇殿内供奉有唐开元十一年所造高约1米的三尊石雕像，分别是伏羲、神农、黄帝，均为坐像。黄帝不仅在道教中被尊奉为始祖，他还是华夏民族的祖先，故而在青城山不仅单独为他修建了一座黄帝祠，还在三皇殿内供奉有他的石雕像，这实在是因为他对于中华民族具有非同一般的意义。

又，据说伏羲始画八卦，对于道教来说，八卦是极为重要的，所以伏羲也是道教尊奉的对象。上古还流传神农氏尝遍百草为生民寻找药材治病的故事，我们知道，道教也强调为民除病救疾，所以道教中人也尊崇伏羲，还把他列入道教的神仙之列，并专门为他作传。

老祖天师张陵当年传道授徒、修炼内丹和饮食起居的天师洞即位于黄帝祠的左侧。从黄帝祠到天师洞，其间要越过岩壁之上的狭窄的栈道，有些惊险。

天师洞内供奉着老祖天师张陵的石雕像，该像为隋代作品，异常珍贵，为全国重点保护文物。

青城山隋刻张天师像

天师洞内的老祖天师张陵石雕像上有三只眼，大概其中一只为“天眼”，俗称“千里眼”，在道门中人看来，那第三只眼是用来识辨妖魔的。从雕像上看，老祖天师张陵的神态总体上看是威严勇猛的。不过，在他威严勇猛的神情背后却似乎也透露出对生民百姓的浓浓的柔情——也许，那是在提醒每一个来到这个世间的人，现实的生活总体上是美好而富有诗意的，但千万不要忘记这个世间同时也是残酷的！

据当地的道士说，这座石雕像表现的是老祖天师张陵与八部鬼帅交战时的情景，难怪老祖天师张陵的表情严肃得有些让人害怕。只见老祖天师张陵左手掌向外伸出，掌中握有天师镇山之宝——阳平治都功印，后世历代龙虎山张天师嗣教时所传授的印玺均为此印。洞外还有老祖天师张陵三十代孙，第三十代天师张继先的塑像。张继先天师又被尊称为“虚靖先生”。从雕像上看，虚靖先生神态悠闲，为一温文尔雅的大儒形象。

天师洞附近景色幽丽，有降魔石、掷笔槽和海棠溪几个风景点。围绕着这几个景点，流传着很多与老祖天师张陵降妖伏魔有关的故事，本书已经有专章对它们进行了阐述，在此就不多作赘述了。

三、鹤鸣九天：老祖天师张陵飞升的道观——鹤鸣山道观

鹤鸣山又名鹄鸣山，位于四川省成都市西边的大邑县境内，离成都市大约有 72 公里。当年老祖天师张陵来到鹤鸣山的时候看到此地地形呈展翅而欲飞的鹤形，知道这是一块适合于修道的风水宝地，因为在道门中人看来，鹤鸣九天，必有仙人出世。事实上，在老祖天师张陵到此地之前，秦代的马成子就是在此地修道成仙的。当然鹤鸣山之名的来源也有另外的说法，如传说山中有仙鹤

状的石鹤，每当有人在此修道飞升之时，石鹤均要鸣叫，故因此而得名；当然，还有人认为在远古的时候，山中常常能见到一对双栖双飞的仙鹤，而仙鹤乃道教中的吉祥、通灵之物，仙人飞升时一般都是驾鹤而去——所以唐代有咏黄鹤楼的诗句：昔人已乘黄鹤去，此地空余黄鹤楼——因此，仙鹤又总是与仙人联系在一起的，鹤鸣山因此而得名。

鹤鸣山是道教的发源地，这一点已经得到学术界和道教界的公认，它对于道教的意义自不待言。鹤鸣山是当年老祖天师张陵入巴蜀传教时的最初落脚点。后来，老祖天师张陵在巴蜀地区设立二十四治时，其中就有鹤鸣山治，是三个最大的治所之一。因此，鹤鸣山也可以说是正一道的宗教领袖张天师的祖庭之一。

自东汉时老祖天师张陵于鹤鸣山建立较为简单的宫观建筑以来，鹤鸣山道观的建设就一直在进行。当年，老祖天师张陵在鹤鸣山上建有上清宫，所以，上清宫是鹤鸣山最早的宫观，同时也是历代张天师的祖庭。自老祖天师张陵之后，屡有高道来鹤鸣山修道访学，最著名的要数唐末五代十国时期的高道杜光庭和明代具有隐仙风范的高道张三丰。此外，其他曾经参访过鹤鸣山的时人名流更是不可胜数，留下了大量的碑刻、诗词和铭联，鹤鸣山道观的管理部门曾专门把题留在鹤鸣山道观的诗词和铭联搜集起来，编成《鹤鸣山诗联匾额选注》一书。

鹤鸣山道观

经过历代鹤鸣山道士们的维修、增建和扩建，到民国时期，鹤鸣山已经建有上清宫、天师殿、紫阳宫、斗姥殿、迎仙阁和文昌阁等多达上百间的宫观建筑。十分可惜的是这些建筑精美，具有深厚的宗教文化底蕴的宫观建筑物在“文化大革命”中受到严重的破坏。“文革”过后，经过相关部门的努力，鹤鸣山道观被成都市列为重点文物保护单位。1987年，又把鹤鸣山道观作为道教文化旅游景点向全社会开放。

鹤鸣山道观占地约65亩，在向社会开放之后，由大邑县人民政府拨出部分专款，海内外的道教信众又慷慨解囊，集资修复了紫阳和斗姥二殿，并在原有宫观建筑的遗址新建、扩建了迎仙阁、延祥观、三圣宫和天师殿等建筑。

鹤鸣山距青城山不远，驱车从青城山经大邑县境内约40分钟后即可抵达鹤鸣山道观的山门口——迎仙阁。迎仙阁前约50米处立有前中国道教协会会长傅圆天大师所题的汉天师道发源地碑。

据说迎仙阁是当年的鹤鸣山住持为迎接真人张三丰专门修建的。张三丰是一位具有隐仙风范的高道，故该阁取名为迎仙阁。迎仙阁的两边题有铭联：“人桥同此心四面顾瞻一山鹤，草木并深意八方遮护双涧鳞。”上联表明了鹤鸣山的地势形态，而下联中的“双涧”是指鹤鸣山的东西二涧，意思是鹤鸣山草木有情，卫护着山溪中的自由自在的小鱼，其意境或与庄子“子非鱼焉知鱼之乐”的典故有关。迎仙阁分为上、中、下三重阁楼，取法古代的天、地、人三才之道。最下边的阁楼供奉着青龙和白虎二神。在古代有左青龙右白虎、前朱雀后玄武的说法，青龙和白虎都是四灵兽之一。据说当年老祖天师张陵炼丹龙虎山时，丹炼成后有青龙白虎下临卫护玄坛，故道教后来把青龙、白虎二神看成是守护神，可以起到降妖除魔、避祸祛灾的效果。二楼供奉着灵主，三楼则供奉着太上老君。当年老祖天师张陵在西蜀传教时就已经尊奉太上老君为精神意义上的教主，并以老子的《道德经》教化信众。再到后来，道教就顺理成章地把太上老君看成是道教的教主了——这当然是精神意义上的教主。不仅鹤鸣山道观会供奉太上老君，其实绝大多数的道观都会供奉太上老君的神像，因为太上老君对于整个道教乃至整个中华民族实在是太重要了。

穿过迎仙阁就到了延祥观，沿着延祥观拾级而上，可以看到路的两旁古木参天，碑刻林立，一看就知道此观乃是千年名观。走完石级，就到了斗姥殿，只见斗姥居中，右边供奉的是地姥和王姥，左边供奉的是日、月二光。老祖天师张陵当初创立五斗米道时，据考证，这五斗之名就与崇拜五方星斗有关。因此，在道教看来，天上的星斗都是极为神圣的。斗姥正是众星之母，所以她老人家在道教中享有崇高的地位，一般大一点的宫观都供奉有她的神位。

穿过斗姥殿就来到了观音殿。一般来说观音是佛教所尊奉的神，但是随着佛教传入中国后，在与中国原有文化的相互融合的过程中，佛道二教之间也开始互相取长补短，佛教的观音也被一些道观所供奉——但一般来说，道观所供奉的观音与佛教寺庙中所供奉的观音无论在外形还是内在的意蕴方面都是有差异的。走过观音殿就到达三圣宫。三圣宫是新修的建筑。

三圣宫背后是天师殿。天师殿也是新修的建筑，殿内供奉的是老祖天师张陵的塑像。在天师殿内能看到老祖天师张陵身穿绘有象征阴阳图案的法服，左手拿着阳平治都功印，右手掐诀，头披道巾，两腿趺跏而坐，神色庄严肃穆，大概表现的是老祖天师张陵面对妖魔鬼怪时的神态吧。天师的左右两边分别有王长和马武卫护，王长手持长剑，马武则手拿神符。天师殿的正中有匾额，上题“道正则兴”。整个天师殿内悬挂有各种神幡。

太清宫在天柱峰的山顶上，是道教史上最悠久的宫观建筑之一。今天我们在鹤鸣山道观所看到的太清宫并不是老祖天师张陵当年所修建的建筑，而是由后世所复建的建筑。老祖天师张陵当年曾两次感应太上老君，一次在龙虎山，另一次就在现上清宫所在的地方。鹤鸣山上清宫内供奉的是太上老君的神像，可谓十分切合。

此外，在鹤鸣山道观内尚有天师井和戒鬼坛等遗址。本书在前文中已经对天师井作了介绍，这里就不作赘述了。而戒鬼坛也叫“授经坛”，是鹤鸣山早期的建筑。据说，当年老祖天师张陵与恶鬼也曾在此地斗法。后来，老祖天师张陵于鹤鸣山作道书二十四篇，也是在这里把它们传授给众弟子的，因此此地也叫授经坛。

最后值得一提的是，鹤鸣山道观中的法会活动非常频繁，主要有三元法会，以及平时常见的超度亡灵的科仪等活动，幸运的游客也许能看到鹤鸣山道人们举行的法会，从这些法会中去感受当年老祖天师张陵于鹤鸣山传道作法时的英姿。

嗣师张衡传略

老祖天师张陵和其夫人雍氏，共育有子女六人，分别是儿子二人：张衡、张机；女儿四人：张文姬、张文光、张赞姬、张芳芝。其中张衡为长子。读者朋友们一定知道，由老祖天师张陵开创的正一道有一个传统，就是掌教人的传承采取的是嫡长子继承制。所以承继老祖天师张陵而掌教的是张衡天师，是为第二代天师。张衡天师，在历史上又称“嗣师”，意思是承系老祖天师张陵老祖天师的五斗米道掌教之人。

而嗣师张衡的生年，无论是《汉天师世家》、《益州记》、《神仙传》等还是官方史书如《三国志》、《后汉书》中都没有明确的记载。不过，在《三国志集解》有这样一段注语：“衡生京师”[①]。文中的“衡”，是张衡天师之名，意思是说，张衡天师生于洛阳。既然《三国志集解》的注解文字中有“衡生京师”的说法，那么我们可以大致地推知他的出生年代，即张衡天师生于老祖天师张陵于洛阳以太学生身份求学的时候，即约公元100年前后。

那么，嗣师张衡又卒于哪一年呢？关于张衡天师的卒年，正史中没有记载，但是在道教的经书中有比较明确的记载。《云笈七签》卷二八引“二十四治”中称：

第一，阳平治……嗣师，天师子也，讳衡，字灵真。为人广智，志节高亮，隐习仙业。汉孝灵帝(168—189)征为郎中，不就。以光和二年(179)正月十五日己巳，于山升仙，立治碑一双在门，名曰嗣师治也。[②]

以上这段引文，不仅记载了张衡天师的卒年——即光和二年(179)正月十五日，还简要记述了张衡天师的生平，字号及仙道人格特征——“为人广智，志节高亮，隐习仙业”，汉灵帝时曾欲征之为郎中，但被张衡天师拒绝了。

而道教的另一部道书《犹龙传》卷五中也记载了张衡天师卒年，与《云笈七签》卷二八引“二十四治”中的说法一致：

嗣师，天师子，讳衡，字灵真，隐习仙业，以光和二年正月十五日，于阳平化升天。[③]

---

① 卿希泰：《中国道教史》(第一卷)，四川人民出版社，1996年，185页。

② 张君房：《云笈七签》第二册，中华书局2003年，第633—634页。

③ 《犹龙传》卷五，《道藏》第18册，第25页。本书所引《道藏》皆为文物出版社、天津古籍出版社，上海书店1988年联合影印之“三家本”道藏。下同。

唐代杜光庭编撰的《墉城集仙录·孙夫人》中也记载了嗣师张衡卒年卒月，与《云笈七签》、《犹龙传》中所载的卒日一致：

（孙夫人）子衡，字灵真，继志修炼，世号嗣师，以灵帝光和二年岁在己未正月二十三日于阳平化白日升天。[1]

从以上所引道书中的史料，我们可以比较准确地得知，张衡天师当卒于汉灵帝光和二年(179)的正月。但对于张衡天师的生年，就只能大概地推断为公元100年前后了。

从以上记载有老祖天师张陵和嗣师张衡的生卒年代及生平主要事迹的史料中可知，当老祖天师张陵于巴蜀地区传教的时候，嗣师张衡就跟随在老祖天师张陵的身旁协助他开创五斗米道的诸多事务了。只是，因为老祖天师张陵的驻世时间很长，当老祖天师张陵于公元178年羽化升仙的时候，嗣师张衡才刚承嗣天师之位而执掌五斗米道。但第二年，即公元179年的正月时，嗣师张衡也羽化升仙了。这样，嗣师张衡掌教时间是非常短暂的，只有不到一年的时间。这就可以解释，史书中关于嗣师张衡的生平事迹记载得那么少，并且十分简略的原因——老祖天师张陵所开创的五斗米道，有了比较完善的宗教经书、教义、教仪、组织，以及宗教戒律，已初具一定的宗教规模。其子张衡在生命中的绝大部分时间里，多以协助者的身份默默地帮助他的父亲创建五斗米道。当老祖天师张陵驾鹤西去的时候，嗣师张衡天师掌教的时间尚不到一年，因而，嗣师张衡天师的事迹在史书中就得不到应有的彰显了。

嗣师张衡天师的生平事迹虽然不是非常详细，但从那些十分简略的有关他的生平事迹的史料中，我们却可以大致地了解到他备受后世瞩目的仙道人格。宋濂在《汉天师世家序》中对嗣师张衡的仙道人格有很高的评价：

衡字灵真，有长材，诏征黄门侍郎，辞，隐居阳平山，誓以忠孝导民。君子谓其有继宗开绪、纳俗安善之功。[2]

文中提到，朝廷曾想征诏他为“黄门侍郎”。“黄门侍郎”在汉代是很高很重

① 《道藏》第18册，第195页。

② 《道藏》第34册，第815页。

要的一种文官官职，由士人充当。之所以称“黄门”，只因“黄门侍郎”最初在黄色宫门内供职而得名。“黄门侍郎”在汉代是隶属于尚书省的官员，同时也是皇帝近侍。汉代的黄门侍郎主要负责在皇帝和尚书令之间的公事往来及命令的传达，属于能自由出入禁中的外官，可以接触到众多朝廷机要，地位是十分特殊和重要的。正因“黄门侍郎”一职十分重要，所以西汉时的大儒刘向有一次曾对其子刘歆说：“今若年少得黄门侍郎，要处也。”意思是说，现今像你（刘歆）这样年少又能任黄门侍郎这种紧要职位的人，可谓少年得志、前途无量啊！“黄门侍郎”一职还有另外一个十分重要的职能，即为皇帝监督尚书，可见其重要性。

但，正是这样一种十分重要，很有前途的职位终究没能打动嗣师张衡的心。因为他跟随老祖天师张陵于西蜀地区传教创道，早已立下隐居阳平山，以忠孝伦理教化、安顿当地生民的志向。所以，明代的大儒宋濂才这样评价嗣师张衡：“有继宗开绪、纳俗安善之功。”

在嗣师张衡的仙道人格特征中，“隐”是其中一个十分重要的特征。嗣师张衡不仅在朝廷征诏的时候，采取了“隐”的方式，而且在协助老祖天师张陵开创五斗米道的时候，也是“隐”而未显的，这从现今流传下来的文献中仅很少关于他的创教事迹的记载中能够明显地看出来。

嗣师张衡在承习老祖天师张陵的道法方面也是十分用心的。《云笈七签》卷二八引“二十四治”中称嗣师张衡“隐习仙业”；《墉城集仙录·孙夫人》中则称他“继志修炼”，并对嗣师张衡的隐修习道的大致经过有过一段描述：

> （张衡）天师得黄帝龙虎中丹之术，丹成服之，能分形散景，坐在立亡。天师自鄱阳入嵩高山，得隐书制命之术，能策召鬼神。[1]

引文中说，嗣师张衡从父亲老祖天师张陵处习得黄帝龙虎中丹之术，后来炼成了大丹，服了之后，可以分形散影，隐匿形踪。嗣师张衡还曾随父亲自鄱阳湖地区到过嵩高山，又得到一部藏匿于山中的书籍，其中记载有能策召鬼神的“制命之术”。从这里可以看出，嗣师张衡不仅精于传自于太上老君的大道哲学，而且还对道门之法术也是相当精通的。在《留侯天师世家》中还提到，嗣师张衡勤修导引服气之术，可以做到“不火食”，这也可以从侧面证明他在道术方

① 《道藏》第18册，第195页。

面的高深修为。正因为如此，明太祖朱元璋曾命人作诗文称赞嗣师张衡：

步武飞虚，至妙灵枢。握符与诀，神驾羊车。周旋玉京，万里须臾。坎离是会，深渊跃鱼。（《留侯天师世家·明太祖赐二十代天师赞》）

关于嗣师张衡的生平事迹，还有一点是不得不提及的，因为它太重要了，太关系到后来的天师道的传承和发展了。《留侯天师世家》说，光和二年（179）正月二十三日的时候，嗣师张衡自知马上飞升冲举，将不久于人世，所以把老祖天师张陵授受自太上老君的最重要信物——法印、法剑——交付其子张鲁天师，并说了这样一段话：

汝祖以天地为心，生灵为念，诚敬忠孝为本，周行天下，除妖孽之为民害者，是以亲遇圣师，建立大教。嗣吾教者，非诚无以得道，非敬无以立德，非忠无以事君，非孝无以事亲。汝其递相传授，世袭人伦，世遵成训。

这段话从某种意义上来说是嗣师张衡对其父老祖天师张陵所创立五斗米道之立教宗旨、根本教义的高度凝练和概括总结，也是日后天师道（正一道）在近两千年传承过程中之所以能长盛不衰的根本原因，其重要性自不待言。如果套用明代大儒王阳明的"四句之教"的说法，这段话中其实也包含有可以称之为天师道（五斗米道）的"四句之教"："非诚无以得道，非敬无以立德，非忠无以事君，非孝无以事亲。"

这天师道的"四句之教"虽然从表面上看上去彰显的是儒家的忠孝君亲的外在的行为伦理规范，但其实从它的内在方面而言，强调的却是"诚"、"敬"等沉浸入宁静状态中的心灵自觉意识。虽说，"诚"、"敬"这两个字的儒家色彩很深厚，但那是在宋明理学兴起之后才比较多地把它们与儒家的心性修炼相联系起来的；而在汉代的时候，儒家基本上没有阐述这两个字背后更深层的哲学内涵。而嗣师张衡则在东汉的末年时，受太上老君所传授的《道德经》中的大道哲学的影响，已经对这两个字背后的深层哲学意蕴有了很深刻和独到的体会，并力图用道家的哲学来融通儒家的伦理观念。

当然，有的读者朋友可能会很奇怪，会心想，这嗣师张衡的"四句之教"怎么搞得跟儒家一样。其实，关于儒家与道家之关系，我们过去大多用截然对立、二分的立场来审视，所以我们总是看到它们之间的不同；但如果我们从老子宇宙自然之大道的观点去审视它们的时候，就可以更多地看出它们之间之同了。对于这一点，当代大历史学家，毕生追求学术“独立之人格、自由之精神”的大学者陈寅恪先生曾对道家与儒家之关系说了这样一段形象的说明：

道家思想是悟出来的，儒家思想是学出来的。

陈寅恪先生还谈到未来中国文化的发展出路：

中国文化的发展出路是，以儒家思想之旧瓶，装道家之新思想。

也许陈先生这段关于儒道两家之关系的精辟见解能给予那些或偏爱儒家、儒教，或偏爱道家、道教的读者朋友一种醍醐灌顶的开悟之感吧！

又据《留侯天师世家》记载，嗣师张衡在交代完“四句之教”之后，就与夫人卢氏于阳平山白日飞升了。到元代至大元年(1308)的时候，朝廷赐封嗣师张衡“正一嗣教太清演教妙道真君”。嗣师张衡共育有子四一女：四子是张鲁、张卫、张傀、张微，一女是张玉兰。

有的史料(如《墉城集仙录》)中记载，说嗣师张衡之女张玉兰勤于仙道，后来得以飞仙冲举，今温江县留有其道观遗迹，名叫女郎观。但是，也有人说，女郎观并不是专用于供奉纪念张玉兰的道观，而是专用于供奉和纪念系师张鲁天师女儿张琪瑛的。

系师张鲁天师评传

第一章

系师张鲁初掌教权

一、危机四伏:系师张鲁初掌教权时复杂的处境

随着嗣师张衡天师飞升冲举而离世,一直处于幕后的第三代天师,即系师张鲁不得不走向五斗米道最高领导权力的前台,这一切似乎来得过于突然、毫无征兆,让系师张鲁总有一种手足无措、毫无准备的感觉。当老祖天师张陵和嗣师张衡分别于公元178、179年先后羽化的时候,五斗米道的教主——天师之位,似乎一下子就从第一代过渡到了第三代天师身上,这自然会让没有任何掌教经历、年轻的系师张鲁感觉到有些过于局促。

如果,仅仅是因为掌教身份的突然变更而让系师张鲁感觉到或突然,或局促,或毫无准备,也就罢了,因为随着时间的推移,这些"不舒适"的感觉终归要慢慢地淡化,慢慢地变得自然、舒适。

但问题的严重性还在于,随着老祖天师张陵、嗣师张衡的先后离世,五斗米道的内部势力也出现了一些分化。五斗米道是在巴蜀地区创立起来的,入教的信众大多以当地的原住居民为主,他们本身拥有属于自身的一整套的宗教信仰和文化传统。后来,因为老祖天师张陵在该地区出色的传道工作,越来越多的土著居民加入了由老祖天师张陵所创立的五斗米道。

不过,笔者在前文中已经一再地指出,老祖天师张陵对当地原住民固有的传统宗教文化是十分尊重的,他并不想用简单粗暴的手段,用"五斗米道"的宗

教崇拜形式来完全取代当地土著居民固有的宗教文化。

所以，我们看到，在民间有老祖天师张陵与六大魔王、八部鬼帅之间斗法的故事。其实这些斗法故事背后所隐含的真实的历史真相、意义正在于，老祖天师张陵力图做到把自己所宣扬的先秦道家哲学思想——尤其是以老子为代表的道家哲学与当地土著居民固有的宗教信仰形式有机地融会贯通起来。

基于这样一种创教理念，加之老祖天师创教之前所行种种旨在于解决当地土著居民疾困的活动，越来越多的当地居民加入了老祖天师张陵所创立的五斗米道，成为五斗米道的信众。

在一些官方的史书中，又称五斗米道的信众为“鬼卒”。“鬼卒”中的“鬼”字绝无贬义，相反，这一“鬼”最能表明当时五斗米道的宗教信仰之特征，即它是来自中原地区的哲学、宗教崇拜形式与巴蜀地区少数民族地区的巫术传统信仰形式的综合。

既然，五斗米道是两种不同地区、不同哲学、宗教文化传统融会贯通的结晶；更重要的是，如果把“五斗米道”比喻为一朵宗教奇葩，那么它终究是生长于具有浓厚的异域风情（当然是在现代人眼中的异域风情）的巴蜀地区的土地之上。在这种情况之下，老祖天师张陵在创教初期的时候，会大量任命巴蜀地区的原著居民负责各项宗教组织及事务，也就是说，初创时期的五斗米道在很大程度上，是以巴蜀少数民族为主体的一种宗教组织，该宗教组织中的大量的骨干力量均来自于巴蜀地区原住民部落的宗教首领。老祖天师张陵固然被尊称为“天师”，是五斗米道的最高宗教领袖，但在很大程度上，老祖天师张陵的宗教领袖地位更多地属于精神意义上的，即，老祖天师张陵的宗教领袖地位更多地源自于他身上所具备的独特的人格魅力。实际上，巴蜀地区的原住民在加入了五斗米道之后，虽然接受、认同了大量来自于老祖天师张陵传授给他们的新的宗教哲学、宗教理念、宗教教义、宗教仪式、宗教经典，但他们仍然在五斗米道的宗教组织结构中保持了较大的独立性，那些由原住居民演化而来的五斗米道信众即使在五斗米道内部，在很大程度上仍然听命于他们原来固有的部落领袖。

所以，我们看到，在创教宗师、独具领袖人格魅力的老祖天师张陵，以及第二代五斗米道宗教领袖嗣师张衡先后于公元178、179年飞升冲举之后，五斗米道内部各部落势力也开始出现了某些微妙的分化。尽管名义上系师张鲁是不言而喻的五斗米道最高宗教领袖，但实际上，在五斗米道内部分化出了以张修为代表的另一派比较强大的势力。当老祖天师张陵尚在的时候，由于他在巴蜀土著居民中无可比拟的崇高威望，那些加入五斗米道的原巴蜀地区的土著居民的部落首领当然是唯老祖天师张陵马首是瞻。问题是，老祖天师张陵现在已经羽化升仙了，继之而起的嗣师张衡也在短暂地掌教不到一年的时间后，也飞升冲举了。再继之掌教的系师张鲁天师，因资历尚浅，其作为宗教领袖的领导能力和人格魅力也尚需要时日假以磨砺，所以很自然地，五斗米道中那些对当地土著居民影响力比较大的部落首领会挑战到系师张鲁的宗教领袖地位。

最先起来对系师张鲁五斗米道的宗教领袖地位构成挑战的人是张修。

读者朋友很容易有一种错觉，以为“张修”既然姓张，那一定与老祖天师张陵的张氏家族有什么血缘上的关系。但实际上，张修与老祖天师张陵的张氏家族一点血缘上的关系都没有。那么张修到底是什么来头呢？

《后汉书·灵帝纪》注引“汉灵、献二帝纪”中说：“巴郡巫人张修疗病，愈者雇以五斗米，号为五斗米师。”这则史料说得很清楚，即张修本为巴蜀地区的巫人，能以巫术为当地居民治病，治好了之后，要向病家收取五斗米，所以他得到了“五斗米师”的名号。由此可见，张修早年已经加入了老祖天师张陵所创之五斗米道，所以当地人称他为“五斗米师”。当然，除开张修“五斗米师”的身份之外，张修还有另外一重身份，即他本为巫术文化色彩浓厚的巴蜀地区土著居民的宗教领袖——“巫人”。

作为拥有“五斗米师”和“巴郡巫人”双重身份的张修，这人可真不简单，他不仅具有很强的组织能力，而且具有很敏锐的政治嗅觉力。我们知道，大概在东汉时期的中平元年(184)，东汉帝国的东部地区暴发了以张角、张宝、张梁三兄弟为首领导的黄巾大起义。此时的张修似乎隐隐约约地感觉到了提升他所领导的五斗米道在全国政治版图中的实力并获取更多政治资本的机会。于是，张修利用自身在五斗米道信众中的影响力而举兵响应，所以《后汉书·灵帝纪》中记载说：“秋七月，巴郡妖巫张修反，寇郡县。”

不过，中平元年间所发生的这次大起义的结果是：张角失败被诛杀。而张修虽然响应了这次大起义，但因为他所处汉中的地缘地理位置的优势，即使在大起义失败的情况下，仍然保存了相当强大的实力，几乎没有受到大的损失！更为重要的一点，张修通过参与这次大起义，日益走向了五斗米道的领导核心地位——虽然从表面上看，五斗米道的宗教领袖仍然是系师张鲁天师！

张修当时在五斗米道中的强大影响力有史料可以证明。由裴松之作注的《三国志·张鲁传》中不仅言及了张修起兵对抗中央政权的事，还提到张修在五斗米道中所实行的各种组织和管理方式、宗教仪式。从这些文字记载中可以看出,似乎张修才是五斗米道的实际意义上的宗教领袖,才是老祖天师张陵的衣钵真正继承者:

光和中,东方有张角,汉中有张修。太平道者,师持九节杖为符祝,教病人叩头思过,因以符水饮之,得病或日浅而愈者,则云此人信道,其或不愈,则为不信道。修法略与角同,加施静室,使病者处其中思过。又使人为奸令祭酒,祭酒主以老子五千文,使都习,号为奸令。为鬼吏,主为病者请祷。请祷之法,书病人姓名,说服罪之意。作三通,其一上之天,着山上,其一埋之地,其一沉之水、谓之三官手书。使病者家出米五斗以为常,故号曰五斗米师。实无益于治病,但为淫妄,然小人昏愚,竞共事之。[①]

引文中的大意是说,大概是东汉末年的光和(179—184)年间,暴发了农民大起义,东方有张角领导的太平道起义,汉中地区则是以张修为首的五斗米道起义。太平道中的高层领导者在做符祝之术时会手持九节杖,让病人叩头思过,并让病人饮用符水以达到治病的目的。如果病人因为服用了符水,过几天后病情好转的话,就说此病人是真诚地信仰太平之道的,否则,则会说这病人信仰太平道不真诚。张修在汉中地区传授的五斗米道中也有用符水为病人治病的仪式,但不用九节杖。当然,张修为病人治病的方式方法会多样些,他还会让病人静静地待在静室中,认真思考以前所犯下的过错,并真诚地向神明忏悔自己的过错。

引文中还提到,张修在五斗米道的组织机构中专门设立了"奸令祭酒"、"都习"、"鬼吏"等神职人员。所谓"奸令祭酒",指的是每一治所的负责人祭酒时用老子五千文来教化其管辖之内的信众,协助祭酒修习老子五千文的其他管理人员称"都习",都习发出的各种号令称"奸令"——"奸令"并不是贬义词;所谓的鬼吏,指的是那些专门负责代病人向神明祈祷以求治病的神职人员。通常来说,鬼吏代病人向神明祈祷的方法主要是帮助病人在纸上写明平生所犯过错、病人姓名,以及病人知错且希望改正并请求神明原谅的意愿——一般要书写三份这样的意愿书:一份用于向天官禀报,掩埋于山顶上;一份用于向地官禀报,

① 《三国志》卷八之"张鲁传",裴松之注引鱼豢《典略》。

埋于平地中；一份沉于水中，是用来向水官禀报的——所以，这三份写有病人知错、改错，以及希求神明原谅过错意愿的三份文书被称之为“三官手书”。

当然，通过鬼吏的“三官手书”治好的病人家属要交米五斗。交纳米五斗一开始可能是偶然的，但到后来，交纳五斗信米慢慢地就成了一种不成文的规则，成了巴蜀地区的居民加入五斗米道的最重要的标志和信物，所以五斗米又称为“信米”，而五斗米道中那些职位比较高的人员后来就因之而称为“五斗米师”了。

不过，史官们并不相信鬼吏的“三官手书”能治病这回事——笔者认为，这未免过于武断了点。史官们还认为，张修所行的种种法术，不过是出于淫祀妄为，但是因为当地百姓的闭塞视听，以及他们的愚昧落后，轻信了张修等人的言论，还把张修看作成能解救他们苦疾的宗教领袖。

不独如此，《后汉书·孝灵帝纪》中也有类似的记载：“中平元年……秋七月，巴郡妖巫张修反，冠郡县。”中平元年为184年，李贤在注引此条史料时，又引用了《灵帝纪》的话：“刘艾《纪曰》：时巴郡巫人张修疗病，愈者雇以米五斗，号为五斗米师。”[①]

这些官方史书中在言及中平元年(184)的大起义时，压根儿就没有提及当时作为五斗米道最高的宗教领袖系师张鲁天师，由此可见张修势力之雄厚、影响力之强大——势力雄厚得竟然可以发动一场反对东汉王朝的大起义；影响强大到似乎可以把“五斗米道”作为自己的专属标志。

系师张鲁天师正是在这样一种时代背景之下登上五斗米道的掌教之位的，对于年纪、资历、威望、经验等尚欠的系师张鲁来说，可谓危机四伏——确实是危机四伏！那么系师张鲁该如何来应对这危机四伏的局面呢？

二、往来焉家：益州牧刘焉与张鲁天师和张修之间复杂的关系

刚才提到，面对危机四伏的现实境况，系师张鲁应该如何处理和面对的话题。事实上，当时年龄和资历均尚浅的系师在面对五斗米道内部以张修为代表

① 《后汉书》卷八之“孝灵帝纪”，中华书局1965年点校本，《后汉书》第2册，第349页。

的巴蜀氏族巫人势力集团的强势崛起时，说实话，并不是笔者有意贬低系师张鲁天师，而是实事求是地说，系师张鲁天师还真的拿不出什么有效的应对办法。

但是，这个时候一个关键人物的出现大大减轻了系师张鲁天师身边的强大压力。这个关键人物就是刘焉。

刘焉何许人？为什么他的出现能缓解系师张鲁的压力？这就要从刘焉这个人的出身说起了。关于刘焉，《后汉书》卷七十五之"刘焉袁绍吕布列传第六十五"对他的生平、经历、抱负做了比较详细的记载："刘焉，字君郎，江夏竟陵人，是西汉时皇室宗族鲁恭王刘余的后代。东汉肃宗帝时，迁徙至竟陵。刘焉就在竟陵地带做个州郡之类的地方官，后因其宗室身份而拜官郎中。刘焉后来辞去了郎中之职，在阳城山定居下来。

刘焉平生喜欢精研学问，也教授过别人知识学问。后又因被举贤良方正，先后升官担任过南阳太守、宗正、太常等官职。到东汉灵帝的时候，政教衰缺，四方兵寇纷起，刘焉认为地方所设的最高长官——刺史——一职官微势轻，不足以禁绝兵寇，并且当时中央政府所任命的地方刺史及其他地方官员，多任非其人，这更加重了当时的兵寇暴乱。

刘焉于是建议朝廷对地方官制进行改革，认为应当把刺史一职升格为"牧"或"伯"，以达到维护地方安定的目的。为此，刘焉建议要重新"清选重臣"，来担任地方的"牧伯"之职位。刘焉当时还向朝廷"私下里"提出请求，让他到交趾——即今天越南北部地区，当时寇患比较严重的地区——去做地方官，以为朝廷避除寇患。

刘焉提出的地方官制改革的建议还正在朝廷讨论时，恰好碰上益州刺史郗俭为地方兵寇叛乱的事务所烦扰，随之，种种关于朝廷的谣言因之而四起，还出现了几起性质非常严重的地方寇匪叛乱的事件，如并州的刺史张懿和凉州刺史耿鄙几乎在同时被寇贼所杀害。这些地方上出现的重大事件加速了刘焉所提出的关于改革地方官制的议案的实施。刘焉随之被任命为监军使者，做了益州地区的地方长官，即益州牧——益州，即今四川成都平原地区；太仆黄琬做了豫州牧；宗正刘虞做了幽州牧。无论是刘焉，还是黄琬、宗正，他们本来都是任职于中央政府中的位高权重的官员，他们都是以中央政府中原有的高官身份来兼任地方州牧之职位的，朝廷的意图在于通过选派高官来实现对地方更好、更有效的控制和管理。东汉王朝自此之后，地方上的州牧一职，地位越来越重要，成了拥有重权的地方实力派。[1] 不过,这一举措也为后来东汉末年的地方军阀豪强割据势力的兴起埋下了种种隐患。

当刘焉刚到益州的时候,那些流匪、兵寇也称自己是"黄巾"军,而聚集在一起的所谓"黄巾"军达数千人。这些所谓的"黄巾"军先杀害了绵竹县令,接着又进攻雒县,杀害了雒县的长官郗俭;紧接着,"黄巾"军又进击蜀郡、犍为地区,在十天半月之间,就攻占了这两个地区的三个郡。随之,这支所谓的"黄巾"军的首领马相自称"天子",加入"黄巾"军的队伍的人越来越多,多达十余万。之后,这支"黄巾"军又向巴郡进发,又杀害了巴郡的郡守赵部。[2]

当时的益州牧从事贾龙,先在犍为纠集了数百人官兵,然后又把地方上的部分官吏人员纠合在一起,对马相进行了英勇的抵抗,并打败了马相的"黄巾"军。之后,贾龙派遣官兵迎接刘焉的到来。刘焉上任益州牧之后,任命贾龙为掌管军事的校尉,驻扎在绵竹一带。但是,贾龙也不是良善之人,而是图谋不轨之辈。贾龙到绵竹之后,就安抚那些先是离叛朝廷,后来又被他打败的匪寇,对他们"务行宽惠",以达到收买人心,日后利用他们图谋不轨的目的[3]。

不过,话又说回来,虽说贾龙表面上对刘焉阳奉阴违,但刘焉也并非是一心向着朝廷、立志为东汉天子分忧解难之人。刘焉早就觉察出当时的中央政府已经式微,再也没有很好的办法做到对地方很好的控制和管理,天下大势终将不可避免地走向分裂和割据。

刚才提及,刘焉向中央政府提出了改革地方行政官制以加强中央政府对地方控制的方案和建议,但其实刘向中央政府提出这些改革建议的背后,包藏着自己不可告人的私心。他在提出改革地方官制的同时,私下里向朝廷请求去做交趾(越南北部地区)的地方长官。为什么是私下里?为什么请求去的地方是中国历史上的蛮夷之地?难道不可光明正大地提出要求吗?没错,是私下里提出的,更不是光明正大的。

此时此刻,笔者还要提醒读者朋友们不要忘了刘焉的皇族身份——尽管他的这重身份跟当时东汉皇室的血缘关系多少显得有些疏远了。但如果当时的东汉王朝恰逢乱世,再加上各地军阀割据混战的话,刘焉的皇族身份就可以派

---

① 中华书局点校本《后汉书》,1965 年,第 2431 页。

② 中华书局点校本《后汉书》,1965 年,第 2431 页。

③ 中华书局点校本《后汉书》,1965 年,第 2431 页。

上大用场了。想象一下刘焉如果真的做了交趾一带的地方长官会出现什么样的局面:刘焉皇族后裔的身份;对国家局势比较有远见的洞察能力;交趾这块极具有地缘政治优势的势力范围。这三个因素结合在一起的话,刘焉需要做的就是静静地在那里休养生息、积蓄力量,等待中原地区群雄争霸、天下大乱的时机,在中原豪强势力拼得精疲力竭的时候。然后振臂高呼一起,打出匡扶汉室江山的旗号,天下英雄豪杰莫不云从。自己将来即便未能做成帝王,至少也能垄断朝政大权,最差也能守住自己的一亩三分地,成为雄霸一方的地方豪强势力。

当然,刘焉请封交趾的意图最终并没能实现,他是以监军使者的身份被派往益州地区,做了益州牧。益州牧,这是一个很好的官职啊。益州同样属于天高皇帝远的地方,不仅具有远离中原王权势力影响、控制的地缘政治位置优势。更重要的是,这一地区还与巴蜀地区的巴、氐、羌等众多少数民族部落势力交错在一起。总之,益州也是一个让刘焉感觉可能实现自己远大的政治抱负的地方。所以,刘焉信心满满、踌躇满志地奔赴益州上任去了。

刚才提到了,初到益州的刘焉受到了原益州知事贾龙的盛情迎接——刚好在打败了以马相为首的寇匪叛乱之后。之后,刘焉让贾龙做了负责军事的校尉,驻扎在绵竹地区。虽说贾龙攻破了叛匪,但他却并没有赶尽杀绝,还用宽惠的政策笼络他们的人心,以为己所用。对贾龙的这种举动,刘焉当然心知肚明。

因此,刘焉在上任之后,做出了一个十分重要的决策,那就是以与贾龙相似的手法来笼络活跃在巴蜀地区的五斗米道势力。要知道,当时的五斗米道势力也是一支不可小觑的力量,它有严密的组织;有共同崇拜的神灵对象;有差不多相似的文化行为模式,这一点尤其显得让人害怕。虽说,以张修为代表的五斗米道于公元 184 年曾经起事响应东方的"黄巾大起义",最后以失败而告终。但事实上,五斗米道的势力并没有受到太大的损失。即使在失败之后,五斗米道仍然在西蜀地区正常地开展各种宗教组织活动。

从记载有五斗米道当时活动事迹的官方史书来看,五斗米道作为一支民间宗教力量是不受官方待见的。在《三国志》、《后汉书》中,多称五斗米道的信众为"米贼"或"米匪",称五斗米道所行的各种宗教法术为"妖言惑众",其不合法性不言自喻。

作为初任益州牧的刘焉来说,当时所急迫要做的一件事就是如何壮大自己的军事实力。而壮大自己军事实力的最直接、最快、最现成的方式莫过于以恰当的方式笼络五斗米道信众，而作为一种有比较严密、固定组织结构的宗教团体，要有效地笼络五斗米道的信众为己所用，莫过于拉拢五斗米道的宗教领袖人物。

有鉴于此，刘焉上任益州牧后所做的第一件事就是礼遇、拉拢当时的五斗米道的宗教领袖张鲁和张修。

刘焉的出现，仿佛在张修和系师张鲁之间形成了一个能缓和双方争斗态势的中间缓冲地带。从刘焉这一方面来说，他需要张修和系师张鲁的支持以壮大自己的势力，这是不言而喻的。不仅限于此，刘焉还可以通过“拉拢”五斗米道的方式，向朝廷表明自己在招安地方“寇匪”方面所取得的重大功绩。

从张修这一方面来说，张修也需要来自刘焉的道义上的支持。因为在张修号召五斗米道信众响应“黄巾大起义”并兵败之后，他就不可避免地成了叛军的首领，这是一种难以容于一般民众伦理道德标准的狼藉的名声。因而张修迫切地需要一种来自于官方的力量以原谅和认可他，洗刷或减轻自己的这一罪名，从而重树自己在五斗米道信众之中受损的声望。所以，当刘焉向张修展示出某种“善意”和“宽宏大量”的姿态以拉近与张修的距离时，可以想见，张修一定是十分乐于接受刘焉的这种“善意”和“宽宏大量”的。

从系师张鲁天师这一方面来讲，也有接受刘焉的“善意”和“宽宏大量”的需求。此时的系师张鲁天师因为刚刚掌教不久，他虽然是五斗米道名义上的最高宗教领袖，但其年龄、资历、威望等方面均不及五斗米道中的另一实力派人物——张修。所以，系师张鲁天师时时有一种危机四伏的感觉，这是再自然不过了。因而，此时的系师张鲁最需要刘焉——益州牧，汉皇室后裔，以及朝廷派驻地方的“钦差大臣”般的尊荣身份——这种来自于官方的政治力量对自己的认可。另外，只要获得了刘焉的认可，从某种意义上来说，也是对他的五斗米道中最强劲有力的竞争对手张修的潜在的制衡，使他不敢对自己轻举妄动。毕竟，系师张鲁天师在当时才是名正言顺的五斗米道的最高的精神领袖。

这样，通过益州牧刘焉这个中间媒介，在刘焉、张修、张鲁天师三人之间暂时达成了某种平衡，结成了某种攻守同盟关系。他们三人之间的这种关系，使本来身处危机四伏之中的系师张鲁天师获得了暂时的安全。

所以，我们看到，刘焉上任益州牧之后，《后汉书》和《华阳国志》中均有系师张鲁天师的母亲“往来焉家”与刘焉交好的记载：

沛人张鲁，母有恣色，兼挟鬼道，往来焉家。[1]

而《华阳国志》卷二中也记载道：

鲁母有少容，往来焉家。[2]

这两条引文中均提到了系师张鲁的母亲有“姿色”或“少容”，似乎她的“姿色”和“少容”是因此而能“往来焉家”的原因，国内有不少学者正是从字面的意义上来理解这两条史料的。但这种理解是错误的。

首先，文中的“姿色”应当理解为系师张鲁天师的母亲年纪虽然很大了，但看上去仍然显得很年轻。这主要是因为鲁母平时多行服气导引之术，以及老祖天师张陵私下里传授的各种驻颜之术的结果。所以，《后汉书》中还加上了一句“兼挟鬼道”。刘焉之礼遇系师张鲁天师之母，恰恰是看中了她精通各种道教隐而不外传的养生之术，并不是因为鲁母当时的容貌有多么的青春动人。《华阳国志》中记载说鲁母有“少容”，更是说明系师张鲁天师的母亲不是因为自己美丽动人的姿色而引起刘焉的注意，从而凭借着貌美之姿色往来于焉家。“少容”的字面意思指的是，人年纪虽然很老了，但看上去很年轻。“少容”一般是用来形容年老人的，本来年纪就很轻的人，就没有必要说有“少容”，只有年龄很大，看上去却年轻的人才能说有“少容”。曹丕在《典论》(《后汉书·方术传》李贤注引)中有这样一句话：

甘陵甘始名善行气，老有少容。[3]

这句话的意思是说，三国时的方术之士甘陵和甘始兄弟平素善行导引行气之术这使他们两位在年纪很老的时候，看上去仍然非常年轻，即“老有少容”。

这样，《后汉书》和《三国志》中关于系师张鲁的母亲往来焉家的原因就很清楚了，是因为她平素所行导引服气、养生驻颜之术，以及老祖天师张陵所传承下来各种五斗米道法术。

---

① 中华书局点校本《后汉书》，1965 年，第 2432 页。

② 《华阳国志》卷二之“汉中志”，上海涵芬楼四部丛刊本，第 1 册，卷二第三叶。

③ 卿希泰：《中国道教史》(第一卷)，四川人民出版社，1996 年，181 页。

不过，笔者在这里要向读者朋友们指出的一点是，系师张鲁天师的母亲往来焉家深层次的根本原因仍然不在于她拥有“少容”，或善行各种道门导引服气、养生驻容之术。作为一位拥有远大的政治抱负和野心，正追求雄霸一方而能与中央呈分庭抗礼之势的刘焉来说，这些养生之术顶多能引起他的某种好奇之心罢了，系师张鲁天师又怎么可能因此而获得刘焉的信任呢？能够吸引住刘焉并最终能让系师张鲁天师获得他的信任的原因始终是系师张鲁天师五斗米道名正言顺的掌教者的身份。刘焉深知，要拉拢五斗米道势力并为自己所用，就一定要拉拢住系师张鲁天师。从这种意义上来讲，系师张鲁天师的掌教者身份之重要甚至是当时掌握五斗米道实权的张修都无法与之相提并论的！

所以，“往来焉家”只是一种表象，更是刘焉为着拉拢以系师张鲁为首的张氏家族及其背后的五斗米道支持势力所摆出的某种政治姿态。

正是通过这种表面上的鲁母往来入焉家之方式，一方面，让系师张鲁天师所处之危机四伏的处境大大地缓解了。另一方面，来自刘焉汉皇室、朝廷高官、钦差大臣的身份的认同，一定会让系师张鲁天师有一种莫名的感激——试想想，像五斗米道这种宗教、军事、割据势力集团怎么可能不被冠以匪、寇、叛逆之罪名呢？因此，刘焉对系师张鲁天师的拉拢、认同从另一个角度来讲，同样也契合了系师张鲁天师力图洗刷传统政治伦理加之于自己身上的种种狼藉名声的需求。

所以，我们看到，益州牧刘焉、系师张鲁和张修之间，因为各自政治需求而走到了一起。当然，当时起主导作用的一方，还是刘焉。

第二章

从督义司马到整合五斗米道各派势力

一、督义司马：刘焉的一石三鸟之计

前文说到，益州牧刘焉与系师张鲁天师及五斗米道中另一实力派人物张修三人出于各自不同的需求而聚集在一起。刘焉为了表示对张鲁、张修二人的信任和重视，随之分别赐封张鲁天师、张修以官衔：封系师张鲁天师为督义司马，封张修为别部司马。这在《后汉书》和《华阳国志》中均有明确的记载。

我们知道，"司马"在汉代的时候，一般负责军事事务，可以带领一定数量士兵。这也从一个侧面可以看出，刘焉不仅对五斗米道的力量十分重视，而且刘焉还有十分急迫地要扩张自身军事实力的要求。

那么，督义司马和别部司马到底属什么样的一类军事官职呢？

根据《后汉书》所载，"督义司马"是将军的下属军官。汉代的"将军"一职，其麾下分为"五军"，由校尉统领。校尉之下设"司马"一职，由一人担任。但有时候"将军"之下也可以不设"校尉"，在这种情况下，可以由"司马"直接领军。如果不是将军所直属的军队，下面所设的司马称"别部司马"①。

《三国志·吴书十》中还记载了所谓"别部司马"所能统领兵卒的数目：

① 孔令宏、韩松涛：《江西道教史》，中华书局，2011年，第29—30页。

(陈武)子修有武风,年十九,权召见奖励,拜别部司马,授兵五百人。

(陈表)子敖年十七,拜别部司马,授兵四百人。

董袭字元代,会稽馀姚人,长八尺,武力过人。孙策入郡,袭迎于高迁亭,策见而伟之,到署门下贼曹。时山阴宿贼黄龙罗、周勃聚党数千人,策自出讨,袭身斩罗、勃首,还拜别部司马,授兵数千,迁扬武都尉。

从上面记载可以大致地知道,别部司马属于可直接领兵打战的武职,其领兵数目可据其能力和功勋的情况,可多可少,最少可领兵四百,多可达数千人。根据《三国志·吴书一》注引"山阳公载记曰"中的说法,当时董卓手下有一别部司马叫刘靖,"将步骑兵四千屯安定,以为声势",从这里可知别部司马领兵多者可达四千人。

"督义司马"是直接归属于将军之下的统领兵士的军职,它与"别部司马"的区别在于,前者属于将军的直属或嫡系部队,而后者则属于旁系部队。而据《华阳国志》卷二中的记载,在后来系师张鲁天师、张修攻击汉中太守的军事行动中,显然张鲁天师是主将,而张修则处于从属的地位:"扶风苏固为汉中太守,鲁遣其党张修攻固。"[①]既然文中提到,系师张鲁天师有权调遣其党羽张修,那至少可以表明在进击汉中太守苏固的军事行动中,系师张鲁天师是主将,而张修则为辅将。由此可见,在刘焉心目中,系师张鲁天师的地位和重要性要高于张修。

刘焉之所以分别授以系师张鲁天师、张修二人"督义司马"、"别部司马"的军职,主要是想攻打汉中太守苏固。那么刘焉为什么要攻打苏固呢?刘焉有什么样的政治意图需要付诸战争的方式来实现呢?

据《华阳国志》卷二中的说法,"初平中,以鲁为督义司马,住汉中,断谷道"[②]。而《后汉书·刘焉传》中也称,"……(刘焉)遂任鲁以为督义司马,与别部司马张修将兵掩杀汉中太守苏固,断绝斜谷,杀使者。"[③]

从以上《华阳国志》和《后汉书》的记载可以知道,刘焉在上任益州牧之后,为了实现自己做雄踞一方的霸主的意图,就想办法扩大地盘。而当时由苏固担

---

① 《华阳国志》卷二之"汉中志",上海涵芬楼四部丛刊本,第1册,卷二第三叶。

② 《华阳国志》卷二之"汉中志",上海涵芬楼四部丛刊本,第1册,卷二第三叶。

③ 《后汉书》卷七五之"刘焉袁术吕布列传第六十五",中华书局1965年点校本《后汉书》,第9册,第2435页。

任太守的汉中地区就在眼前，且土地肥沃，就像一块送到嘴边的肥肉一样。所以，刘焉很自然地就想把汉中这块地据为己有，以扩大自己的地盘，为将来进一步图霸大业打下良好的基础。

不过，苏固与刘焉都是朝廷的命官，要是刘焉亲自领兵出击汉中太守苏固的话，无异于公然向天下人宣告自己要谋反做叛臣贼子的意图。作为想成就一番霸业的刘焉来说，他显然不会干出亲自领兵出击汉中太守苏固这种在政治上十分愚蠢、弱智的事。

要想把汉中地区据为己有，又不落下叛臣贼子之骂名，显然需要刘焉颇费一番心思，他必须想出一个万全之策。据史书记载，刘焉想出了一个一石三鸟之计。

刘焉的计谋是这样的，既然碍于自己的身份不方便亲自领兵进击汉中太守苏固，那么首先就必须找到一股能使自己不会落下叛臣贼子之骂名的势力。显然，在刘焉看来，作为五斗米道的宗教领袖和实权派人物的系师张鲁天师、张修二人是最适合领兵进击苏固的人选。因为“五斗米道”在官方的政治话语系统中，肯定是与寇、匪联系在一起的，这样，由系师张鲁天师、张修带领五斗米道中的军事力量进击汉中太守苏固就成了一件匪寇、米贼阴谋侵夺王权的叛乱事件，这罪名最终就只能落在五斗米道身上，而与刘焉扯不上关系。

刘焉为了实现此一意图，用封赏系师张鲁天师、张修为“督义司马”、“别部司马”的方式，不仅拉近了自己与五斗米道之间的距离，还可以私下里利用五斗米道的力量进击汉中太守苏固，既避免了叛臣贼子的骂名，还可以不费什么气力地控制汉中地区。

后来的事实表明，刘焉的这一计谋实施得十分成功，非常漂亮。根据史书中的记载，刘焉“遂任鲁以为督义司马，遂与别部司马张修将兵掩杀汉中太守苏固，断绝斜谷，杀使者。”[1]意思是说，督义司马张鲁、别部司马张修带领兵卒攻打汉中太守的军事行动十分顺利，杀死了太守苏固，并让听命于自己的五斗米道势力控制了汉中地区。

攻打苏固的好处还不仅仅限于使刘焉控制下的五斗米道势力到达汉中地区，它还让刘焉找到了一个不向中央政府交纳赋税、贡品的绝佳理由。要知道，自古益州地区与中原王朝交通的通道主要是通过北面汉中地区十分险峻的山

① 中华书局点校本《后汉书》，1965年，第2432页。

路，而自从系师张鲁天师和张修带领的五斗米道信众占据了汉中之地后，刘焉正好找了一个“米贼断道，不得复通”的借口，不再向朝廷纳贡。

二、袭杀张修：系师张鲁重整五斗米道

在刘焉的精心策划之下，分别以系师张鲁天师和五斗米道的实权派人物张修任督义司马、别部司马，让二张率领一支以五斗米道信众为主的军队一路浩浩荡荡地向汉中太守苏固杀奔而去。对于系师张鲁天师来说，这次攻取汉中之地为他提供了一个千载难逢的重整五斗米道的契机。因为系师张鲁天师为督义司马，而张修只是别部司马，也就是说系师张鲁天师是领兵的主将，而张修只是这次军事行动的协助者，即副将，因此张修要听命于系师张鲁天师。

在此次攻取汉中的军事行动之前，系师张鲁天师一直生活在张修对五斗米道巨大影响力的阴影之中，这让系师张鲁天师感受到了一种来自张修的难以言状的威胁。因此，系师张鲁天师和张修之间的关系不可能是非常和谐的，这是肯定的。但后来，因为刘焉这样一位特殊人物的出现，让系师张鲁天师和张修之间尚能保持一种若即若离的关系，至少在表面上看起来是相安无事的。

系师张鲁天师与张修之间不和谐的关系主要是由各自在对五斗米道的影响力、控制力上表现出来的差异所导致的。从名义上看，系师张鲁天师作为老祖天师张陵所开创的五斗米道的正统的掌教之人，他应该拥有对五斗米道的绝对影响力和控制力才对。但在事实上，张修因其特殊的巴蜀氏族巫人领袖之身份，使得他在以巴蜀原著居民为主体的五斗米道信众中拥有极大的声望和号召力，并一度呈现出“声高盖主”之势。这当然会让系师张鲁天师心中感觉到一种实实在在的始终伴随在其左右的无可名状的威胁。因此，很自然地，在系师张鲁天师和张修之间不可能存在很和谐的关系。

不仅于此，系师张鲁天师和张修之间的不和谐关系的原因还在于他们二人在五斗米道之发展、壮大应当遵循何种基本原则上出现了极大的分歧。

前文曾谈到，嗣师张衡在飞升冲举之前曾传授“四句之教”给系师张鲁天师，并叮嘱他一定要坚定地遵循而不能有丝毫的动摇。“四句之教”的核心内容可用四个字来概括，即诚、敬、忠、孝。这四个字一方面是对系师张鲁天师在修身方面的基本要求，另一方面，也是系师张鲁天师立教、扬教所应当遵循的基本准则。系师张鲁天师心中当然是很明白这四个字的意义和分量的。并且，在系

师张鲁天师掌教之后,这四个字对于五斗米道的重要性就日益显示出来。因为在此一时期,中原地区因为连年的战乱,大量的流民为着躲避战乱而迁移到相对安定的巴蜀地区。大量来自中原地区的流民的迁入,使得巴蜀地区那种巫术文化色彩极浓厚的宗教、社会文化生态得到了悄然的改观。伴随着宗教、社会文化生态的改变,必然会影响到当地居民对五斗米道所作所为是否符合传统儒家伦理的价值判断。

毫无疑问,此情此景之下的系师张鲁天师已经敏锐地感受到了巴蜀民众对于五斗米道的某些负面的价值评价。前文已经言及,作为五斗米道中掌握实权的人物,张修曾发动教民呼应东方的黄巾军大起义。而在中国传统的政治、社会伦理的观念世界中,以起义的方式来反对中央政权,肯定是叛逆的行为,肯定会为大多数社会民众所不齿。要知道,这时候的巴蜀居民中已经有为数众多、受传统儒家伦理观念影响至深的来自中原的居民——但,无可挽回的事实是,张修竟然已经做出了这种叛逆之事,更让系师张鲁天师难堪的是,张修还是打着五斗米道的旗号干了如此这等叛逆之事!我们今天在官修史书中仍能看到大量与五斗米道相关的“米贼”、“匪首”之类的字眼,可以想见,五斗米道当年所参与的大起义行为也一定是难以符合巴蜀地区的居民的伦理价值判断的。

显然,张修等一干人的这种叛逆行为与向来被系师张鲁天师视之为五斗米道立教之根本宗旨的诚、敬、忠、孝是若冰火般不相容的!

可是,眼睁睁地看着张修公然地做出有违五斗米道立教之宗旨之事,系师张鲁天师却无力阻止。可以想见,系师张鲁天师心中一定会为此而懊恼不已,也一定会对张修的叛逆行为而怒火中烧!

叛逆已经成为既定的事实,五斗米道狼藉的名声已经造成!系师张鲁天师对此无能为力,他所能做出的最好选择就是等待,等待一个清理、修整张修势力集团的机会,以洗刷五斗米道所得的狼藉名声,把已经偏离航向的五斗米道拉回到正道之上!

等待的时间是漫长的,但事实证明,系师张鲁天师的等待是值得的。系师张鲁天师最终等到了清理修整张修势力集团的机会!

大约在黄巾大起义之后,又过了七八年左右的时间,系师张鲁和张修分别被益州牧刘焉委任为督义司马、别部司马,领兵前去攻打汉中太守苏固。正是在这次领兵攻取汉中地区的军事行动中,系师张鲁天师终于等来了清理修整张修势力集团的机会。据《三国志·张鲁传》中的记载:

益州牧刘焉以鲁为督义司马，与别部司马张修将兵击汉中太守苏固，便遂袭修杀之，夺其众。[①]

这是说，系师张鲁天师是在领兵攻取汉中的途中，找到了一个机会，袭杀了张修所率部众。张修被杀之后，原来追随张修的五斗米信众便改弦易辙，最后并入系师张鲁天师的队伍。但关于系师张鲁天师袭杀张修的事，官修史书中也有不同的说法，如《后汉书》中是这样记载的：

（刘焉）遂任鲁以为督义司马，遂与别部司马张修将兵掩杀汉中太守苏固，断绝斜谷，杀使者。鲁既得汉中，遂复杀张修而并其觽。[②]

这是说，系师张鲁天师袭杀张修是在攻取汉中之后，然后归并了追随张修的五斗米道信众。无论是哪一种说法，张修之被系师张鲁袭杀，并归并了其手下的追随者，这一点是没有疑问的。

另外，关于张修之被系师张鲁天师袭击之后的情况，也另有说法。《后汉书》和《三国志》中均说张修在这次袭击行动中被杀死了，而三国时的鱼豢却说："后角被诛，修亦亡。"[③]关于张修的去向，历来学者有两种看法。一种看法认为，张修是兵败身亡了；一种看法是认为他兵败逃亡了。[④]

总之，无论张修被袭之后是被杀死了还是逃亡了，意义已经不大。因为张修作为五斗米道中掌握实权的人物，已经在历史的舞台消失了。而作为系师张鲁天师来说，通过这次袭杀张修的行动，已经达到了清理修整张修势力集团、重整五斗米道教权的目的。从五斗米道后来的发展历史来看，系师张鲁天师的这次行动是相当成功的，不仅没有引起教内信众因上层人事变动所导致的混乱，还似乎让教内的大多数信众平静地接受了五斗米道掌教之权回归老祖天师张陵一脉的正宗传人的事实。可以说，系师张鲁天师的这次行动是顺应了当时五

① 《三国志·魏书》卷八之"张鲁传"，中华书局1982年点校本《三国志》第1册，第263页。下引该书同此版。

② 中华书局点校本《后汉书》，1965年，第2432页。

③ 《三国志》卷八之"张鲁传"裴松之注引鱼豢《典略》。

④ 卿希泰：《中国道教史》（第一卷），四川人民出版社，1996年，186页。

斗米道信众大多数人的意愿的。

应该说，系师张鲁天师策划的这次袭杀张修的军事行动对于五斗米道的未来发展也具有至关重要的意义。正是通过这次行动，系师张鲁天师不仅达到了清理修整五斗米道的目的，而且，从另一方面来说，他还重新并牢牢地树立了五斗米道的立教之根本宗旨，即：诚、敬、忠、孝。这一宗旨不仅对于当时的五斗米道至关重要，更是后世正一道（或天师道）之立足于中国封建社会的关键。

就系师张鲁天师来说，这次军事行动还带来了另一让他始料未及的后果，那就是，从此之后五斗米道的势力牢牢地占据了地势险峻、地缘政治优势极为明显的巴郡、汉中地区。虽然，系师张鲁天师在名义上是受刘焉的指派而攻取汉中地区的，但此时的刘焉并不敢公然承认自己与五斗米道之间存在某种盟约关系。事实上，刘焉在表面上仍然不得不称五斗米道信众为“米贼”——他正是借口“米贼”阻道而不向东汉政府交纳贡税的。系师张鲁天师与刘焉之间的这种“不明不白”、隐隐约约的关系，导致了系师张鲁天师在汉中地区具有较大的独立性，这也是日后以系师张鲁天师为政教首领的五斗米道能够雄踞汉中地区近三十年的根本原因。

因此，对于五斗米道信众来说，攻占汉中地区确实是一件值得庆贺的事。应该说，这个时刻对当时的五斗米道信众来说，确实不失为一个开启五斗米道最辉煌历史之门的重要时刻。事实证明，系师张鲁天师用袭杀张修的方式来完成清理修整道教之后，张修的追随者选择平静地归并入系师张鲁旗下，这样的选择是完全正确的。

三、刘焉之死：系师张鲁天师与益州势力集团的决裂

在益州牧刘焉的秘密授意之下，以系师张鲁天师为督义司马的军事行动开始了。这次军事行动进行得出奇的顺利。最终，系师张鲁天师所率领的以五斗米道信众为主力的军事行动取得了胜利。这次军事行动所取得的胜利，不仅对于五斗米道关系重大，并且对于一心想雄踞一方、阴图大业的刘焉来说也具有极为重要的意义。因为，对于刘焉来说，随着汉中地区被与自己有私下里的“不明不白”之盟约关系的五斗米道所占领，来自于北方的各种势力可能之威胁便不复存在了。要知道，汉中地区差不多是通往中原地区的必经之地，而该地向

来是以山路崎岖、险峻而闻名于世的——有四百年后唐代李白的诗句为证:“蜀道难,难于上青天”——因此,汉中地区是名副其实的一夫当关,万夫莫开之地。而现在,汉中地区已经被与自己在私下里存在着“不明不白”的盟约关系的五斗米道所占领,刘焉顿时感觉到了一种前所未有过的安全感。所以,刘焉在系师张鲁天师攻取汉中之后,采取了一系列的行动,来加强他在益州地区的影响力、控制力、存在感以及权威性。当然,随着在益州地区影响力、控制力、权威性的增加,刘焉似乎变得有些飘飘然,甚至于变得有些傲慢和骄横。《后汉书》是这样记载刘焉当时所出现的变化的:

焉欲立威刑以自尊大,乃托以佗事,杀州中豪强十余人,士民皆怨。初平二年(191),犍为太守任岐及贾龙并反,攻焉。焉击破,皆杀之。自此意气渐盛,遂造作乘舆车重千余乘。焉四子,范为左中郎将,诞治书御史,璋奉车都尉,并从献帝在长安,唯别部司马瑁随焉在益州。朝廷使璋晓譬焉,焉留璋不复遣。兴平元年(194),征西将军马腾与范谋诛李傕,焉遣叟兵五千助之,战败,范及诞并见杀。焉既痛二子,又遇天火烧其城府车重,延及民家,馆邑无余,于是徙居成都,遂疽发背卒。[①]

这段史料中提到了刘焉这样一些事:刘焉当时想树立自己的权威性,于是找了一些莫须有性质的罪名和借口,把州中一些豪强大富人家中的人抓了起来杀了。刘焉这样做的本意是想达到以严刑来威慑益州各种豪强势力集团的目的,但却引起了州中士绅和民众对刘焉的极大的怨愤。到了初平二年的时候,犍为太守任岐和驻扎在绵阳地区负责军事的校尉贾龙因不满刘焉的所作所为,就起兵反对刘焉。幸运的是,刘焉打败了任岐和贾龙,并杀掉了这二人。自从镇压了任岐和贾龙的叛乱之后,刘焉似乎被这样一个不大不小的胜利冲昏了头脑,开始变得有些飘飘然起来,还私下里造作了只有天子才能使用的舆车,数量多达千余乘,这事后来被另一皇族,时任荆州牧的刘表向皇帝告发——造作千余乘舆车这件事可以充分证明,刘焉这个人是心怀取东汉天子之位而自立的野心的。

① 中华书局点校本《后汉书》,1965年,第2432页。

但是，世事是难料的。刘焉虽然心中充满了取代天子而自立的迷梦，但后来所发生的一系列的事件，让他感觉天命悠悠，自己的非分之想将会遭受天谴。事情的经过是这样的：刘焉有四个儿子，分别是刘范、刘诞、刘璋、刘瑁。其中刘范任左中郎将，刘诞担任治书御史，刘璋担任奉车都尉，这三个人本来都是跟随汉献帝于都城长安供职的。当时，跟随刘焉前往益州的另外一个儿子叫刘瑁，担任别部司马。后来，朝廷似乎觉察到了刘焉于益州地区有了种种图谋不轨的意图，于是派出在长安跟随于汉献帝左右的刘焉的儿子刘璋前往益州，想通过刘璋向其父亲说明叛逆朝廷的利害关系。刘焉不仅不领会朝廷的用意，而且还把刘璋留在了益州，不让刘璋回长安复命。后来，到了兴平元年，即公元 194 年的时候，征西将军马腾与刘焉的儿子刘范密谋发动兵变诛杀凉州地区的大军阀头子李傕。刘焉知道了儿子刘范这件事，但没有尽全力支持他，只是派出了五千老兵帮助马腾和刘范。后来，马、刘二人的兵变没有成功，不仅刘范被杀，还连带着使参与了兵变的刘焉的另外一个儿子刘诞也被杀了。刘焉一下子失去了两个儿子，心中很是悲痛。真是屋漏偏逢连夜雨，让刘焉悲痛的事情还远没有结束。不久，刘焉家还碰上了天火，把他益州城府第中的财货及车马辎重之物烧得精光。这场“天火”烧得也确实邪门，不仅烧了刘焉的豪门巨宅，还连带着烧掉了与刘家相邻的无数民宅、馆驿。刘焉在这种情况下，似乎隐隐约约地感觉到了来自上天的对他的种种乱臣贼子行为的“天谴”。天火之后，刘焉就举家迁往了成都，但是到成都不久，刘焉就后背生疽，不治而亡。刘焉卒于兴平元年(194)。

刘焉之死，是系师张鲁天师与益州势力集团决裂的开始。

刘焉死后，继之而起的是其子刘璋。刘璋的性格中虽然有温良、仁厚的一面，但其性格中的怯弱、毫无主见的弱点却是极易受人利用的。

据史书记载，刘焉死后，原来追随刘焉的益州大吏赵韪等人就看准了刘璋性格中的怯弱、没有主见的弱点而加以利用。赵韪等人先是向朝廷请求任命刘璋为益州刺史。随后，朝廷下诏书任命刘璋为监军使者，并领益州牧，而赵韪则被任命为征东中郎将。事实上，因为刘璋是毫无主见之辈，益州大大小小的事务多由赵韪为首的一干官员作主，刘璋虽然在名义上是益州地区的最高行政长官，但其所处之真实的境地，则无异于受人操纵、任人摆布的傀儡。这些，恐怕是生前一心想雄霸一方，试图取天子之位而代之的刘焉所没曾预料到的！俗话说，虎父无犬子，还说老子英雄儿好汉，但这话绝对不适用于刘焉、刘璋父子！世事难料，真是世事难料！

因为刘璋的怯弱、毫无主见，所以面对很多事情都感到束手无策。刘璋之父刘焉尚健在的时候，由南阳、三辅地区流入益州躲避战乱的流民达数万人之众，刘焉不仅不拒阻这些流民迁入益州地区，还悉心地予以收留和安顿。刘焉通过这样的方式，把这多达数万人之众的流民全部收编入自己的军队之中，扩充了自己的军事力量。刘焉手下这些由东部地区西迁入益州地区避乱的流民所组建起来的军队就成了"东州兵"，成了刘焉所掌控的一支最重要、最值得依赖、战斗力极强的军事力量，当然，这也是刘焉后来敢于做取东汉天子之位而代之之梦的最大的资本。

而在刘焉死后，刘璋面对那些不断由东部地区迁移入益州地区的流民竟然茫然而不知所措——既不知道在那些流民在迁入益州之前采取拒阻的措施，也不知道在他们迁入之后予以收留、安顿，并加以收编利用。其结果就是，那些由东部各州郡迁入益州的流民有的成了寇匪，严重地扰乱本地民众的日常生活秩序。这种情况一直延续了下来，久禁不止，引起了益州地区的本土居民的极大民愤！因之，刘氏家族在益州地区的声望因为刘璋的无能、怯弱而大大地被削弱了。

与刘璋在益州地区的无所作为相比，他手下的重要官员赵韪等一干人在权术上玩得可谓游刃有余、如鱼得水。赵韪之在巴中，向来很得民心，深孚民望，是刘璋所能依赖的最重要的官员，也是刘璋最信任的官员。于是，刘璋对赵韪委之以重任。可是，赵韪这人看准了刘璋是一庸庸无为之辈，知道一心追随刘璋肯定没有什么好的前途。于是，赵韪心中就有了取刘璋而代之的图谋！为了实现自己的图谋，赵韪借助于他在益州原本就极高的威望，私下里笼络各色人士，与益州中的豪门大族相互交好，暗暗地发展壮大自己的势力。到了建安五年，赵韪等一干人起兵，公然地反叛刘璋，蜀郡、广汉、犍为等地区的民众则纷纷起来响应赵韪的反叛行动。

幸运的是，当赵韪等人起兵反叛刘璋的时候，还有一股军事力量是坚定地站在刘璋这一边的。这股军事力量就是那些由东边迁入益州地区的流民为主组成的"东州兵"。"东州兵"之所以会坚定地站在刘璋这一边，一方面是因为他们当初受到了刘璋的父亲刘焉的悉心收留、安顿，心中对刘氏家族怀有感激之情。但另一方面,“东州兵”之坚定地支持刘璋,最根本的原因在于“东州兵”作为外来的力量,与以赵韪为代表的本土的豪门大族势力之间始终存在着重大的利益冲突,因而“东州兵”这一方的势力集团非常害怕以赵韪为代表的本土的豪门大族势力在取刘璋而代之之后,会进一步诛杀他们。所以,“东州兵”们遂拼死为保卫刘璋而战。据《后汉书卷七十五·列传第六十五·张鲁》上的记载:

东州人畏见诛灭,乃同心并力,为璋死战,遂破反者,进攻韪于江州,斩之。

意思是说,东州人害怕被以赵韪为代表的本土的豪门大族势力把他们诛杀殆尽,于是并力同心,拼死为刘璋而战,最后反而打败了赵韪等人的叛乱。后来,还有了进一步反攻赵韪的机会,最后在江州斩杀了赵韪。

刘璋继其父刘焉而立之后,系师张鲁天师率领的五斗米道力量正据守于汉中地区,没有加入到争斗的任何一方。前文讲过,系师张鲁天师与刘璋的父亲刘焉之间,存在着一种私下里的“不明不白”的盟约关系,即系师张鲁天师一方面希望借助于刘焉的势力达到清整五斗米道的目的,这一目标在袭杀张修之后已经达成了。另一方面,系师张鲁天师还希望借助于来自刘焉朝廷命官身份的认同,来洗刷五斗米道“米贼”、“米匪”的狼藉名声。系师张鲁天师在刘璋初任益州牧的时候,还是对刘璋抱有较大的期待的。可后来,随着刘焉暴死,刘璋继之而立,系师张鲁天师目睹了刘璋在一系列重大政治事务方面所表现出来的怯弱、无能、昏庸之后,他的那份期待之情不免破灭了。《后汉书》卷七十五之“列传第六十五张鲁”上记载说,“张鲁以璋暗懦,不复承顺”。就是说在赵韪起事之后,系师张鲁天师对刘璋已经彻底失去了信心,不再像以前那么顺从于刘璋了。

而系师张鲁天师之不再“承顺”于刘璋就成了五斗米道势力与益州势力集团决裂的开端。随之,刘璋因为系师张鲁天师对自己不再像以前那么顺从,于是大怒,杀了系师张鲁天师的母亲和他和弟弟。不仅如此,刘璋还派遣他手下的将领庞羲等人领兵多次攻打系师张鲁天师,但都以失败而告终。刘璋不仅没有取得攻打系师张鲁天师的胜利,最后还搭上了他手下的重要将领。据《后汉书》张鲁传上的说法,当时系师张鲁天师在“巴土”地区有很多追随他的五斗米道的信众,这些信众反过来又拥戴庞羲做巴郡太守。庞羲因为做了有众多五斗米道信众的巴郡太守,这为系师张鲁天师打败庞羲提供了极大的便利。后来,系师张鲁天师果真袭取巴郡成功。在取得了巴郡之后，系师张鲁天师占据了两块地理位置十分优越的地盘——汉中和巴郡，一时有了称雄于巴汉地区的最重要的可靠的根据地！

自此之后，以系师张鲁天师为首的五斗米道与以刘璋为代表的益州势力集团之间彻底地走向了决裂。刘璋因为杀害了系师张鲁天师的母亲和弟弟，于是系师张鲁天师与刘璋之间势成水火，成了不共戴天的仇敌！

当然，自此之后，以刘璋为代表的益州势力集团也开始衰微，一天不如一天。这主要是因为刘璋的昏庸、无能、怯弱造成的，其结果就是一帮奸佞之人成天环绕在刘璋左右，出一些馊主意，例如大家所熟知的刘璋听从小人张松的建议恭迎刘备入川就是其中之一，这里就不详细地叙述了。刘璋最后的归宿是，不仅没能守住其父刘焉辛苦创下的基业和家业，而且还被刘备巧取豪夺掉了。最后，刘璋被刘备以“宽大为怀”的名义之恩赐下给了一条活路，被流放至公安县。老年的时候，刘璋又患了疾病而没钱医治，最后死在了公安县境内。

第三章

系师张鲁天师统领下的五斗米道雄踞汉中三十年

一、汉宁太守：五斗米道进一步扩大影响力的契机

据史书上的记载，系师张鲁天师领导的五斗米道前后在汉中地区雄踞了三十年左右的时间。不过，这三十年的时间是从公元184年左右张修响应东部地区的黄巾大起义开始算起，直到后来曹操发兵攻取汉中，系师张鲁天师于公元215年臣服曹魏政权结束，前后约三十年。

前文曾经说过，在系师张鲁天师开始掌教的时候，五斗米道中的另一重要人物张修其实是掌握教中实权的。后来，系师张鲁天师在领兵攻打汉中太守苏固的时候，寻得良机，袭杀了张修，重新掌握了五斗米道的实际权力。如果去掉张修实际掌控五斗米道权力的十年时间，系师张鲁天师率领五斗米道信众雄踞汉中的时间约为二十年。

与中国历史上下五六千年的时间长河相比，二十年的时间固然算不上什么。但就系师张鲁天师在这二十年时间内的所作所为来说却是相当精彩的，值得现代人记住，并认真地思考的！

前文已经提到过了，自从刘璋杀害了系师张鲁的母亲和弟弟之后，以系师张鲁天师为代表的崛起于民间的五斗米道势力与以刘璋为代表的益州势力集团之间就彻底地决裂了。是的，决裂得非常彻底，乃至于双方之间呈不共戴天之势。

在决裂之后，系师张鲁天师必须面对一个十分严肃的政治问题，就是具有

政教合一性质的五斗米道在先后占据了巴郡、汉中两块地盘之后，它在政治及伦理方面的合法性问题。这确实是一个十分紧要的问题，因为这个问题不解决，那么五斗米道就始终要与“米贼”或“米匪”相联系在一起，永远要背负着封建纲常伦理的“叛匪”“流寇”的罪名。

幸运的是，在这个关键的时刻，事情迎来了转机。我们知道，东汉末年，中央政府因为自身的昏暗、腐朽等各方面的原因，在事实上是不能对地方各种军阀豪强势力进行有效的控制的。而以系师张鲁天师为首的五斗米道力量当时已经雄踞于汉中近十年了，东汉中央政府当然清楚地知道这是一支割据于巴郡、汉中地区、能与中央分庭抗礼的力量。但是，因为当时全国各地这种雄踞一方的势力集团实在是太多了，加之中央政府对地方的控制力量实在是显得太过于虚弱，所以在五斗米道割据巴、汉地区的事情上只能采取睁一只眼、闭一只眼的态度——不采取这样的方法，当时的中央政府还能有更好的办法和选择么！

所以，《三国志》中是这样记载系师张鲁天师割据巴、汉的时候，中央政府所采取的措施：“力不能征，遂就宠鲁为镇民中郎将(《后汉书·刘焉传》中作“镇夷中郎将”)，领汉宁太守，通贡献而已”。[①]意思是说，当时的中央政府考虑到五斗米割据巴、汉地区已经是既成事实，而自身实力有限，没法派出兵讨伐它，故采取了怀柔政策——以朝廷的名义，册封系师张鲁天师为“镇夷中郎将”——意思是平定、安抚巴、汉少数民族的中郎之将。朝廷对系师张鲁天师的封赐还不止于此，最后还任命系师张鲁天师为汉宁太守。这样一来，系师张鲁天师成了朝廷的命官，他所率领的五斗米道政权就得到了官方的认可，似乎纳入了朝廷的行政序列之中。但事实上，系师张鲁天师率领的五斗米道政权具有相当大的独立性，中央政府根本管不了，所以《三国志》的撰写者说“通贡献而已”，即象征性地每年向中央政府进贡物品，申明自身已属王化之地，在行政上隶属于东汉政府，具有官方正统所赋予的合法身份罢了。

虽然，“汉宁太守”这个封号的形式意义大于实质意义，但系师张鲁天师极为看重这个封号。因为系师张鲁天师知道，有了这个封号，就可以干出一番更大的作为。可以说，“汉宁太守”这个封号为五斗米道的进一步发展壮大自身的力量，最终迈向其最辉煌的时刻提供了一个重要的契机，为系师张鲁天师接下

① 《三国志》卷八之“张鲁传”，中华书局点校本《三国志》第1册，第263—264页。

来在巴、汉地区采取的一系列有效的治理措施提供了可能性。

二、务行宽惠：系师张鲁天师治理巴、汉地区所遵循的根本宗旨

自从东汉政府正式赐封系师张鲁天师为汉宁太守之后，五斗米道这股集宗教、军事、政治性质于一身的以下层民众为主体的集团力量迎来了进一步壮大自己的契机。东汉末年的时候，中原地区的大量下层百姓纷纷破产，加之中原地区各种军阀势力集团为了扩张自己的地盘，禁不住大打出手。这连年的战乱，使得迁往巴、汉地区的流民急剧增多，在军阀混战的局面下，不少人逃往社会环境相对安定的汉中地区。据《三国志》的记载，在韩遂、马超之乱后，关西民众从子午谷逃奔汉中地区达万余家，如果以每家十人计，则人数达十余万人①。系师张鲁天师不仅不拒阻这些流民进入巴郡和汉中地区，还对他们予以收留和安顿，在食物和财物上接济他们。

《华阳国志》中记载说，系师张鲁天师治理汉中、巴郡的时候务行宽惠。前文曾提及，五斗米道是一种集宗教、政治、军事于一体的组织，所以系师张鲁天师采取政教合一的方式来治理民众。为了对那些迁入巴、汉地区的流民进行有效的管理，那些由中原和关西地区迁入汉中、巴郡的流民在被收编后被要求加入五斗米道的信众队伍。系师张鲁天师这样做，不仅能稳定他们的人心，还能更有效地帮助他们克服迁居他乡过程中碰到的种种精神和物质方面的困难，使他们心悦诚服地追随着系师张鲁天师。事实也证明，系师张鲁天师这种务行宽惠的施政宗旨与这种政教合一的管理五斗米道信众的具体办法相结合是十分成功的，这对稳定当地民心、维护当地治安、保持正常的社会生活秩序，乃至发展当地的经济均起到积极作用。更重要的是，五斗米道还凭借这些治理方法、措施进一步扩大了其影响力。与中原地区那种战乱、动荡，并时刻伴随着流血、恐惧、死亡的情形相比较，居留于巴汉地区的五斗米道信众无疑是幸运的，因为这里的社会大环境比较安定，百姓比较能安居乐业，甚至可以毫不夸张地说，

① 《三国志》卷八之“张鲁传”，中华书局点校本《三国志》第1册，第264页。

巴、汉的百姓在精神生活的层面上仍然可以称得上是愉悦的。

在系师张鲁天师治理下的巴郡、汉中地区，由于系师张鲁天师力行宽惠的政策，还得到巴夷少数民族首领杜濩、朴胡、袁约等人的支持。史书中记载："民夷便乐之"，意思是说当地的汉族民众和"夷"民——少数民族都很拥戴系师张鲁天师。

正因为这样，在系师张鲁天师治理下的巴、汉地区俨然成了矗立在多灾多难的华夏大地之上的天国之城。它虽然面积不大，却也别具几分异域风情，为那些流离失所的逃难的人群燃烧着最后的一丝光明的希望。也正因为这样，这矗立于巴山蜀水之间的天国之城，就更具有了另一番宗教式的神圣的精神文化层面的象征意义。

从某种意义上来说，五斗米道之所以能雄踞巴汉地区三十余年，与当时系师张鲁天师所坚决实行的政教合一的治理方式是分不开的。笔者在前文中曾经提到过，老祖天师张陵当年就已经尝试过在青城山、鹤鸣山周围的地区实行过政教合一的治理方式。事实证明，这种方式在生产力水平比较低下，或动荡、灾荒的年代是一种很有效的行政统辖方式。在老祖天师张陵之后，张修也曾沿用过这种政教合一的治理方式。不过，张修也吸收了来自东部参与黄巾大起义的另一支道派力量——太平道——中的诸多治理形式。

到系师张鲁天师真正掌教的时候，他在对老祖天师张陵以及张修诸多管理五斗米道的经验总结基础之上，进行了进一步的完善，使得各项治理措施更加系统化、条理化、制度化。这里十分有必要对系师张鲁天师担任汉宁太守时所实行的政教合一的治理方式的具体办法进行比较详细的介绍。

系师张鲁天师政教合一的治理方式主要包括经济措施、政治法律、宗教文化、组织机构这几大方面。先看系师张鲁天师在经济制度方面的最重要措施：义米、义舍制度。

三、义米义舍：系师张鲁天师采取的根本的经济措施

就经济措施方面来说，系师张鲁采取的最重要的办法就是要求入道信众必须交纳五斗米。与老祖天师张陵当年同样要求信众交纳五斗米相比较，系师张鲁的做法还是有所区别的。当年老祖天师张陵老祖天师收取信众的五斗信米

的做法，具有较大的偶然性，通常是在为病人治好病之后收取的带有酬劳性质的费用，而并非要求所有的五斗米道信众都必须交纳！病人在病好了之后所交纳的五斗信米，还意味着对老祖天师张陵所传道法的认可、相信。另外，当时信众还有自愿选择交或不交五斗信米的自由。

不过，到了系师张鲁天师的时候，交纳五斗米成了一种常态，是所有五斗米信众必须要交纳的。事实上，交纳五斗米的做法成了雄踞于巴、汉地区的五斗米道维系自身正常运转的最重要的经济措施，五斗米道正是通过信众常态化的交纳五斗信米的方式，才建构起自身的经济基础，也才可能建构起组织严密、运转高效的集宗教、政治、军事功能于一体的政权。而当年老祖天师张陵所创建的五斗米道基本上属于隐居于边远山区地带的自发性的民间宗教组织，主要还是为了解决边夷地区居民的疾病和精神信仰方面的问题，其政治色彩是极为淡薄的，更谈不上有什么像样的军事武装力量。这一点是特别需要向读者朋友们指出来的。

当然，就系师张鲁天师领导下的五斗米道政权对于信众所交纳之米的用途来说，主要是用于维持公共设施——"义舍"的使用，故称之为"义米"，强调的同样是其分配使用过程中的公平、公正性。系师张鲁天师还创立了大量的"义舍"，在里面放置"义米"，当然还有肉类——称"义肉"，这些都是免费供路人取用的。为了保证这些"义米"和"义肉"能够尽可能高效的得到使用，系师张鲁天师强调过往路人要"量腹取食"，并宣称如果路人取用过多，就会因为得罪了鬼神而患上疾病。

当然，"义米""义舍"的做法，老祖天师张陵的时代也曾实行过，但到了系师张鲁天师的时代，这一做法所起到的作用有些不一样了。老祖天师张陵创教之初主要活动在边远的山区，"义舍""义米"主要为山区的原著居民而设，其目的是为了方便山区居民行路和来往。当然，在饥荒的年代，那些平时积累下来的"义米"就会用于赈济灾民。

但到了系师张鲁天师的时代，五斗米道的范围已经扩大到汉中、巴蜀部分经济文化比较发达的中心城市地区，这些地区的经济商贸往来极为频繁，"义舍""义米"制度的建立则成了维持五斗米道管理机构正常、高效运转的极为重要的经济保障。同时，系师张鲁天师时代的"义米""义舍"还具有一个十分重要的功能，既安顿和接济那些源源不断地从西凉、中原地区逃亡到汉中、巴蜀地区的流民，显然，这一功能是老祖天师张陵时代的“义舍”“义米”所不完全具备的。

从“义舍”“义米”制度实施的实际效果来看，也可以看出二者之不同。系师张鲁天师施行的“义舍”“义米肉”制度，对当时遭受兵燹、饥荒、疾疫之害的西凉中原地区的平民特别有吸引力，大量流民纷纷前来依附。根据梁赞英先生的说法，汉中地区原本人烟稀少，但自从系师张鲁天师领导的五斗米道政权崛起于汉中之后，该地人口达到260402人。在这些人口中，除少数豪强地主和土著贫民外，绝大多数人都是由关中、关西及巴蜀地区流移而来的。①

东汉末年，流民问题成了当时最严重的社会问题。系师张鲁天师领导下的五斗米道政权依据巴郡、汉中地区“四面险固，财富土沃”的地缘政治优势，以五斗米道为宗教信仰纽带，把流民、饥民组织起来，实行“义舍”“义米”制度，可以把当时相对剩余的部分产品集中起来，高效地加以分配和使用，为当时的流民提供最基本的生活保障。因此，“义舍”“义米”这种带有“公社”色彩的经济制度确实是解决流民问题的最好形式。由此可见“义舍”“义米肉”制度所体现出来的公益性质，同时，这也显示出了老祖天师张陵与系师张鲁天师时代施行“义米”“义舍”制度所起到的不同作用。

不过，对于“义舍”“义米”的功能，官方史家是多有误解的。陈寿在《三国志·张鲁传》中说：“诸祭酒皆作义舍，如今之亭传。”②

意思是说，系师张鲁天师所设之“义舍”，犹如东汉王朝所设立的“亭传”的功能一样，但实际上，“义舍”与“亭传”是不一样的。以前，有研究五斗米道的学者提出，“义舍”就是秦汉以来的“亭传”，“是免费招待因公出差的官员食宿的宾馆，相当于后世的驿站”，这是相当大的误解。

我们知道，系师张鲁天师领导下的五斗米道政权，并没有采用东汉行政系统中的官员制度，甚至还有意地避免采用官方通行官制名称。系师张鲁天师沿用的是老祖天师张陵曾采用过的“祭酒”制，并没有所谓的“官员”。因此，“义舍”“义米肉”之设，自然谈不上是“招待因公出差的官员食宿”。上文已经一再指出过了，“义舍”、“义米肉”首先是招待流入汉中的饥馑流民；其次是供四处传道、传达政教命令及一般旅途投宿的五斗米道信众使用。从“义舍”中所使用的

① 梁赞英：《也谈张鲁政权的性质》，载《浙江学刊》，1983年第1期。

② 中华书局点校本《三国志》，1982年，第263页。

“义米”“义肉”的来源看，它们主要是五斗米道信众平时生产的劳动产品盈余下来的集体积累，只不过通过交纳五斗米的方式，系师张鲁天师把它们集中在一起，更为高效地使用而已。所以，与老祖天师张陵时代相比，系师张鲁天师时代采取的“义舍”“义米”制度更为规范，组织得更为严密，服务的对象更为广泛，所发挥的作用也更为巨大。当然，无论是在老祖天师张陵的时代，还是在系师张鲁天师的时代，他们所实行的“义舍”“义米”制度的“原始公社”性质，即由大家共同占有使用产品的性质是尤为明显的，充分体现了那些加入五斗米道、来自草根阶层的信众对于社会公平、正义之精神的追求。

当然，系师张鲁天师也知道，“义舍”“义米”制度在安顿和接纳由外部迁入的流民的时候，只能维持在一段较短的时期内。如果不能为那些新迁入巴、汉地区的流民找到新的出路，安排他们从事劳作生产，再多的“义米”“义肉”也会坐吃山空。因此，在经过一定时日的安顿休整之后，系师张鲁天师便会以“家”为单位，分散安置那些流民，让他们归于各个“祭酒”的管辖之内，成为五斗米道的信众。然后，各地的“祭酒”就会以户为单位分配给他们土地，让他们耕种。当时，巴、汉地区地广人稀，有大量可作耕种之用的土地，这就能保证迁入该地的流民绝大多数都有充足的土地以供自己劳作。在土地的分配方面，系师张鲁天师也贯彻平均主义的原则，通常以“家”为单位，或按每家劳动力人口的多寡平均分配。当然，在分得土地耕种收获产品之后，除要按道规交纳五斗米外，后来也要向“祭酒”交纳一定数量的钱、谷、布、帛。这些钱、谷、布、帛一部分作为集体的财产积累，储存于“宝库”（如“义仓”之类）中，供本辖区内的公共事业之开支使用（诸如“义米肉”之类）；另一部分则由“祭酒”上交给“师君”的宝库（类似国库），提供所谓政府的财政开支来源。根据梁赞英的意见，一个“祭酒”管辖地区约为十里，大约每隔十里设一“祭酒”，形成一个居民聚落。而每一“祭酒”“各起义舍于路”，中置“义米肉”，供行人食宿之用。①

综上所述，“义舍”、“义米”制度是系师张鲁天师掌教五斗米道政权时采取的最重要经济制度，体现出较为浓厚的“平均分配”产品的公益性原则。而“义舍”中的“义米”和“义肉”主要来源于五斗米道信众劳作产品中的“公共积累”。这项制度的实施是深得人心的，同时，也是系师张鲁天师领导下的五斗米道政

① 梁赞英：《也谈张鲁政权的性质》，载《浙江学刊》，1983 年第 1 期。

权能“雄踞巴、汉垂三十年”的主要原因之一。[①]

四、祭酒制度：五斗米道政教合一的组织管理制度

前文在讨论老祖天师张陵创教的时候，曾提到过他所采取的祭酒制度。后来，当系师张鲁天师雄雄踞于巴、汉地区的时候，仍然沿袭了这一具有浓厚的宗教意味的组织管理制度。

《三国志》卷八《魏书》之“二公孙陶四张传第八”中记载：

> 鲁遂据汉中，以鬼道教民，自号“师君”。其来学道者，初皆名“鬼卒”，受本道以信，号“祭酒”，各领部众，多者为治头大祭酒。皆教以诚信不欺诈，有病自首其过，大都与黄巾相似。……犯法者，三原，然后乃行刑。不置长吏，皆以祭酒为治，民夷便乐之。[②]

由这段史料可知，雄踞于巴、汉地区的五斗米道所建立起来的是一种以“祭酒”为核心的政教合一的组织管理制度。系师张鲁天师沿袭了其祖父以“鬼道教民”的做法，并自号“师君”。“师君”是五斗米道中最高层宗教领袖的自称。在“师君”之下有“治头大祭酒”和“祭酒”，这二者属于五斗米道的中层领导阶层。“治头大祭酒”和“祭酒”之间的区别在于其下所统领的五斗米道信众的多寡，如果统领的人数很多，则称“治头大祭酒”，统领信众少者则称为“祭酒”。在“治头大祭酒”和“祭酒”之下是最广大的五斗米道信众，称为“鬼卒”。

引文中称，初次加入五斗米道中的信众均称之为“鬼卒”。但是，“鬼卒”在入道接受一定的教理、教义方面的训练之后，如果能做到信仰虔诚而不动摇，深孚众望，愿意为广大信众办实事，就可以升任为“祭酒”了。所以，“祭酒”是由“鬼卒”中选拔出来的宗教首领，并非由中央政权直接任命的封建官吏，这是它与封建政权不同的最大特点。[③]

“祭酒”在古代本来是指同辈中会同飨宴时，对先用酒以祭鬼神的长者的尊

① 梁赞英：《也谈张鲁政权的性质》，载《浙江学刊》，1983 年第 1 期。

② 中华书局点校本《三国志》，1982 年，第 263 页。

③ 梁赞英：《也谈张鲁政权的性质》，载《浙江学刊》，1983 年第 1 期。

称。“祭酒”在西汉的时候也用于官名，东汉时仍然沿袭。这容易让人产生误解，把它理解为汉代官僚政治制度中的官吏名称的变相称呼。但其实不然，“祭酒”制度是五斗米道从古老的飨宴制度中演变而来的，它更多地折射出五斗米道信众对保留在古老的文明传统中的那种人与人之间的平等、友善、互信、合作等诸多宝贵精神品质之诉求。

所以，引文中还提到五斗米道对所有信众有一种普遍的宗教伦理方面的要求，即要他们做到“诚信不欺诈”。“诚信不欺诈”，是对五斗米道的信众在人格精神气质方面提出的基本要求。这一点极为重要，任何一个社会、一个群体如果能自觉地做到“诚信不欺诈”，这个社会或群体的每个成员一定会深深地感受到这栖居于大地之上的生命是如此之美满、和谐而幸福！

引文中还特别指出，五斗米道所建构起来的“师君”——“治头大祭酒”——“祭酒”——“鬼卒”层级组织结构中一个十分重要的一个特征：“不置长吏，皆以祭酒为治，民夷便乐之”。为什么说“民夷便乐之”呢？恰恰是因为，这一层级组织结构中“不置长吏”！这就告诉我们，“治头大祭酒”和“祭酒”与“鬼卒”之间的关系，并非封建官吏与百姓的关系。“祭酒”统领部众、管理道徒的方法，主要是依靠“鬼道”。

什么是“鬼道”？据现今所看到的史料，无论是“治头大祭酒”还是“祭酒”，其宗教方面的职责，主要是向“鬼卒”们讲授道经，宣传教义；在政治上，则承担着调解“鬼卒”之间的各种纠纷职责，并不是按照严苛的成文法，而主要是本着五斗米道中所宣称的“诚信不欺诈”之宽惠精神，以及传统的生活习俗来解决各类纠纷；在军事上，“治头大祭酒”和“祭酒”平时在负责组织“鬼卒”从事生产之余，也要进行一些军事方面的训练，以满足战事发生时的作战需要。

所以，从这里可以明显地看出“祭酒”和“鬼卒”之间的组织结构是一种比较温和的组织者和一般成员的关系，与中国传统封建社会中封建官吏与老百姓之间那种严苛、等级森严的剥削、压迫的关系判若云泥。至于系师张鲁天师“师君”之号，也只是一般“鬼卒”出于对系师张鲁天师所传之道、所行宗教善举之感激之情而对他的尊称，相信这并不是一种强制性的称呼。

因此，系师张鲁天师采取的这种“祭酒”制度，是按宗教级别各领部众，并考虑到生产和军事需要而建构起来的，它部分地改变了人与人的关系。“师君”—“治头大祭酒”—“祭酒”—“鬼卒”这一系列称呼，既是农民淳朴的尊崇年高德劭者的传统思想的体现，也是农民平等观念的反映。而"不置长吏，以祭酒为理"，则从根本上否定压迫人民的封建官吏机构，代之以政教合一的政权组织形式。因此，在韩遂、马超之乱时，出现"关西民从子午谷奔之者数万家"这种民夷均乐而信向五斗米道的现象就是一件很自然的事。[①]

这里还要对五斗米道中"鬼卒"之称号作一点说明，因为这是一个极为容易让人联想起贬义色彩的词。说到"鬼"，一般人很容易跟作恶、恐惧、阴谋等情绪联系在一起，但这是现代人因为时代转换而产生的一种错觉。事实上，"鬼"这个字，在古代的时候，是一种极为普通的称呼，即使在今天，我们也仍然用"小鬼"称呼小孩，用"老鬼"来称呼长者，这并没有贬义。

《蛮书》有这样的记载："大部落有大鬼主，百家、二百家，小部落亦有小鬼主，一切信使鬼巫，用相服制。"这段史料是关于中国古代四川、贵州少数民族地区的部落组织情况的记述，从中可以推知，在系师张鲁天师时代，"祭酒"管理的"鬼卒"是以"家"为单位的。"祭酒"之下可以管理一两百家左右的"鬼卒"，其地位略与"小鬼主"相当，其管辖范围有如一个小部落。一个"治头大祭酒"可管理两三百家以上的"鬼卒"，其地位大约相当于"大鬼主"，其管辖范围有如一个大部落。

据前文《三国志》中的记载，东汉末年，大量流民多以一家一户为单位迁入巴郡、汉中地区，他们会在"义舍"中得到收留和安顿，会受到"义米""义肉"的接济，随后他们会以"家"或"户"的形式平均分配到土地，然后会以"家"或"户"的形式加入到五斗米道中去，成为五斗米道的信众。可见，当时迁入巴、汉地区的流民最后会以"家"或"户"的形式被划归于"祭酒"之下予以管理。正因为如此，史书中又把五斗米道这种政教合一的管理信众的方式称之为"立民户"或"立米民"[②]。

所以，五斗米道中不仅有"鬼卒""鬼道"的说法，还可能有"鬼主""鬼户"等称呼，但这些带"鬼"字的种种名称，无非是当时五斗米道诸多宗教组织形式，宗教活动现象的真实反应，并无我们今天所想象、理解中的那些贬损之义。

根据《三国志》中的相关史料，"祭酒"所担负的主要职责通常具有宗教和社

---

① 梁赞英：《也谈张鲁政权的性质》，载《浙江学刊》，1983 年第 1 期。

② 梁赞英：《也谈张鲁政权的性质》，载《浙江学刊》，1983 年第 1 期。

会公共性事务两方面的功能。据《三国志·张鲁传》载：

令病人自首其过。犯法者，三原，然后乃行刑。[1]

意思是说，对病人采取让他反省生平过错的治病方式。而对那些违犯法令之人，要先宽宥三次，第四次再犯的时候，才会行刑惩罚，这从一个侧面证明了前文中提到的系师张鲁天师所遵循的“务行宽惠”的施政宗旨。而在裴松之为《三国志·张鲁传》对这段话所作之注中则有更为详细的说明：

又教使自隐，有小过者，当治道百步，则罪除；又依月令，春夏禁杀；又禁酒。流移寄在其地者，不敢不奉。[2]

意思是说，系师张鲁天师在掌教的时候，经常会用《道德经》中的“道隐无名”的思想训导信众，让他们不要逞强斗狠，要学会“自隐”。若犯下的是小的过失，则罚以修道路百步，这一方面是搞好公共基础设施之需要。另一方面，在五斗米道中，修道路也具有浓厚的宗教意味，它与“修道”之宗教修行相近。另外，在《太平经》中还有“修道路，取兴大道，以类相占，渐置（至）太平”的说法，五斗米道对犯有过失的信众罚以修道路的做法，曲折地也表达出对太平理想社会殷切的向往之情。

又，为了培育五斗米道信众泛爱万物的环保意识，各地“祭酒”又依照《月令》中的相关条文，在春夏两季万物生长、发育之时节禁止屠杀猎物，砍伐山中林木。

如上史料中还提到禁酒的事，这可能与当时粮荒这一社会现实有关[3]。因为酿酒要耗费大量的粮食，毕竟巴、汉地区社会环境固然相对比较安定，但是除此之外的其他地区却属于乱世，要时刻准备大量的粮食来接济、安顿那些前来归附五斗米道的饥民、荒民和难民。

综上所述，系师张鲁天师为了达到以五斗米道教化巴、汉民众的宗教目的，而建构起了从“鬼卒”—“祭酒”—“治头大祭酒”—“师君”的宝塔式教阶制度，其

① 中华书局点校本《三国志》，1982年，第263页。

② 中华书局点校本《三国志》，1982年，第263页。

③ 卿希泰：《中国道教史》（第一卷），四川人民出版社，1996年，188页。

核心是“祭酒”，它既是教职，又是官职，负责义舍、宽刑、禁杀、禁酒等项措施的实行。系师张鲁天师还教信众以廉耻、诚信不欺诈、令病人自首其过、修路补过以及禁酒等主张和办法，这些制度、创教理念和主张多有承袭自老祖天师张陵之处，但并不是原原本本地抄袭，而是在性质、功能方面均因时因地因人而作了较大的创新和改变，这主要是因为当时的环境已经与老祖天师张陵创教之时大不一样了。

尤其值得一提的是系师张鲁天师创立的“义米”、“义舍”制度。“义舍”的经济来源大概是托名于“供道”的租米制度，即由道民交纳一定数量的米肉诸物。这种租米制度，可从六朝时期的道书窥见一斑，直至北魏寇谦之“清整道教，去除三张伪法”之后才最终废止[①]。但毫无疑问，“义米”、“义舍”制度对于道教的形成和发展具有重大的意义。

① 卿希泰：《中国道教史》(第一卷)，四川人民出版社，1996年，188页。

第四章

五斗米道的北传与曹魏政权对系师张鲁天师的礼遇

一、汉宁称王:系师张鲁天师所面临的极具诱惑力的选择

随着系师张鲁天师统领下的五斗米道在巴、汉地区雄踞之时日益久,教中的一部分人开始有了更大的野心,他们不再满足于让他们的宗教领袖——系师张鲁天师——仅仅做东汉政府管辖下的汉宁太守一职了。这些人有了更大的想法,他们便想怂恿系师张鲁天师称“汉宁王”。这些人之所以有这样的想法也很自然,因为此一时期的五斗米道可谓兵丁兴旺,加之农业和手工业经济有了很大的发展,社会秩序又井然有序、和谐安定。更重要的是,当时的中央政府早已是羸弱不堪了。基于这些方面的因素考虑,这些人认为系师张鲁天师是完全具备称王汉宁之条件的。

据史书记载,当时,系师张鲁天师手下有一个叫李休的人,官任司马一职,是南郑人,为人很有智慧和谋略。这李休鉴于系师张鲁天师手下已经有数万精兵,还看到五斗米道所处的巴、汉地区极为有利地理位置——四面均有崇山峻岭环绕——所以李休就想劝系师张鲁天师打出“汉宁王”的旗号。

不久,五斗米道中有人还于地下挖出一枚玉印,上面还有一些说不清道不明的文字和图案,似乎冥冥之中,老天爷在护佑着系师张鲁天师,让他放心称“汉宁王”。只是,从现在的视角来看,那埋于地下之印应该是李休等一干人事先安排人埋藏好了的。无论那印是否是预先埋藏,总之,这事出来之后,有更多的五斗米道信众站出来欲拥戴系师张鲁天师做“汉宁王”。

对于系师张鲁天师来说，汉宁称王确实是一种极具诱惑力的选择，再加上当时又有众多手下站出来拥戴他称汉宁王，所以系师多多少少还是有一点心动的。

不过，系师张鲁天师心中当时虽然深受汉宁称王的民意所鼓动，却仍不失冷静，再加上系师张鲁天师向来是一位很谨慎的宗教领袖，总感觉称王这件事非同一般，所以在称王这件事上，他还是想先听听其手下另一位重要谋臣阎圃的意见。阎圃是巴郡西部人，时任系师功曹。《三国志》是这样记载系师张鲁天师与阎圃之间的对话的：

民中有地中得玉印者，群下欲尊鲁为汉宁王。鲁功曹巴西阎圃谏鲁曰："汉川之民，户出十万，财富土沃，四面险固，上匡天子，则为桓、文，次及窦融，不失富贵。今承制署置，势足斩断，不烦于王。愿且不称，勿为贷祸先。"鲁从之。韩遂、马超之乱，关西民从子午谷奔之者数万家。[①]

依据这段史料的记载，阎圃当时就一针见血地指出了系师张鲁天师汉宁称王的致命弱点。阎圃说，我们五斗米道所雄踞的汉川地区，人口达十万余户，货财富裕，土地肥沃，四周有重山围绕，十分险固，上可辅助天子，充当类似于齐桓公、晋文公这类重要的角色；差一点也可以仿效窦融的做法，这也可以做到大富大贵。现在我们已经从东汉政府那里得到了正式的合法身份——汉宁太守，这已经足够了，没必要称王，希望师君您暂缓一下，先不要称汉宁王。如果您称了汉宁王的话，会给您带来无穷无尽的祸害。因为一称汉宁王，就无异于向天下人宣告了您有称王称霸于一方并伺机取刘姓天子而代之的野心。要知道，师君您跟刘备不一样，他终归姓刘，可以称自己是皇亲国戚，所以刘备称王是名正言顺的——尽管刘备这皇亲国戚是远房的，只是搭上点边，但搭上点边也终归还是皇亲国戚。

同时，师君您跟曹操也不一样，曹操现在把东汉天子挟持在自己手中，可以名正言顺地以天子的名义发号施令，挟天子以令诸侯。同时，曹操这人做事能将礼义廉耻置之度外，能豁得出去，他不怕向天下人宣称"宁我负人，休人负我"，所以曹操可以借汉天子的名义封自己为魏王。可师君您并不是曹操那样的人啊！您宅心仁厚，十分注重礼义廉耻，你们祖孙三代在巴、汉地区传播五斗

① 中华书局点校本《三国志》，1982年，第263页。

米道的时候，一再地强调要以廉耻教人。另外，师君您现在虽然拥有巴、汉这两块根据地，但与曹操掌控下的中原地区相比，还是不足以与之抗衡的。

师君您与吴地的孙权也不一样。孙权继承的是祖上留下来的基业，盘踞之地多位于长江两岸的荆、楚、湘、赣、吴、越等地，这些地区向来经济文化极为发达。最重要的一点，孙吴政权相比起曹操来说，有水军方面的先天优势，因而就有了与曹操叫板的最大资本。所以，孙权可以称王。

现在，如果师君您仿效曹、刘、孙三人称王，天地间最难听的话、最恶毒的流言都会指向师君您，还会有一些人以维护汉室江山的名义、打出清除乱臣贼子的旗号对巴、汉地区进军，到时候会置师君您于骑虎难下的尴尬境地。

系师张鲁天师听完阎圃的意见后，深刻地感受到汉宁称王之事事关重大，所以最后就打消了称“汉宁王”的想法。

二、曹操来袭：从英勇抗争到系师张鲁天师的“归化”

系师张鲁天师雄踞于巴、汉地区的时候，曹操经过一系列的兼并战争，统一了北方地区。之后，中国的政治舞台上最终形成了魏、蜀、吴三大政治军事集团，即以曹操为主的曹魏集团，以孙权为首的东吴集团，以及以刘备为首的西蜀集团。这三大政治军事集团之间有分有合。从大的形势来看，系师张鲁天师统领下的五斗米道所处的形势仍是十分危险的，因为北有曹魏集团，南有西蜀集团，东部地区还有孙吴势力的存在，可谓夹缝中求生存，险象环生。

笔者在前文中一再地提及，系师张鲁天师统领下的五斗米道之所以能雄踞巴、汉地区近三十年，有先天所处地理位置优势方面的原因（北部通往中原地区是崇山峻岭，易守难攻），也与系师张鲁天师采取的合理经济政策、组织制度、宗教文化措施密切相关。但其实更为根本的原因在于，五斗米道政权刚刚雄踞于巴、汉地区的时候，北方地区恰好正处于四分五裂的状态，出现了大大小小数十路诸侯，这些诸侯之间不停地征战，都对雄踞于巴、汉地区的五斗米政权无暇顾及。随之，曹操在统一了北方各路诸侯之后，做出的决策是先攻打东吴集团和刘备集团，其重心并没有放在巴、汉地区的五斗米道上。所以，系师张鲁天师统领下的五斗米道政权暂时仍然是安全的。

不过，随着曹操在攻打孙吴、刘备联军的军事行动中的失败——其中至为关键的是赤壁之战的失败，曹操不得不放弃了一举吞并天下的战略构想，转而调整了统一中国的策略。在曹操这一激进——渐进的战略转换、开合之间，五斗米道雄踞的巴、汉地区顿时间由曹操视野中的模糊地带转而变为其聚焦中心的清晰区域。这样一来，巴、汉地区似乎成了近在曹操嘴角边的一块肥肉。以曹操的个性，他怎么可能不会吃掉这块近在嘴角边的肥肉呢？

系师张鲁天师统领下的五斗米道政权虽然号称有精兵数万，另有四面环山之险固，但就其“硬实力”而言，是没有办法单凭自身的力量抗击魏、蜀、吴三方政治军事集团中的任何一方的。准确地说，凭五斗米道政权在政治军事上的实力，外加上巴、汉地区先天的地理位置优势顶多能做到自保而已，是绝对没有逐鹿中原、与其他三方政治军事集团中的任何一方相抗衡的资本的。

当曹操的战略重心开始由江东地区转向西部的汉中、巴蜀地区的时候，五斗米道所盘踞的巴郡、汉中地区就成了曹操扩大其政治军事影响力的首当其冲的桥头堡。另外，曹操在这时候攻取巴、汉地区的意愿和急迫感达到了前所未有的强度，因为同在此一时期，刘备正积极地活动于刘璋占据的益州地区，并伺机谋取刘璋的地盘。刘璋向来怯弱、昏聩无能，身边还有小人环绕，这一点众所周知，他如果做出把益州拱手让于刘备的事情，也是绝不会让人吃惊的。

曹操知道，刘备在取得了刘璋的地盘之后，下一个目标一定是五斗米道占据的巴、汉地区。而且，曹操还深刻地懂得一点，即五斗米道作为一种宗教组织，它自身所表现出来的诸如仁、爱之类较为温和的精神气质品格，是根本没有办法抵挡住刘备统率下的对地盘如狼似虎的军队的攻击的。而如果让刘备抢先完成了对益州、巴郡、汉中地区的占领，再加上巴蜀地区四周的山川之固，那么刘备的实力完全足以跟自己相抗衡，成了名副其实的“汉中王”，到时天下肯定会出现真正的三足鼎立之势。对曹操来说，魏、蜀、吴三足鼎立之势的出现，意味着统一中国之大业就更是遥遥无期了。

所以，曹操一定要抢在刘备之前攻占五斗米道占据的巴、汉地区。显然，从天下政治军事态势来说，作为偏安一隅已近三十年的五斗米政权这一次肯定要承受前所未有的压力。

建安二十年(215)，曹操真的派出大军南征雄踞于巴、汉地区三十年的五斗米道政权了。前文说过，从老祖天师张陵开始，祖孙三代均把毕生的精力投入到巴山蜀水之间的传道、创教之中，为当地的少数民族做了大量的实事、好事，传播了大量先进的医药、生产技术；更为重要的是，在张氏祖孙三代的传教过程之中，他们能破除汉族文化中那种根深蒂固的华夷有别之偏见，懂得尊重当地的民风异俗，做到以宗教家的真心、爱心和平等之心对待当地的土著居民。因此，以系师张鲁天师为首的五斗米道政权是深受巴郡、汉中地区的少数民族部落的支持的，并且对张氏祖孙三代始终是怀有深深的敬畏之情的。所以，当系师张鲁天师统领下的五斗米道政权受到曹操重兵攻伐的威胁时，他们就义不容辞地站出来保卫五斗米道政权。这些少数民族部落武装当然更清楚，保卫五斗米道政权也是保卫他们可以世世代代居留于其上而不被奴役、压迫的充满诗意的大地，更是保卫按照千百年来传承下来的宗教文化传统生活下去的自由！

建安二十年(215)，曹操发兵十万南征五斗米道雄踞巴、汉地区；三月份的时候，曹操的大军抵达陈仓，马上就可以从武都进入氐族地区了。当时，氐族部落武装占据了要道，意欲阻挡曹军的通过。曹操于是派出由张郃、朱灵统领的先遣部队与氐族部落武装作战，并打败了这些阻挡曹操大兵的氐族武装。

到了四月份的时候，曹操大兵终于可以由陈仓出兵至散谷关了。在曹操到达河池地区的时候，又有氐族部落首领王窦茂统领下的数万余人占据了险要之地，拒不退让。曹操于是派出重兵攻伐王窦茂的数万氐族武装，并取得了胜利，还屠杀了大量的氐族士兵。这些历史事实充分说明，系师张鲁天师治下的少数民族曾为捍卫五斗米道政教合一的政权，进行过英勇的斗争。[①]

面对曹操大军挥师南征的态势，系师张鲁天师的头脑还算清醒。系师张鲁清楚地知道，五斗米道政权固然也拥有数万精兵，且有险可守，但要抵挡住曹操数十万军队之进攻——更为要命的是，曹操有广大的北方地区做后盾，有源源不断的后备兵源和战略物资的供给，这些都是偏安一隅的五斗米道政权所没法比拟的——仍然是没有胜算的！所以，当系师张鲁听说曹操大军抵达保护汉中地区的最后一道重要屏障——阳平关的时候，他的第一反应就是欲举汉中之兵而归降于曹操。陈寿在《三国志》中是这样记载的：

建安二十年，太祖乃自散关出武都征之，至阳平关。鲁欲举汉中降，其弟卫不肯，率众数万人拒关坚守。太祖攻破之，遂入蜀。[②]

---

① 卿希泰：《中国道教史》(第一卷)，四川人民出版社，1996年，190页。

② 中华书局点校本《三国志》，1982年，第264页。

如上这段史料是说，建安二十年的时候，魏太祖曹操（曹操其时实未称帝）出重兵散谷关，欲通过散谷关攻伐五斗米道政权，当时大兵已经到达了阳平关。系师张鲁天师知道了曹操出兵征伐自己的消息，他的第一反应是想率领手下的人投降于曹操。不过，五斗米道内部在是否投降曹操的问题上出现了分歧，以系师张鲁天师的弟弟张卫为首的一帮人主张坚决抗击曹操的征伐，绝不投降。主战派的首领因是系师张鲁天师的弟弟，他平时在五斗米道中也很有号召力，并且五斗米道中支持主战派的人也不少，所以系师张鲁天师最终没办法说服他们。

后来，系师张鲁天师的弟弟张卫亲率五斗米道信众数万人于阳平关据险坚守，还在阳平山上筑起了众多的兵屯，当时号称阳平城。但是，张卫最终仍然没法抵挡住曹操的大军，阳平关被攻破了，曹操于是得以顺利地进入到汉中、巴郡地区了。

以上是《三国志》中关于系师张鲁天师之弟张卫英勇抗击曹军的经过，显得相当简略，并且还让人觉得曹操攻取阳平关的行动似乎是十分顺利的，总体来讲，《三国志》的记载仍然稍嫌简略。

但事实上，曹操的这次军事行动是很不顺利的，甚至在久攻阳平关不下、加之士兵死伤过重的情况下，曹操还一度想到过要退兵。裴松之在为这段引文作注的时候引用了曹魏名臣董昭和杨暨的话，详细地叙述了事情的前后经过：

武皇帝承凉州从事及武都降人之辞，说张鲁易攻，阳平城下南北山相远，不可守也，信以为然。及往临履，不如所闻，乃叹曰："他人商度，少如人意。"攻阳平山上诸屯，既不时拔，士卒伤夷者多。武皇帝意沮，便欲拔军截山而还，遣故大将军夏侯惇、将军许褚呼山上兵还。会前军未还，夜迷惑，误入贼营，贼便退散。侍中辛毗、刘晔等在兵后，语惇、褚言："官兵已据得贼要屯，贼已散走。"犹不信之。惇前自见，乃还白武皇帝，进兵定之，幸而克获。此近事，吏士所知。[①]

这是说，当时曹操在出征五斗米道之前，曾听凉州从事和投降于自己的武都人说，系师张鲁天师统领下的五斗米道极易攻取，还说什么阳平城所处的南

① 中华书局点校本《三国志》，1982 年，第 264 页。

北山之间相距很远，无险可守。曹操还真信了他们的说法，等到他实地看到阳平城的地理形势之后，才知道根本不是那么回事！曹操还叹息道："听信别人的臆度之辞，终归是会让自己吃到苦头的！"当时，曹操在攻取阳平山上各处兵屯的时候，非常艰难，费了很多时日也没有攻下来，自己这方的死伤士兵还很多。曹操因为久攻不下，心情非常沮丧，所以就想到了要退兵。于是，曹操派大将军夏侯惇、许褚向山上仍然在攻战的士兵呼喊，让他们回来。但是，事情很凑巧，曹操那些奋战在前线的士兵刚好没有听到回兵的命令，所以就没有回兵。

当天晚上，那些没回兵的士兵在山上迷了路，误碰误撞地进入到了张卫统领的守军的兵营中去了。据守在山上各兵屯的守军误以为被曹军攻破了，就四处逃散开了。这个时候，曹军中跟随在这些士兵后面的辛毗、刘晔等人，告诉向他们传达回兵命令的夏侯惇、许褚说，我们官兵已占据了敌人险要之处的兵屯，敌人已经四散而走。当曹操开始听到这个消息的时候，还不相信。等到夏侯惇亲自前来拜见，才相信这事竟然是真的。这次军事行动取得的胜利，实在是有很大的运气成分，曹操也是这样认为的。这件事就发生在不久之前，参与这次军事行动的官吏、士兵都知道这事。

杨暨也比较详细地记载了攻取阳平关的前因后果：

武皇帝始征张鲁，以十万之众，身亲临履，指授方略，因就民麦以为军粮。张卫之守，盖不足言。地险守易，虽有精兵虎将，势不能施。对兵三日，欲抽军还，言"作军三十年，一朝持与人，如何"。此计已定，天祚大魏，鲁守自坏，因以定之。世语曰：鲁遣五官掾降，弟卫横山筑阳平城以拒，王师不得进。鲁走巴中。军粮尽，太祖将还。西曹掾东郡郭谌曰："不可。鲁已降，毓留使既未反，卫虽不同，偏携可攻。县军深入，以进必克，退必不免。"太祖疑之。夜有野麋数千突坏卫营，军大惊。夜，高祚等误与卫众遇，祚等多鸣鼓角会众。卫惧，以为大军见掩，遂降。[1]

这是说，曹操开始征伐系师张鲁天师的时候，兵力多达十万余人，还亲临前线指挥。当时双方开战已经有好些日子了，曹操的军粮已经消耗得差不多了，所以就征用当地老百姓的麦子以充作军粮。当时，张卫作为五斗米道政权的统

---

① 中华书局点校本《三国志》，1982 年，第 264 页。

率，守卫阳平关，就其军事方面的才能来说，本不足道。可是，当时最让曹军头痛的是，阳平关周围的地形地势，十分地险峻，易守难攻，纵使有十万精兵虎将，也没法在此地得到充分的展开，发挥其威力！交战双方在此对兵三日，陷入了僵局。曹操在这种情况之下，想到了退兵。曹操当时的心情变得极为沮丧，还说，“我带兵打仗前后三十年，现在看来在一天之内仿佛就要输得精光了！”于是，曹操坚定地下了退兵命令。曹操当时是想，如果上天佑护大魏的话，一定会让系师张鲁天师的五斗米道政权自己垮台的，也只有仰仗于老天爷的帮助才能平定五斗米道政权的！

世人还说，系师张鲁天师当时已经派出五官投降曹操了，只是他的弟弟仍然横据阳平山，并筑阳平城以抗击曹军，导致曹军不能进军。系师张鲁天师当时已经逃往巴中地区了。这个时候，曹操的军粮也要消耗光了，已经下定了退兵的决心。可是曹操的手下郭谌却劝曹操说：“千万不要退兵！系师张鲁天师已经下决心归降了，所以他派出的投降使节仍然没有回去。系师张鲁天师的弟弟张卫虽然与哥哥不一样，仍然在此坚守，致使我军久攻不下。但没有关系，如果我们坚持不退兵的话，总是可以想出一些办法的。而如果退兵的话，我们则彻底地失去了占据汉中、巴郡地区的希望了。”曹操听了郭谌的话，也是将信将疑。十分巧合的是，那天夜晚，山中有数千头野麋鹿冲了出来，还冲坏了张卫的兵营，致使营中士兵大惊。当天夜晚，曹操手下的将领高祚带领的士兵又误打误撞地与张卫的士兵遇上了，于是高祚吹响了鸣鼓号角，张卫顿时感到了恐惧，以为曹操的大军马上就要掩杀过来了，于是就带兵归降曹操了。

所以，根据董昭和杨暨对整个事件经过的叙述，曹操取得对五斗米道政权军事行动的胜利，实在是一件十分偶然的事，似乎是天意如此吧！

当然，随着张卫驻守的阳平关被曹军攻破，五斗米道所赖以安身立足的最后一道防守屏障失去了。再加上在曹操攻打阳平关的时候，系师张鲁天师已经向曹操送出了愿意归降的信号，这一切似乎都预示着雄踞巴郡、汉中地区近三十年的五斗米道不得不离开自己赖以生存的土地，进入另外一个完全陌生的环境，以另外一种方式传承下去——那些曾经在巴山蜀水之间这片充满了异域风情的蛮荒土地上虔诚地信仰过，诗意地栖居过，无拘无束地以手舞足蹈的方式表达过的“自由”——这让后人充满想象，曾经向往、沉醉乃至迷恋过的“自由”——似乎要在一夜之间消失得无影无踪了，让后人到哪里去找寻它们呢？

那些让人激动无比的宗教信仰的自由、那些只能在完全属于自己的充满了诗意的土地上才能生长出的以手舞足蹈、纵情歌唱出来的自由，到底逃往了什么地方呢？我亲爱的读者朋友们，你是否会为那些仅只属于巴山蜀水之间的信仰的自由，表达的自由，乃至纵情歌唱、放纵激情的自由之消逝而叹息呢？

前文中说过，曹操之急于征取汉中、巴郡地区，是不想看到刘备在夺取刘璋的益州之后，进而攻取汉中、巴郡，然后吞并五斗米道的政治、军事力量，因为这样的政治版图的出现，意味着天下三足鼎立之势的最后完成，从而使得曹操统一天下的大业变得遥遥无期！

客观地说，从对大的形势的判断来讲，曹操是对的，他确实达到了攻占汉中、巴郡地区的目的。曹操后来却又犯了一个严重的错误，导致汉中地区仍然被刘备统领下的西蜀政治军事集团得到了。随着刘备取得汉中，自称“汉中王”，三足鼎立的局面真的出现了，也就意味着曹操攻取汉中、巴郡地区以阻止天下三分的战略构想彻底地幻灭了！

笔者在回顾历史并认真地加以思索之后，发现曹操在攻取汉中、巴郡之后所犯的最严重错误在于，曹操十分急切地把作为五斗米道宗教领袖的系师张鲁天师及其属下八万余五斗米道信众迁往北方。曹操的本意是想通过北迁系师张鲁天师和八万余五斗米道信众至自己的老巢——邺城，易于监督、控制、防范五斗米道，不至于让五斗米道这股从民间生长起来的宗教势力在巴、汉地区出现“洪波泛滥”的局面。

不得不说，曹操对五斗米道这种草根色彩极为深厚的民间宗教的本质的认识相当深刻，他对宗教与政治之间关系的理解及其审视的视角也相当独特，在这一点上，一般的政治家是无法与曹操相提并论的。

但俗话讲，人算不如天算，曹操的计划看来似乎已经是极尽周详、毫无可以挑剔之处了。但曹操这看似万无一失的计划中却存有一疏漏，正是这一疏漏导致了曹操未能阻止西蜀刘备集团夺取汉中，进而阻止天下三分而呈鼎足之势的局面的出现。

史书记载，曹操在北迁系师张鲁天师及其八万余五斗米道信众之后，留下大将夏侯惇据守汉中、巴郡。尽管夏侯惇为一代名将，但他终究没能守住新攻占的这片土地。本来，随着以系师张鲁天师为首的五斗米道政权归降于曹魏政治军事集团，曹操可以采取跟五斗米道势力集团联合起来驻守巴、汉地区的方式来拒阻西蜀的刘备集团将来可能对该地区的争夺的。不过，因为曹操太急切于想把五斗米道这种以“草根”为主的宗教信仰组织置于自己的掌控之下，所以在系师张鲁天师归降之后，曹操马上以威逼利诱的方式“裹胁”了近八万五斗米道信众的北迁。曹操北迁五斗米道八万信众的结果就是，使得留下来驻守汉中、巴郡的大将夏侯惇一下子陷入了没有“群众基础”的境况——本来，曹魏集团在汉、巴地区是可以有极为良好的群众基础的，因为，一方面以系师张鲁天师为首的五斗米道政权确实是心悦诚服地归顺于曹操的；另一方面，系师张鲁天师在巴、汉地区近三十年的苦心经营，跟当地的少数民族部落之间早就形成了水乳交融的关系。这些由系师张鲁天师归降于曹操所带来的先天优势，本来是完全可供曹操利用来拒阻刘备日后之可能对巴、汉地区的攻取的，然而，这些优势随着曹操北迁近八万盘踞于巴、汉地区三十年的五斗米道信众而最后彻底地消失了。不仅如此，曹操不仅仅是消失掉了这些优势，更为不利的是，曹操失掉的这些优势后来又被刘备得到了。

我们在前文中曾提到过，西凉韩遂、马超在起兵反曹失败之后，曾带领属下一干人等前来投奔系师张鲁天师，系师张鲁天师不仅接纳了马超等人，还让马超担任“都讲祭酒”——类似于“治头大祭酒”一类的教内职务。当系师张鲁天师仍然统领着五斗米道信众盘踞于汉中、巴郡地区的时候，“都讲祭酒”确实是一个不算太高的教职。可接下来发生的事情是，当系师张鲁天师及五斗米道中众多“治头大祭酒”因为曹操的种种高官厚爵之许诺而北迁时，马超却因为与曹操在西凉地区结下的“深仇大恨”使他根本不可能与系师张鲁天师归降曹操并北迁，所以，马超所能做出的决策就只能是投奔刘备。这不是笔者在这里假设推演，而是历史上真实发生过的事，马超后来果真带着他手下的三万精兵，连同他在汉中、巴郡地区时与当地少数民族部落之间建立起来的良好的民族队伍，投奔了刘备。刘备当然对马超投奔于自己的行动而狂喜不已，他毫不客气地接纳了马超，并给予马超非同一般的封赏！

马超投奔刘备，并非仅仅是表面上看起来引人眼球、带来三万精兵那么简单，更为重要的是，他原来那作为系师张鲁天师手下“都讲祭酒”的五斗米道的教职身份！试想想，五斗米道的首领系师张鲁天师及其他众多“治头大祭酒”北迁之后所留下来的宗教信仰的真空地带会由谁来予以填充呢？毫无疑问，会由马超来填充！因为马超本来在汉、巴地区的少数民族部落之间有着很高的声望，且有着“都讲祭酒”之教职身份！在这方面，留下来驻守汉中、巴郡地区，且没有得到系师张鲁天师和八万五斗米道信众襄助的夏侯惇是无论如何都无法与马超相提并论的。

对于驻守汉中、巴郡地区的夏侯惇来说，另一不利因素还在于，曹操是以军事征服者的身份而攻取这两个地区的。前文言及，曹操因为要夺取盘踞这两个地区的五斗米道政权，从进军的一开始便受到了巴、氐少数民族部落武装力量的抵抗，只是因为双方实力的差距而失败了。抵抗虽然失败了，但危害这些少数民族部落首领的仇恨的种子却深深地种在了当地民众的心里了！又因为这种仇恨与当地宗教文化传统之间存在着千丝万缕的关系，而变得十分的强烈和持久。所以，一旦有像马超这种具有五斗米道“都讲祭酒”教职身份的人率领着刘备西蜀集团的人马，打着为当地少数民族部落首领报仇雪恨的旗号，甚至打着要恢复当地少数民族的信仰自由的旗号，可以想见，一定会重新唤起巴、蜀地区少数民族部落民众心间那些被深深压抑起来的渴望报仇雪恨的情绪，并且，很可能这种情绪会像火山一样喷发出来！

到这里，我相信读者朋友们完全可以想象得到刘备日后之所以会在夺取巴、汉地区的战争中取得胜利的原因了。曹操北迁五斗米道八万信众的决策不可谓不高明，但却因为稍稍操之过急了点，却让这一高明的决策在实施之后带来了一系列无法预料到的后果，不仅使自己丧失了本来属于自己的战略优势，还在不自觉之间，把本属于自己的战略优势拱手让给了对手。

中国俗话讲，人算不若天算。即使一代枭雄若曹操者，也无法摆脱此一宿命。曹操先前在攻取阳平关的时候，久攻不下，本决意要退兵，却未曾想到天意垂青于他，而侥幸攻破阳平关，占据汉中、巴郡，这完全属于意料之外，此为例证之一；例证之二：当曹操攻取汉中、巴郡地区之后，留下大将夏侯惇驻守。为防止五斗米道信众于当地起事而对己不利，故曹操决定北迁系师张鲁天师及其八万余五斗米道信众，其本意在于永久地把汉、巴之地据为己有，以防止刘备的势力扩张至整个巴蜀、汉中地区而连成一片，使天下呈三足鼎立之势。曹操还曾一度以为汉、巴地区固若金汤，却未曾想到他的这番苦心谋划却埋藏了日后失去这两个地区的契机。所谓“谋事在人，成事在天”，确实是这样啊！

三、镇南将军：阆中封侯与五斗米道的北传

系师张鲁天师统领下的五斗米道归降于曹魏集团终究就要到来，并不需要太长的时间。问题只是，系师张鲁天师会以一种什么样的方式归降于曹魏。《三国志》中对系师张鲁天师归降于曹操的整个过程是这样记述的：

鲁闻阳平已陷，将稽颡(归降)，圃又曰："今以迫往，功必轻；不如依杜濮(杜濩)赴朴胡相拒，然后委质，功必多。"于是乃奔南山入巴中。

左右欲悉烧宝货仓库，鲁曰："本欲归命国家，而意未达。今之走，避锐锋，非有恶意。宝货仓库，国家之有。"遂封藏而去。太祖入南郑，甚嘉之。又以鲁本有善意，遣人慰喻。鲁尽将出，太祖逆拜鲁镇南将军，待以客礼，封阆中侯，邑万户。封鲁五子及阎圃等皆为列侯。为子彭祖取鲁女。鲁薨，谥之曰原侯。子富嗣。[1]

这段史料是说，当系师张鲁天师听说阳平关被曹军攻陷的时候，想马上归降于曹操，但被系师张鲁手下最重要的谋臣阎圃劝止住了。阎圃说，现在曹军大兵压境，师君您如果在这种情境下归降的话，一定会被曹操看轻，纵使投降，曹操日后也不会很好地优待师君您，与其这样，不如我们先投奔素来跟我们关系很好的少数民族部落首领杜濩等人，然后凭借着那里的险要地势，在与曹军周旋一段时间后，再投降于曹操，这样曹操就会更看重于师君您。系师张鲁天师觉得阎圃这话说得很有道理，就听从了他的意见，于是就往南投奔巴中山区的少数民族部落首领去了。

系师张鲁天师和阎圃等人在走的时候，手下的人欲烧掉五斗米道仓库中长期积累起来的宝货财物，但被系师张鲁天师阻止了。系师张鲁天师说："我本来就想着要归化于朝廷的，却因为张卫等人的坚决主战而没能成功。现在我们逃走，不过是为了躲避曹军的锋芒，对曹军并没有什么险恶的用意。不如把这些宝货财物留下，让它们收归国库。"于是，系师张鲁天师命人封藏好那些宝货财物，将它们完好地留给了曹操。

① 中华书局点校本《三国志》，1982年，第264—265页。

曹操进入南郑的时候，看到了系师张鲁完好无缺地留下来的宝货财物，明白了系师张鲁天师对自己的心意，所以，曹操对系师张鲁天师的品格行为很是赞赏。曹操后来还因为系师张鲁对自己所表现出来的善意，派出使者安抚系师张鲁天师，让他放心来归。于是，系师张鲁天师带领着手下人员从山区的藏匿之所出来归降了曹操。之后，曹操又让系师张鲁天师当上镇南将军，对系师张鲁天师十分敬重，待之以贵宾之礼；还封赏系师张鲁天师为阆中侯，领邑万户。此外，曹操还重重地封赏了系师张鲁天师的家人以及部属人员。系师张鲁天师的五个儿子均被封为列侯，系师张鲁天师手下最重要的谋臣阎圃也封了侯。曹操对系师张鲁天师的器重还表现在与之结为亲家的事情上：后来曹操让他的儿子彭祖娶了系师张鲁的女儿。系师张鲁天师卒殁后，葬于邺城（今河北临漳）东，还谥以“原侯”之号。继承系师张鲁天师爵位的是他的大儿子张富。

当然，在曹操封赏系师张鲁天师及其五子为列侯这件事情上，为《三国志》作注的裴松之认为魏太祖曹操做得不妥当。裴松之是这么说的：

臣松之以为张鲁虽有善心，要为败而后降，今乃宠以万户，五子皆封侯，过矣。[①]

不过，东晋时另一位著名历史学家、文学家习凿齿却不同意裴松之的看法，他从是否有利于国家统一的角度发表了看法，认为曹操封赏系师张鲁天师及其家人部属的做法不仅合理，而且认为完全得当：

习凿齿曰：鲁欲称王，而阎圃谏止之，今封圃为列侯。夫赏罚者，所以惩恶劝善也，苟其可以明轨训于物，无远近幽深矣。今阎圃谏鲁勿王，而太祖追封之，将来之人孰不思顺！塞其本源而末流自止，其此之谓与！若乃不明于此而重燋烂之功，丰爵厚赏止于死战之士，则民利于有乱，俗竞于杀伐，阻兵仗力，干戈不戢矣。太祖之此封，可谓知赏罚之本，虽汤武居之，无以加也。[②]

习凿齿说，先前系师张鲁天师意欲称“汉宁王”的时候，是阎圃晓之以理、动

① 中华书局点校本《三国志》，1982 年，第 265 页。

② 中华书局点校本《三国志》，1982 年，第 265 页。

之以情的劝谏才让系师张鲁天师打消了称王的念头，现在封阎圃列侯，这不为过。所谓的赏罚，是用来惩恶劝善的。用恰当而合理的赏罚的方式，做到使人们明白仪轨礼仪、人物制度，这其中并没有什么十分高深而难以理喻的道理！现在，阎圃因为劝止了系师张鲁天师称汉宁王，太祖（曹操）因此而追加封赏于他，将来的人鉴于这样的事实，在面对这样的情境的时候，谁还不想着归顺于朝廷呢！太祖（曹操）的这种做法可谓高明至极啊，就好像把水的源头给堵上了，水的末流就自然停止了！如果大家都像裴松之在太祖（曹操）封赏系师张鲁天师及其家人部属这件事上那样，不能明白上面所说的这个道理，而认为封赏只应给那些作战勇敢，为立战功不惜把自己搞得焦头烂额，甚至于献出生命的死战之士的话，这就大错特错了！因为，如果厚封重赏只给那些死战之士的话，一般百姓就巴不得出现社会动乱，因为这样才能有获取战功的机会。而为了获取这样的机会，那些不安分之人就会有意地挑起屠杀和征伐，以便于仰仗武力而取得所谓的战功。要是这样的话，那国家就永无安宁之日了。所以，太祖（曹操）是明白塞源而末流自止的道理的，他对系师张鲁天师及其家人、部属的封赏所体现的意图也正在于此。即使商汤武王在那种情境之下，所能做出的最好选择也莫过如此吧！

系师张鲁天师归降曹操之后，大量的五斗米道信众开始北迁，使五斗米道传播至北方和中原地区。北传之后的五斗米道在系师张鲁天师羽化之后，“五斗米道”之名就渐渐地被遗忘了，而改称为“天师道”了。同时，北传之后的五斗米道在信众人员的构成上也出现了较大的变化，原来在巴山蜀水之间传承的五斗米道的信众以下层的平民百姓为主，北传之后则日益向上层化方向发展，并深受北方上层官员和知识精英阶层的欢迎，甚至还曾经形成以信奉天师道为社会时尚的现象——诸如早期五斗米道中传承的符箓、咒语、丹药受到了当时社会名流的青睐，还成就了一些社会影响力巨大的天师道世家！

当然，五斗米道信众在归降于曹操后，之所以会北迁，这其中包含着曹操本人意图控制、利用五斗米道为自己的统治服务的策略。熟悉曹操发家史的读者一定会知道这样一个历史事实，那就是曹操早年是在出兵镇压黄巾大起义的过程中而逐渐发展壮大起来的，曹操打败了山东的一支黄巾起义军之后，曹操把那些归降于他的黄巾军收编了。这支被收编的黄巾军在经过曹操的整顿和训练之后，其战斗力十分强悍，后来成了曹操纵横天下的最重要的武装力量。又因为这支被曹操收编的黄巾军士卒的籍贯多为山东青州，所以称之为“青州兵”。追根溯源，“青州兵”的最早来源正是以信奉太平道为主要特征的黄巾军。

曹操一定从镇压太平道中的黄巾军过程中获得了这样一种极为深刻的印象，那就是当一群人能以共同的宗教信仰组织起来的时候，他们一定会爆发出惊人的能量。不仅在镇压黄巾军的过程中是这样，甚至后来在曹操攻取雄踞汉中、巴郡的五斗米道政权的时候，同样也是这样。要知道，曹操在攻打阳平关的时候，如果不是某种天意，他完全可能铩羽而归的！

曹操还认识到，这种完全活动在民间社会而不受官方引导、控制的宗教信仰团体固然极易对这个社会的现有秩序造成强大的冲击力、破坏力，但如果能以某种方式对它加以引导和控制的话，则完全可以为己所用，成为维持社会安定、构造和谐社会的积极因素。

所以，建安二十年(215)十二月，曹操在攻取了五斗米道盘踞的汉中、巴郡地区之后，除留下夏侯渊据守汉中外，又以“威逼利诱”的方式一次裹胁汉中8万多五斗米道信众回到他的老巢——邺城，并在邺城周围把这北迁的八万余口人就地安顿下来，分给他们土地，以及一定数量的安家费。作为控制和收买五斗米道人心的重要手段和方法，曹操还赐封系师张鲁天师及其家人、部众以侯爵，拜系师张鲁天师为镇南将军，封阆中侯。其五个儿子及李休、阎圃并为列侯。就这样，系师张鲁天师及其北迁的八万余五斗米道信众便把五斗米道传布到了关中、河南、河北等地。

当然，从另外一个角度来说，说曹操对五斗米道的宗教信仰完全是一种基于政治利益的需要而加以收买、利用的态度这也不完全正确。曹操早期的确在很大的程度上是不相信五斗米道的宗教信仰的，但是当他年纪大了的时候，对早期五斗米道所宣传的长生理念则有了真实的信仰！正是北方曹魏政权及继之而起的司马家族所建立起来的西晋政权中上层官员对天师道中某些法术、理念的大力提倡，才会形成对当时的社会影响力巨大的天师道世家！

但无论如何，北传之后的五斗米道已经失去了它童年青年时期那种追求——无拘无束，在与之水乳交融的巴山蜀水这片蛮荒的土地上自由地生长的原始冲动和生机盎然的生命力了，变得日益上层化、精英化、精细化。

四、羽化之谜：对系师张鲁天师卒年的考证及解读

系师张鲁天师既具有作为五斗米道的宗教领袖的身份，又有作为曹操所赐封的“阆中侯”的双重身份，照常理推测，其羽化的时间、地点应该是十分明确和具体的。但历史的深刻魅力之处却恰恰在于，当人们均倾向于认为历史人物、事件应该像打扮得浓妆艳抹、流光溢彩的美女，并即将登台向人们毫无保留、尽情地展现出她的万种风情的时候，她却在突然之间悄然离去了，隐遁了，消失得无影无踪了！

在系师张鲁天师羽化这件事上，历史正是这样给我们这些现代人开了一个与之类似的不大不小的玩笑！像系师张鲁天师这样一位著名的宗教领袖人物，这样一位深受曹操器重、宠信，并与之结为姻亲的重臣，这样一位深受时人推崇、深具名士风范的名流，却似乎在刚要登上最华丽舞台、尽情绽放出它光芒四射的魅力的时刻，却突然之间从我们的视野之中悄然隐遁了，以至于后人竟然难以找寻到他羽化之踪迹！

按照常理推测，有着显赫的身份如系师张鲁天师者，其卒年当有官修正史的明确无误的记载才对。但事实上，无论在记载系师张鲁天师活动历史时期的《三国志》，抑或是《后汉书》中，不仅没有记载系师张鲁天师的生年，而且对其卒年也没有任何明确的记载。

虽然官修史书中没有记载系师张鲁天师的卒年，但在陶弘景所撰修的《真诰》中则向我们提供了系师张鲁天师的卒年信息。

陶弘景在《真诰》卷四之“运象篇”自注中说：

> 按，张系师为镇南将军，建安二十一年亡，葬邺东。后44年，至魏甘露四年，遇水棺开，见尸如生，出着床上，因举尘尾覆面，大笑咤，又亡，仍更殡葬。其外书事，边略如此。[①]

这段史料的第一句说得很明确，说系师张鲁天师卒于建安二十一年(216)，即归降曹操的第二年，被葬于邺东。后来，很多人均依据此而断定系师张鲁天

① 《道藏》第20册，第514页。

师卒于公元216年，而置这则史料的后面部分文字于不顾。其实，在本书作者看来，后面的那些文字才真正地向我们透露出系师张鲁天师羽化的真正信息。

平心而论，如上所引《真诰》卷四之“运象篇”自注的那条史料的后面部分给我们提供的信息也是十分明确的，具体的。其意思是说，系师张鲁天师在被葬于邺东之后，又经过四十四年，即在甘露四年(259)的时候“复活”了。当时碰上发大水，使得埋葬系师张鲁天师“尸身”的棺椁盖被水冲开了，人们发现系师张鲁的“尸身”却仍然栩栩如生。更令人称奇的是，系师张鲁天师的“尸身”不仅栩栩如生，还从棺椁中站了起来，坐立在“床”(当时的“床”应指凳子)之上。系师张鲁天师的“尸身”不仅能坐立起来，还把手中所拿之拂尘掩覆面上，并发出叱笑声，仿佛在嘲笑世人不谙仙家羽化之事！之后，系师张鲁天师的“尸身”才“又亡”，即第二次“死亡”——羽化了。后人于是把经历过两次“死亡”的系师张鲁天师的尸身重新殡葬。陶弘景还特意地指出，“其外书事，边略如此”，这是说，世间关于系师张鲁天师羽化之后的种种神奇表现，大多类似于这里所记载的。

当然，衡以今日之眼光，系师张鲁天师的“尸身”所经历两次死亡之种种神奇，实在是难以让人信以为真。但陶弘景于《真诰》中之记载却言之确凿，让人费解不已。这就需要对系师张鲁天师“卒”后之种种神奇经历有一种合理的解释。

不独如此，事实上，记载系师张鲁天师羽化年代信息的史料还多见于其他多种道书。如《犹龙传》卷五说：

系师鲁，字公期，嗣师子也，大魏特(持)节镇南将军，梁、益二州刺史。后隐修遗训，以正始六年八月亦于阳平化升天。[1]

依据《犹龙传》中的以上说法，系师张鲁天师卒年当为三国魏齐王曹芳正始六年(245)。当然，《犹龙传》较为晚出，其中的记载仅可以备为一说。

《三洞珠囊》卷七中则称系师张鲁天师于“吴大帝孙权太元二年(252)立八品游治”[2]。这是说，系师到了公元252年的时候仍然健在，还新设立了“八品游治”。如果这一说法成立的话，那么系师张鲁天师之卒年当会更晚。

---

① 《道藏》第18册，第25页。

② 《道藏》第25册，第334页。

以上几条史料虽然相对于系师张鲁天师的住世年代，均属晚出，其中的记载未必完全可信，且不乏荒诞之处，但却向我们昭示了这样一个事实，那就是系师张鲁天师的羽化之年似乎从古以来就是一个令人难解的千古之秘！至少，通过这样一些令人似乎如丈二和尚般摸不着头脑、乃至于让人手足无措的承载着系师张鲁天师羽化之秘的史料，能告诉我们这样一个事实，那就是系师张鲁天师的卒年之秘绝不是一件简单的"事实"，而是一件富于宗教意义的"实事"！

近些年来，一些学者——如孔令宏——已经找到了更多的史料来证明系师张鲁天师之卒年要比通常所认为的要晚得多。孔令宏在《江西道教史》一书中对系师张鲁天师的卒年作了比较详细的考察，以下在参阅《江西道教史》中相关章节的基础之上，结合本人近些年来的研究，力图解开系师张鲁天师的卒年之秘。

《大道家令戒》中有这样一段关于系师张鲁天师及其儿女情况方面的史料：

> 既得我国之光，赤子亦不伤身。重金累紫，得寿遐亡。七子五侯，为国之光。将相掾属，侯封不少。银铜数千，父死子系，弟亡兄荣。[①]

这段史料说的是，系师张鲁天师归顺于曹魏政权之后所受到的种种荣光，用近于文学的笔法描述系师张鲁天师一家的显荣情况，如"重金累紫"、"将相掾属"、"银铜数千"。其中尤为让今人注意的就是"七子五侯"一句。"七子五侯"意味着，系师张鲁天师至少有七个儿子，其中至少有五人被封了侯爵！

但这一说法并没有得到今天大多数学者的认可，几乎都认为这个说法是错误的[②]，因为这明显与《三国志·张鲁传》所载系师张鲁天师归降于曹魏时所受到的封赏——"封鲁五子及阎圃等皆为列侯"——不相符。按《三国志·张鲁传》中的说法，系师张鲁天师归降曹魏时仅有五子，而《大道家令戒》中却说有七子，与正史相冲突。

但关于系师张鲁天师到底有多少子嗣的问题，别处另有记载。晋裴启《语林》为记录晋人语录的笔记。裴启与谢安同时，谢安为宰相时，裴为"青年才俊"，其生活的年代上距系师张鲁天师降魏约 160 余年，距张鲁子孙生活的年代

① 《道藏》第 18 册，第 237 页。
② 孔令宏、韩松涛：《江西道教史》，中华书局，2011 年版，第 28 页。

百余年。《语林》主要记述了当时知名人士的言语，在隋代已经亡佚，现刊本是从唐宋类书中所辑录出来的，其中有这样一条关于系师张鲁天师子嗣方面的史料：

魏张鲁有十子，时人语曰："张氏十龙，儒雅温恭。"①

从以上两则史料中所载系师张鲁天帅有"七子"、"十子"来看，系师张鲁天师当不会卒于降魏的第二年。因为正史中明载：系师张鲁天师降魏时，仅有五子。《三国志·张鲁传》还提到了曹操为其子彭祖取系师张鲁天师之女的事，这至少可以表明，系师张鲁天师在归降曹操时除五子外，尚还有一女。

本书的前文中曾提到过，《大道家令戒》称系师张鲁天师有"七子五侯"，是说系师张鲁天师共有七个儿子，其中五子封了侯。虽说，《大道家令戒》很难以信史对待，但综合晋裴启《语林》中有关系师张鲁天师子嗣情况的说法，其"七子五侯"的说法也并非完全向壁造书，而是有相当的根据的。

孔令宏在《江西道教史》中还列举了另外一条可资证明系师张鲁天师卒年当晚于降魏第二年的史料，这一史料见载于《太平御览》。据《太平御览》引《魏志》中的一条佚文称：

张广，字嗣宗，鲁第二子也。鲁雅为魏武所宠，诸子未胜缨，并遣中使拜授官爵。《南郑城碑》曰：位尊上将，体极人臣。五子十室，荣并爵均，童年婴稚，抱拜王人，命婚帝族，或尚或嫔。②

此条史料的内容也可证明，《魏书》所载系师张鲁天师的内容仅是述及了系师张鲁天师初降魏时的情况。此文中有"命婚帝族，或尚或嫔"一语。男娶公主称"尚"，女嫁与帝王为"嫔"。据此可知系师张鲁天师的儿子中尚有娶帝王之女之事。而《魏书》则只记载了曹操为其子彭祖娶系师张鲁天师之女之事，并未记系师张鲁天师之子娶曹操之女之事，由此可推知《魏书》所记系师张鲁天师之

① 裴启著，周楞伽辑注：《裴启语林·小学绀珠》之七，文化艺术出版社，1988年版，第15页。

② 《太平御览》卷五一八之"宗亲部·子"，上海涵芬楼四部丛刊本，第77册，卷五一八第三叶。

事，仅为初降魏时的情况。[1] 另外，如上这条史料还提及，系师张鲁天师初降魏时，所有儿子均未"胜缨"。古人年二十行冠礼——即"胜缨"。此处言"未胜缨"，也就是说未成年，所以文中说系师张鲁天师当时是抱着这些婴幼子女们拜见曹魏政权中的王公大人的("童年婴稚，抱拜王人")。

由此，孔令宏在《江西道教史》中作出了这样一个推断：系师张鲁在降魏后"应该在都城生活了较长的时间，并又生了五个儿子。……因而《真诰》所言系师张鲁天师卒于建安二十一年(216)的说法应该是错误的，我们则要以《犹龙传》的说法为主要参考。"[2]

笔者基本上认同孔令宏在《江西道教史》中的推断。不过，笔者也认为不能简单地否定《魏书》中关于系师张鲁天师"亡"于降魏第二年的说法。这需要对以上两种相互矛盾的有关系师张鲁天师羽化之史料做出一些合理的推断和解释。

笔者认为，《魏书》中关于系师张鲁天师"卒"于降魏第二年的记载是因为不了解道教高道之隐修和"羽化"而造成的误会。

正如本书前文所引《犹龙传》卷五中所说的：

系师鲁，字公期，嗣师子也，大魏特(持)节镇南将军，梁、益二州刺史。后隐修遗训，以正始六年八月亦于阳平化升天。[3]

上文中特别提到系师张鲁天师归降曹魏之后尚有"隐修遗训"的事迹。系师张鲁天师为什么要在归降于曹魏之后"隐修遗训"呢？

因为我们知道，自老祖天师张陵于巴蜀地区开创五斗米道之后，历经嗣师张衡天师，再传而至系师张鲁天师，其传承的过程可谓一波三折，历经了种种磨难。在老祖天师张陵首任五斗米道之宗教首领的时代，一方面由于老祖天师之崇高威望，加之当时各路诸侯多逐鹿于中原地区而无暇顾及于偏安一隅之巴蜀鹤鸣山地区，所以五斗米道各信众尚不需要花费太多精力应对来自中原各诸侯势力之纷扰。所以老祖天师张陵老祖天师掌教时的五斗米道内外环境都是相

---

① 孔令宏、韩松涛：《江西道教史》，中华书局，2011 年版，第 29 页。

② 孔令宏、韩松涛：《江西道教史》，中华书局，2011 年版，第 28—29 页。

③ 《道藏》第 18 册，第 25 页。

对平和安宁的。正因为如此，我们从一些史料中可以找到在老祖天师张陵的率领之下，五斗米道内部信众大规模地从事隐修真道之宗教实践的记载，而老祖天师张陵则更是以善行各种道门法术而闻名于后世道门——至今在《道藏》中还保留着大量以老祖天师张陵的名字命名的经书。

由于，老祖天师张陵驻世时间很久，达一百三十多年（也有人认为达一百六十多年），所以在老祖大帅张陵羽化之后，第二代天师——嗣师张衡天师掌教时也已经年近暮年了。按卿希泰先生在《中国道教史》第一卷中的说法，嗣师张衡在短时间的掌教之后便驾鹤归西了。之后，因循惯例，五斗米道掌教一职便传承到了第三代天师，即系师张鲁天师手中。

正如本书前文中所谈到的，到系师张鲁天师担任五斗米道掌教一职的时候，内外情况已经发生了翻天覆地的变化了。

一方面，从五斗米道内部情况来看，系师张鲁天师作为五斗米道创教教祖——老祖天师张陵——的直系后代，按照五斗米道的传教习惯，他本来应该拥有对五斗米道无可争议的领导权和实际控制权。可事实上，这一时期的五斗米道内部，随着以教内实权人物张修为代表的巴氐族巫人集团势力的崛起，系师张鲁天师感受到了前所未有的要求与之分享教权的压力和来自张修的无可言状、或明或暗的威胁。

另一方面，从五斗米道所面临的外部环境来看：作为盘踞于巴蜀地区长达近一个世纪的早期道教教团势力，在此一时期受到了以曹操为代表的曹魏政治集团以及以刘备为代表的西蜀政治集团的“专心致志”的对待——在此之前，这两家均因忙于三分天下之事而无暇顾及五斗米道。

从以上内外两方面环境来看，掌教初期的系师张鲁天师所面临形势之艰难是可想而知的。

之后，系师张鲁天师虽然得到了刘焉的支持，在出兵讨伐苏固的同时，找准机会袭杀了张修。这之后，系师张鲁天师虽然清整了五斗米道内部的离心势力，但其实从外部环境来看，形势是更为复杂了。一方面是刘备夺取刘璋地盘的欲求更为炽烈。另一方面，曹操也看出，五斗米道所盘踞的巴蜀地区乃事关日后能否一统天下之关键。所以，他们在用软的手段试图拉拢系师张鲁天师为首的五斗米道教团势力的同时，均对之保持着强大的军事、政治高压态势。这种高压的态势是长期存在的，直到系师张鲁天师归化于曹魏之后，仍然存在着。

事实上，在系师张鲁天师归降于曹魏集团之后，曹操仍然对他保持着相当的警惕之心。曹操一方面在表面上给予了系师张鲁天师及其家族以各种侯爵、封号——不仅如此，曹操还与系师张鲁天师结成亲家；但是另一方面，我们也看到，在曹操所给予系师张鲁天师的各种殊荣之中，大多是属于名誉性质而无实际的“权力”内容作为支撑的。不仅没有实际内容作为支撑，曹操还通过种种政治手腕之运用，阻断了系师张鲁天师之与北迁八万余五斗米道信众之间的联系。这样，系师张鲁天师似乎就成了无源之水、无本之木，空顶着曹魏集团给予他的各种名位、殊荣而已。说白了，归降于曹魏之后的五斗米道被曹操予以分化了，那些原来在五斗米道中教阶比较高的少数信众在曹操等人的“糖衣炮弹”攻势之下，日益往上层化、官僚化方向蜕变，而那些普普通通的五斗米道信众则陷入群龙无首之境地，慢慢地退化为没有固定的宗教活动场所，不再常态化地举行例行的宗教仪式，也不再会有众多满怀虔敬之心的五斗米信众听取文化素养较高和道行较深的高级教阶人员宣讲《道德经》之大道的境地了。可想而知，五斗米道作为一种曾经矗立于巴山蜀水之间长达一个多世纪的制度性宗教教团组织，在来自于曹魏集团的政治势力的强力干预之下，无论它过去多么的辉煌，也终归是要无可避免地走向解体了。事实上，也正是这样，在那些北迁于洛阳周围的五斗米道信众中，大多数人迷惘了，因为他们再也找不到当初在巴山蜀水之间亲如一家人、情同于兄弟的人际关系了，他们或许只能在睡梦中仍然感受着五斗米道诞生之初与大地之间的那种神秘的诗意关联。生活虽然在继续着，但只是残酷地、冰冷地继续，没有了来自于对大地、诸神之信仰的抚慰，已经很难找到生活的温情了；还有一部分具有比较高教阶的人员在来自于曹魏集团的威逼利诱之下则蜕变了、坠落了，他们日益跟王权结合在一起，日益上层化、官僚化——他们中大多把五斗米道诞生之初与大地之间的那种神秘的诗意关联置之于脑后了。总之，北迁后的五斗米道作为一种制度化的宗教教团势力衰落的命运是不可避免的了。

从曾经的五斗米道的宗教领袖的系师张鲁天师的个人角度来说，他当然对北迁之后的五斗米道所面临的种种艰难处境是心知肚明的。系师张鲁天师肯定明白，作为归降之将，为了八万余五斗米道信众的安全，也没有太多的选择。当曹操说要让他的儿子娶自己的女儿结为亲家的时候，或是曹操让自己的女儿下嫁于系师张鲁天师的儿子时，系师张鲁天师也只能接受，尽管系师张鲁天师知道这只不过是一场政治婚姻，只是曹操做出来的一场政治秀。系师张鲁天师肯定也知道，当曹魏集团在封赐予系师张鲁天师及他膝下的众位儿子以侯爵之位时，系师张鲁天师肯定也能明白这封赐背后的潜台词：作为八万余五斗米道信众的宗教精神领袖，你给我老实点，不要弄出什么大动静，否则的话让你吃不了，兜着走。

所以，纵观系师张鲁天师掌教以来的整个人生旅程，系师张鲁天师经历了太多的明争暗斗，甚至于在归降于曹魏集团之后，仍然得谨慎小心行事。

前文已经言及，归降曹魏集团之后的系师张鲁天师虽然贵居公侯之列，但却只是空名，就像被关进了笼子里面的老虎一样。从此以后，系师张鲁天师就不得不跟随着曹操的指挥棒起舞，不得不跟随在曹操的身影背后参与各种政治秀场！

然而，从系师张鲁天师的内心深处来说，他是不甘于沦为曹操作秀的道具或木偶的。中国有句俗话叫惹不起，但躲得起。在归降于曹魏集团、追随着曹操的身影参与了大大小小的秀场所带来兴奋、好奇之情过后，随着时间的推移，系师张鲁逐渐看清了自己的真实处境，以及曹操为自己所“编排”好了的角色。系师张鲁天师这时一定会厌倦自己的角色，从而陷入对曾经历过的光辉岁月的沉思之中。

系师张鲁天师这时会沉思到什么呢？笔者想，他一定会想到此一时期的五斗米道无论在教团组织的意义上，还是在当初所宣传、坚守的宗教教义教理上，再也回不到巴山蜀水的岁月了，那些从美丽的巴山蜀水之间泥土上所散发出来淳朴的带着诗意的芬芳已经离自己越来越遥远了——时间没法倒流，过去一去不复返！

既然没法从整体上重塑五斗米道教团组织曾经有过的辉煌，那么也就只能退而求其次，只能暂时归隐起来，进行潜修了。也只有这样，才能最大限度地为那些传承自老祖天师张陵创教时所确立之根本宗旨，所开创之道门法术；那些从老子《道德经》中所体悟出来的幽宁、悠远之宇宙天地自然之道；以及那些伴随着五斗米道兴起于美丽的巴山蜀水之间的带有泥土芬芳气息、虔诚而又淳朴之宗教自由信仰之精神，保留下希望之火种。时已如此，势不与人，圣人隐遁！

也许，从系师张鲁天师角度来看，隐修遗训还有另外一重含义。对于系师张鲁天师来说，归降于曹魏集团之前，他已经深处各种争斗的风波漩涡之中；在归降曹魏之后，仍然不得不配合着曹操上演一幕又一幕的政治秀。系师张鲁天师肯定是感受到了生命存在的深刻的荒诞和虚无之感——系师张鲁天师的心灵真的是感受到了累了，想歇息了。于是天师终于要隐遁起来了。这个时候，系师张鲁天师在心灵层面的意义上感受到了某种难得的安宁之感，他内心深处可以听到来自老子《道德经》中悠远、沉静的呼声。所以，系师张鲁天师在隐遁的同时，还在潜修祖上传下来的遗训！

所以，笔者非常主观且固执地相信，《犹龙传》中用“隐修遗训”来形容系师张鲁天师归降于曹魏集团之后的处境，一定是有很深的意味的。“隐修遗训”这四个字，绝不是简单地用来形容像系师张鲁天师这样一位深具道家风范和人格特征的俗词和套词；这四个字的背后一定另有深意！

笔者在这里想大胆地对系师张鲁羽的化情形作这样的推测，即《魏书》中关于系师张鲁天师羽化于降魏第二年的记载，从某种表层的意义上讲，它确实是对的。因为系师张鲁天师自从隐修之后，深居简出，很少与外人接触，以至于外人误以为他已经羽化了。

当然，笔者的这种推测绝不是向壁虚造出来的。据史书记载，东汉魏晋以来，道门中多有“岩穴之士”，即那些隐逸之人多会在偏远的山林清幽之地，寻找天然的岩石洞穴作为自己的修炼之所。一般来说，这些隐修人士仅与自己最亲近的少数人保持一点往来，所以外人也就对这样的隐修人士无从了解了。

东汉的时候，还存在这样一种为死去的亲人守丧的形式，即在死去的亲人墓旁建盖起类似于今天两居室的房子，守丧之人可以在里面进行正常起居活动。另外，笔者在这里还尤其需要提醒读者朋友们的一个事实就是，元代全真道创教祖师王重阳早年的时候就是隐居于一个叫“活死人墓”——类似于“岩穴”的地方进行苦修的。

综合以上几点考虑，系师张鲁天师既然鉴于当时的形势，下定了“隐修遗训”的决心，那就决不会轻易跟外人往来，更不会轻易让人知晓自己的日常生活情况，系师张鲁天师不仅会刻意地向世人隐瞒自己的生活起居情况，还会有意地让自己最亲近、可信任的人向外人散播一些与自己相关的虚假信息，给外人造成自己已经羽化的假象！

当然，从后来的史书《魏书》中的记载来看，系师张鲁天师的这些做法应该达到了自己的目的，所以《魏书》的编修者们误认为系师张鲁天师羽化于降魏之后的第二年。

不过，那些编修道经、熟悉道教内部奥秘的一些经书如《犹龙传》等，则持另外一种看法，这些经书认为系师张鲁天师的羽化之年应该要晚得多。

系师张鲁天师尚有两个弟弟，一名卫，字公则，后官至昭仪将军。张卫后来弃官学道，白日冲举；另一弟名傀，字公仁，被曹魏政权封为南郡太守，加驸马都尉。后来张傀也弃官学道，白日冲举。

系师张鲁天师在后世的影响也不少。元代成宗皇帝为之制曰：

为道之大，原出于天而成之在人，有汉天师之绪远矣，匪其子孙善继善成，不怠益大，孰济登兹，是以代有异人，出禅治化，系师景行焯灵，昭于简册，妙于自拔，功成不居。经不云乎，"上德不德是以有德"。

元武宗至大元年(1308)，追封系师张鲁天师为"正一系师太清昭化广德真君"。

第五章

系师张鲁天师与《老子想尔注》

一、注者为谁：历代关于《老子想尔注》作者之纷争

本书前文中曾言及，老祖天师张陵于巴蜀地区创建五斗米道的时候，曾用《道德经》教示信众。可以想见，老祖天师张陵当时一定作有大量的用于向五斗米道信众宣讲《道德经》的“教材”或“讲义”，其中就包括了老祖天师平生研读《道德经》的理解、体会和感悟。只是当时，老祖天师张陵老祖天师并没有想到把这些“教材”或“讲义”编订成书，更没有想过要把它们“出版”，从而拥有著作的署名权。所以，很自然地，老祖天师张陵是历代张天师中最早对《道德经》作注解之人——当然，这种注解还不是非常正式的。

我们知道，五斗米道传到系师张鲁天师雄踞巴汉地区的时候，一方面拥有了来自于中央政府的合法性支持；另一方面，五斗米道在雄踞巴汉地区的三十年时间内，外部环境相对安定，宗教组织和管理机构也较老祖天师张陵的时候有了很大的完善，物力和财力也相对比较宽裕。这时候的系师张鲁天师就可以更系统化地把老祖天师张陵当年宣讲《道德经》的种种“讲义”，加上自己研习《道德经》的理解予以融合，编订成册，并利用自身作为五斗米道宗教领袖的身份的条件，分发于广大五斗米道信众进行教化。这就是今天我们所看到的老祖天师张陵及其孙系师张鲁天师所注解之《道德经》——《老子想尔注》一书的由来。

本来，这是一件很简单的事情。只是随着时光的流逝，后来的人们在到底是老祖天师张陵注解了《道德经》，还是系师张鲁天师注解了《道德经》这件事情上起了很多的纷争，这在众多古籍文献中都可以找到纷争的证据，以至于现在成了一个不大不小的学术问题，打了不少的笔墨官司。

综合古籍文献中各种有关《老子想尔注》的作者之说法，大抵有如下三种：第一种说法认为为《老子想尔注》作注的是老祖天师张陵；第二种说法认为作注者为系师张鲁天师；第三种说法比较离谱，认为作注者是刘表。

先看第三种不靠谱的说法，认为刘表才是《老子想尔注》的作者。

认为刘表为《老子想尔注》的作者的说法见于唐初高祖时代陆德明所著《经典释文·序录》中。陆德明原文是这样说的：

不详何人，一云张鲁，或云刘表。

从陆德明的原文可以看出，他虽然不能确切地肯定《老子想尔注》的作者是谁，但比较而言，还是倾向于肯定系师张鲁天师才是《老子想尔注》的作者的，这不仅是因为他把系师张鲁天师放在第一位说的，更为值得注意的是，陆德明在提到刘表为《老子想尔注》的作者的时候的口气和用词——“或云刘表”，意思是说，也有人认为作《老子想尔注》的作者是刘表，其肯定程度是很低的。

当然，既然在历史上有认为《老子想尔注》为刘表所作这样一种说法，从学术研究的态度而言，就必须要搞清楚为什么会出现这样的说法。事实上，学术界已经找到了之所以出现误认为《老子想尔注》之作者为刘表的看法的原因。

因为，根据《后汉书·刘表传》中的记载，刘表本是一位深奉儒家五经之学的儒士，他做荆州刺史时曾“起立学校，博求儒术，綦母闿、宋忠等撰立五经章句，谓之后定”[①]。想想看，刘表尚儒术至如此痴情的地步，假如《老子想尔注》真是刘表所作，又怎么可能有诋毁五经之内容出现于其中呢?! 此是刘表不可能是《老子想尔注》的作者的最重要、最直接的原因。

还有的学者还进一步考证清楚之所以会误以刘表为《老子想尔注》的作者的原因。根据刘大彬《茅山志》卷九“道山册”著录之《道德经五千文》所引陶弘

① 《后汉书·袁绍刘表列传第六十四下》，中华书局1965年点校本《后汉书》第9册，第2421页。

景《登真隐诀》的话称：

老子《道德经》有玄师杨真人（杨羲）手书张镇南古本。镇南即汉天师第三代系师鲁，魏武表为镇南将军者也。

这段话给我们提供了这样几个信息，其一，杨真人（杨羲）曾亲手抄录所谓的“张镇南”所著之《道德经》古本；其二，还肯定所谓“张镇南”即为第三代张天师张鲁，“镇南”为“镇南将军”之简称，为系师张鲁天师归降于曹魏之后曹操所亲封。

本书前文曾言及，东汉末年，中央政权十分衰弱，已经无力控制地方豪强势力，所以只能采取怀柔——常常是用封赐某个官职、称号的手段，意图对地方的豪强势力予以暂时的安抚。所以，东汉末年出现了不少类似于“镇南将军”之类的称号，这种称号本身表达的是希望南方各地平安，希望受封之人有特殊的威望，能够镇住南部地区，从而不要发生叛乱。所以，“镇南将军”这类封号并不是表征某种特殊功劳的专有名称。前文已经言及，系师张鲁天师在归降于曹魏集团之后，就被封赐“镇南将军”的称号。系师张鲁天师的“镇南将军”之称号确为曹操所授，史有明载。《三国志·魏书》卷八之“二公孙陶四张传第八”称：

太祖入南郑，甚嘉之。又以鲁本有善意，遣人慰喻。鲁尽将家出，太祖逆拜鲁镇南将军，待以客礼，封阆中侯，邑万户。封鲁五子及阎圃等皆为列侯。[①]

无独有偶，刘表也曾经被封赐为“镇南将军”，只是刘表的“镇南将军”称号并不是曹魏集团所册封，而是东汉的地方豪强军阀头子李傕所封。据《后汉书·刘表传》中所载：

及李傕等入长安，冬，表遣使奉贡。傕以表为镇南将军，荆州牧，封成武侯，假节以为己援。[②]

① 《三国志·魏书》卷八之“二公孙陶四张传第八”，中华书局1982年点校本《三国志》第1册，第265页。

② 《后汉书·袁绍刘表列传第六十四下》，中华书局1965年点校本《后汉书》第9册，第2420—2421页。

通过以上这两条史料的列举，就可以很清楚地看出，之所以会出现误以刘表为《老子想尔注》的作者的原因了，因为刘表和系师张鲁天师都曾经受授过“镇南将军”的称号，加之刘表在后世正统史学家的历史叙事过程中其“名气”和“重要性”似乎要比系师张鲁天师大得多，所以后人才会在看到“镇南将军”作《老子想尔注》之类的字眼时，马上就把刘表跟《老子想尔注》的作者紧紧地联系在一起。这种误会应该说在南朝末陆德明时代就出现过了。但当时还是有很多明白人的，至少陆德明是清楚的，所以就出现了如上陆德明在《经典释文·序录》中“或云刘表”的笔法，那只是如实地记叙当时社会流行着的一种误讹《老子想尔注》之作者为刘表的看法而已。

再看其他两种说法，即认为是老祖天师张陵，或系师张鲁天师为《老子想尔注》的作者。

刚才已经提到过了，本来这不是个问题的，只是后世的古籍文献记载中确曾出现过这样一些要么认为《老子想尔注》的作者为老祖天师张陵，要么认为《老子想尔注》的作者为系师张鲁天师的提法，这才造成了《老子想尔注》的作者到底是老祖天师张陵还是系师张鲁天师的学术问题。其实这两种看法只是从不同的角度来说的，它们并不是非此即彼、截然对立的关系。笔者在这里并不打算争论哪一种说法才是正确的，而仅就这两种说法之合理性做出一种比较合理的解释。

古籍文献中出现《老子想尔注》的作者为系师张鲁天师的看法比较早，也比较多。如道教的早期道经《传授经戒仪注诀》之“序次经法第一”就持这种观点：

系师得道，化道西蜀，蜀风浅末，未晓深言，托遘想尔，以训初回。初回之伦，多同蜀浅，辞说切近，因物赋通，三品要戒，济众大航，故次于河上。河上，想尔，注解已自有殊。[①]

引文中的“系师”即五斗米道第三代天师张鲁天师，引文中肯定《老子想尔注》为系师张鲁天师于西蜀传道时所用的书籍媒介。当然，引文中还从正统的精英知识分子的立场认为《老子想尔注》写得比较浅陋，其水平和重要性次于汉代另一部注解老子《道德经》的作品，即《老子河上公章句》——当然，这种看法

① 《道藏》第32册，第170页。

是有偏颇的，笔者将在后文中作进一步的解释。

正如刚才提到的，活动于南朝末年至唐初的陆德明时代，系师张鲁天师是《老子想尔注》作者的看法也是得到当时知识界的众多的人的认可的，甚至到了元代的刘大彬编辑《茅山志》的时候，一般人也还是认同系师张鲁天师才是《老子想尔注》的作者的看法的。此后，一直到明、清两代都是如此。明代所编修的《道藏阙经目录》中提到《老子想尔注》为系师张鲁天师所作。

但古代典籍文献中也不乏认为《老子想尔注》为老祖天师张陵所作的记载。认为《老子想尔注》为老祖天师张陵所作的记载，主要见于唐玄宗《道德真经疏外传》，唐代佛教人士释法琳的《辩证论》，以及五代高道杜光庭所著《道德真经广圣义》等文献中。这些文献中均明确地提出："《老子想尔注》为老祖天师张道陵所作。"

如上两种看似矛盾的记载，细细思索一下，却并不矛盾。一些著名的学者已经就这个问题做了很合理的解释，笔者这里仅引述一下他们的看法。著名学者饶宗颐先生在《老子想尔注校笺》中就提出："《老子想尔注》当是老祖天师张陵之说而鲁述之；或鲁所作而托始于陵，要为天师道一家之学。"[1]无独有偶，台湾著名的学者钟肇鹏先生针对这个问题作了更为详细的考辨，他是这样阐述《老子想尔注》的作者问题的：

《想尔注》一说为老祖天师张陵注，一说为张鲁注。表面看来不同，其实并无矛盾。汉以前古籍，大抵均非一人自著。先秦诸子实为某一家一派的论著，并非一人之作。如《墨子》为墨家学派之言，《庄子》为庄子学派的论著。《老子想尔注》也是如此。老祖天师张陵创教得有所凭藉，故尊老子为太上老君，奉《老子五千文》为经典，教授道徒，使大家"都习"。老祖天师张陵以《老子》为道教经典，教授徒众，自有讲授。陵传子衡，衡传子鲁。张鲁统治汉中垂三十年。故《想尔注》称张镇南定本。祖孙相传，正是一家之学。因之把《想尔注》说成是老祖天师张陵注是对的，把《想尔注》说成系师定，张鲁注也是对的。用今天的著作体例来分析，则应当说：《老子想尔注》老祖天师张陵原注，张鲁增订或增补、补订。古书简略，也没有什么著作权之争，同是一家之学，故或题老祖天师张陵，或题张鲁。后人不了解古代著书体例，以现在的眼光看待古书，所以对于

① 饶宗颐：《老子想尔注校笺》，《选堂丛书本》第4页。

《老子》、《庄子》的著者和时代说议论纷纷了。[1]

二、流传统绪:《老子想尔注》的版本形式及其在元代之失佚

上一节曾提及,作为老祖天师张陵及系师张鲁天师用来向巴蜀五斗米道信徒宣讲《道德经》之讲义性质的《老子想尔注》,后人对它的评价并不高,还说什么"蜀风浅末,未晓深言","托遘想尔,以训初回",意思是说《老子想尔注》所阐发的哲学思想未达至老子哲学思想那种极为抽象、玄妙境地。

这种评价并不中肯,因为它忽略了《老子想尔注》的讲义性质,而且这种以讲义面貌出现的注解老子《道德经》之作主要是面向巴蜀地区那些并没有太高文化层次、哲学基础的五斗米道信众。无论如何,老祖天师张陵及孙系师张鲁天师通过注解老子《道德经》一书,为今天的人们了解道教初创时期及天师道的早期形态,了解当时一般民众的知识和信仰状况,乃至于对研究老子《道德经》的版本源流情况,都是十分宝贵而直接的文献资料。

有鉴于此,笔者在这里结合学界的研究成果,拟对《老子想尔注》在中国历史上的版本、书名、字数及其相关情况作一简要的叙述。

《老子想尔注》的成书时间大约在后汉三国时期。成书之后,虽经历过魏晋南北朝时期道教的大变革及社会的大动乱,但仍然属于道门中十分重要的经典,颇受道门中人重视,例如前文中引用过的早期重要道经《传授经戒仪注诀》[2]虽然认为《老子想尔注》的注解水平不高,但仍然列《老子想尔注》为当时道士诵习的十卷经之一,其第五、六位即是《老子想尔注》。

不过,需要指出的是,在《传授经戒仪注诀》中,《老子想尔注》题作"《太玄部》卷第五·老君道经上,想尔训;太玄部卷第六·老君德经下,想尔训"。一方面,这说明当时《老子想尔注》是分上下两部分注解老子的《道德经》的;另一方面,《老子想尔注》在当时又被称为《老子想尔训》。后文还会看到,这种看法是可信的,可与当今于敦煌洞窟中所发现的六朝写本残卷"老子道经上,想尔"格

① 钟肇鹏:《〈老子想尔注〉及其思想》,载《世界宗教研究》,1995年第2期。

② 《道藏》第33册,第170页。

式相互印证。

尽管《老子想尔注》的成书年代早到东汉末年，其对于道门中人之重要性也不言而喻，但其进入官方正统的著书目录之中却是晚至唐代的事了。李唐王朝以李为国姓，视先秦大哲圣人老子李耳为自己的祖先，对之加以无上尊奉，于是在有唐一代，道教大为贵盛。道教之于有唐一代之贵盛，连带而来的是对老子《道德经》及其各种注解之作之重视。所以在唐代高祖的时候，国子博士陆德明所著《经典释文·序录》中收录了《想余注》二卷。当今学者认为《想余注》当为《想尔注》之误，因“余”与“尔”形近而讹。后来，唐玄宗在御制《道德真经疏外传》时，列录古今各家注《道德经》之著述，其中即有列入“《想尔》二卷”。另，唐玄宗时，在高道张万福所撰之《传授三洞经戒法箓略说》中所列《道德经》目录中收入“想尔注”上、下二卷。

唐末五代时，在高道杜光庭所撰之《道德真经广圣义》中，所列述历代诠疏注中仍然有《想尔》二卷。

宋代是道教发展史上的另一座高峰。宋代的军事力量虽然不怎么样，但宋人在经济上，尤其是文化上达到了中国历史上的巅峰状态。在此一大背景下，加之赵宋皇室对道教的崇奉，宋代高道不独撰著新的道门经典，还对传统的道门历史文献加以仔细地整理和保留，这尤其体现在对历代老子《道德经》及其注解著作的整理和保存上。

很自然地，我们今天仍然可以轻易地从宋人的著作中找到《老子想尔注》存在之踪迹，如在宋代高道谢守灏所撰之《老君实录》，彭耜所撰之《道德经集注杂说》，以及另一高道董思靖所撰的《道德经》注解文献中都可以看到《老子想尔注》之名录。不过，在宋代如上几位高道的著作中，多引用杜光庭有关《老子想尔注》之说为依据，他们似乎并不是很在意《老子想尔注》中的哲学思想对于他们自身著作的重要性和参考价值。究其原因，笔者认为，这主要是宋代高道及一般道门信众之文化水平普遍较高，他们在精神气质上主要属于“正统”意义上的知识分子的精英类型，所以才会出现不太重视《老子想尔注》这类专门针对文化水平比较低的道门信众宣讲老子之大道哲学思想的著作。

元代初期，《老子想尔注》仍然尚存。本书前文中曾提及，元代茅山道士刘大彬所撰《茅山志》卷九之“道山册”首引陶弘景《登真隐诀》中的话，称《道德·五千文》为“张镇南古本”：

老子《道德经》，有玄师杨真人（杨羲）手书张镇南（张鲁）古本。……其所谓为五千文者，有五千字也。数系师"内经"有四千九百九十九字，由来阙一，是作"三十辐"就作"卅辐"，盖从省易文耳，非正体矣。宗门真迹不存。今传五千文为正本，上、下二篇不分章。[①]

引文中说得很清楚，元代的老子《道德经》各版本中，有由南北朝高道杨羲手书传下来的所谓"张镇南古本"，这即是保存在《老子想尔注》中的老子《道德经》的白文部分。还解释说，"张镇南古本"中的《道德经》白文部分按理当有五千个字，可是数来数去只有四千九百九十九个字，之所以出现这样的情况，是因为"张镇南古本"把《道德经》中的"三十辐"写成了"卅辐"，这样就少了一个字。

不过，我们现在可以肯定的是，《老子想尔注》在古代的失传也是在元代。

元代开国之初期，蒙古皇室对兴起于北方的全真道派宠信有加，这使得全真道不独可凌驾于佛教势力之上，而且全真道还因为得到了来自王权的支持、信任，还广泛地参与到元朝的政治、经济、社会等领域的诸多事务中去。

随着全真道势力的进一步扩张，北方大量的原属佛教的宫观也被全真道给占据了。不独如此，全真道界人士还自恃有元代皇帝的支持，在占据大量佛教寺院的同时，还对那些信佛人士进行种种人格上的羞辱。可以想见，这不可避免地会引起了佛教界的诸多信众的不满。

伴随着全真道势力扩张而来的另外一个后果是，全真道自恃于蒙元王朝立国有功，其身份、地位特殊，甚至于敢对蒙古皇室原来所信奉的萨满教及藏传佛教加以耻笑贬损，这无疑会引发蒙元皇室对全真道的反感情绪。

当然，最终促使蒙元王朝对全真道的态度发生根本性转变的还是全真道在经济势力上的高速扩张——全真道在北方地区占有了大量的宫观地产，如良田、人口等。这对于元王朝来说，是一个极大的问题，所导致的直接后果就是中央政府没办法征收租税，同时能为帝国服劳役的人口数量也会少很多。

问题最后必须得到解决，其解决的契机便是由佛教界人士发起的几次大的辩论。刚才提到，随着全真道势力的进一步扩张，元王室对全真道的态度已经发生的转变。而当佛教界的僧人在朝廷上提出关于《老子化胡经》之真伪问题的时候，马上就得到了皇帝的支持。这样，在由元朝皇帝所主持的看似公正、公

① 《道藏》第5册，第591页。按：今本《登真隐诀》不见此文，应是佚文。

开的围绕《老子化胡经》之真伪问题的大辩论会上，全真道之精英人士们是一败再败，并且败得一塌糊涂。

辩论失败的结果是十分严重的。全真道大量的地产被没收，大量的道观财富被收归国有，大量的全真道士被勒令还俗。总之，全真道的势力似乎一下子就从巅峰跌入了谷底。

当然，伴随着全真道之辩论失败而来的还有另外一个严重的后果，那就是不仅道教的大量经书被焚毁，而且还有印行《道藏》的雕版也要被毁坏——这对于道教来说，无疑是前所未有的一次大"法难"。

当然，由元朝皇帝所下之焚毁道教经书、经板的命令之执行并不是十分的彻底，大量的道经文献在经历过这次大"道难"之后还是保存了下来。不过，仍然有不少的道教经典文献永远地消失了，其中就包括《老子想尔注》。

到明代正统年间重修《道藏》的时候，纵然还能找到多达五千余卷道经文献，但已经没办法恢复元代所修《道藏》的规模了。明代在编修《道藏》之后曾撰作了《道藏阙经目录》。据陈垣先生的意见，《道藏阙经目录》是明代所编修之《正统道藏》较元代道藏所缺之道教经书之目录。而在《道藏阙经目录》中即题有《想尔注·道德经》二卷，这说明明代在编修《道藏》的时候已经找不到《老子想尔注》一书了。自东汉末即流传下来达一千余年的《老子想尔注》一书，至此退出了人们的视线。

到清代的时候，《老子想尔注》之书名仍然为当时的文化精英人士所提及，例如侯康、姚振宗、曾模诸人，在补《后汉书》中的"三国艺文志"时，依然提到了该书。不过，他们也只是依据唐陆德明所著《经典释文序录》中所著录之"想尔注二卷"而知道历史上曾经流传过《老子想尔注》，显然没亲见该书，因而其中不乏以讹传讹之处。这说明明清时代，《老子想尔注》之书早已亡佚了。[①]

三、重见天日：敦煌残卷本《老子想尔注》的发现

刚才提到，《老子想尔注》至元代就已经失佚了。所以明清两代文化界的精英人士虽然多提及该书名，但实未亲见原文，所以以讹传讹之处甚多，这种状况

---

① 见饶宗颐：《老子想尔注校证》，上海古籍出版社，1991 年版；又见李养正：《〈老子想尔注〉与五斗米道》，载《道协会刊》，1983 年第 12 期。

一直持续到清朝末年。

二十世纪初，来自英国的探险家斯坦因抵达敦煌的莫高窟，发现了大量的六朝以来的文献。冥冥之中似乎有老天爷的护佑，《老子想尔注》竟然保存在这些文献之中。

不过，在敦煌洞窟中发现的这件《老子想尔注》的原件已经被斯坦因带回到了英国，现藏丁大不列颠博物馆，编号为斯氏 6825。当然，在敦煌洞窟中所发现的《老子想尔注》也不是全本，而是一个残本。

据近代学者王重民、饶宗颐二[①]先生考证，敦煌洞窟所发现的残本《老子想尔注》为六朝（420—589）写本，这离其行世的年代公元三世纪不远。该残卷在卷末题有“老子道德经上”字样，之下分行，还注有“想尔”二字。该残卷文字起自“则民不争亦不盗”，终于“悉皆自正矣”，亦即该残卷注解老子《道德经》之原文起自“使民不争”，而终于“天下自正”，基本上是老子“道经”——即古本老子《道德经》上篇的注释本。

从该残卷文字的形式看，老祖天师张陵及其孙系师张鲁天师之注文与老子《道德经》的白文连在一起，既不用字体大小相区别，也不分章次，每章之间亦不另起行。整个残卷共剩五百八十行字。

在前文中曾提及，元代刘大彬撰《茅山志》时曾引《张镇南古本》称：“数系师内经有四千九百九十九字，由来缺一。是作‘三十辐’应作‘卅辐’，盖从省易文耳。”现存敦煌本《想尔注》残卷正是作“卅辐”，可证敦煌本《想尔注》当是系师张鲁天师的古本。[②]另，经文、注文连在一起，字体也不分大小，章次也不作区别，这恰恰是东汉晚期注书的形式，由此证明敦煌洞窟中所发现的残卷本《老子想尔注》确属东汉末年五斗米道一派之著作。

---

① 见饶宗颐：《老子想尔注校证》，上海古籍出版社，1991 年版。

② 钟肇鹏：《〈老子想尔注〉及其思想》，载《世界宗教研究》，1995 年第 2 期。

又据饶宗颐在《老子想尔注校笺》中的意见，敦煌天宝十载写本卷末记有“道经卅七章”、“五千文上下二(卷)”、“系师定”等语。可见《想尔注》是系师张鲁天师在其定本《老子五千文》的基础之上作的。①

总的来说，敦煌残卷本《老子想尔注》的发现对于道教学术之研究来说，具有重大意义，它是研究早期道教思想的重要材料。它对于道门人士而言，同样具有重大的宗教意义，似乎在印证着中华民族在冥冥之中受到太上老君的护佑。

四、思想旨要：《老子想尔注》的主要思想旨趣

前文一再言及，老祖天师张陵及其孙之注老子《道德经》，主要是为了便于向巴蜀地区那些文化素养并不太高的五斗米道信徒传授道家哲学之要旨、要义。因为传授对象的特殊性，所以老祖天师张陵及其孙系师张鲁天师所使用的

① 此外，《真诰·握真辅》有“张生顿首”语，陶弘景注：“观系师注《老子内解》，皆称臣生稽首。”按，《经典释文序录》：“臣生《内解》二卷。”《疏证》引文廷式语：“此‘巨生’即‘臣生’之误，其人姓张也。”又按云：“张鲁自称臣生，义不可憭，疑米道妄诬之尤，私立名字，不可究诘，今难质言，要为道士所为，梁以前之书也。”又《序录》：“《节解》二卷。不详作者。或云老子所作，一云河上公作。”《疏证》：“大抵以守一行气、还精补脑为说，其语近诞，而其来则甚古。”(以上文字见卿希泰：《中国道教史》(第一卷)，四川人民出版社，1996年，191页注2)

语言、所讲授的思想内容都是十分通俗的，在教化当地原住民的策略和方法上可谓做到了因材施教。用今天的话说，由老祖天师张陵及其孙系师张鲁天师所著之《老子想尔注》一书本身是十分接地气的。

不过，随着五斗米道，以及继之而起的天师道、正一道的影响扩展至神州大地，老祖天师张陵和其孙系师张鲁所著之《老子想尔注》也随之进入了正统的知识精英分子的视野。不过，在那些正统的知识精英们看来，《老子想尔注》除具有极高的与老子《道德经》相关的版本文献价值之外，似乎很难符合他们所追求的哲学思趣和欣赏品味，所以，历代正统的知识精英阶层对《老子想尔注》的评价并不高，这似乎注定了《老子想尔注》一书长期被埋没的命运。

当代国学大师饶宗颐先生在总结《老子想尔注》一书之所以长期不被重视的原因时，将其大致归结为两个方面：其一是该书多夹杂房中之术，易为受儒家正统影响的知识精英分子之诟病；其二，同时也是更为重要的原因，《老子想尔注》一书"注语颇浅鄙，复多异解，辄与老子本旨乖违"[①]。

虽然，《老子想尔注》难入中国古代大多数正统知识精英分子之法眼，但以现代眼光观之，该书在注解老子《道德经》上却表现出自身鲜明之特色。

近些年来，道教学界在《老子想尔注》的研究上投入了大量人力、物力，取得了不少卓越的成果。在这些研究成果中，最有分量、最能激动人心的要数饶宗颐先生所著之《老子想尔注校笺》，该书在序言中不仅考证了《老子想尔注》一书的来龙去脉，而且还对《老子想尔注》的思想特色作了比较全面的介绍；另外，在由道教学界之泰斗级人物卿希泰先生所编著之四卷本《中国道教史》的第一卷中，也专章对《老子想尔注》的思想旨趣作了全面、系统和有深度的介绍。笔者在这里主要以饶宗颐先生所著之《老子想尔注校笺》，以及卿希泰先生所编著之四卷本《中国道教史》第一卷中的相关章节作为主要参考，并结合自己多年来研读道教经典文献的心得体会，尝试对老祖天师张陵及其孙系师张鲁天师所著之《老子想尔注》中的主要思想内容、哲学旨趣作一概要式的介绍。

我们先看《老子想尔注》对老子《道德经》哲学体系中最根本之"道"的注释。

与一般的注解老子哲学巨著《道德经》的注书不同，《老子想尔注》对老子哲学体系中最根本之"道"的注解并非采取纯粹哲学式的抽象的思辨方式，同时，它还采取具象的，能让人直观、可感触式的，从而也就是容易让普通人理解和接

① 饶宗颐：《老子想尔注校笺》，《选堂丛书本》第5页。

受的方式。

《老子想尔注》的注文中一方面说“道”：

今世间伪伎，指形名道，令有服色、名字、状貌、长（短），非也，悉邪伪耳……道至尊，微而隐，无状貌形像也；但可从其诫，不可见知也。[①]

这是说，世间有很多人，用具象的形、名来言说“道”，在这些人的理解中，“道”如一般人穿的衣服，有颜色；又如形容具体的个人一样，有名字、状貌、高矮。这种理解“道”的方式终究是不对的。“道”恰如老子所说的，它至尊，隐而不显，无可名状。虽然“道貌难求”，但人们却可以依循道诫而行。这说明，《老子想尔注》在对“道”的注解上是十分哲学化、抽象化、思辨化的。然而，《老子想尔注》一书中有时候为了创教和宣传老子大道哲学思想的需要，对“道”又作拟人化的形象化的解释，如书中又说

一者，道也，……一散形为气，聚形为太上老君，常治昆仑，或言虚无，或言自然，或言无名，皆同一耳。[②]

引文中把“一”解释为“道”，还说“道”虽然无声无臭、无影无踪，却能无所不在、无所不包，这种理解还是符合老子《道德经》原文之旨趣的。不过引文中把“道”人格化、具象化的倾向同样明显，例如把“道”解释成具有人格意志的神灵——太上老君，并有自己的主治之所，似乎可主宰人世间之一切，在天地间具至高无上的地位。

我们知道，汉代的时候盛行所谓“元气”之说，这是中国古代道家哲学发展过程中的一个十分重要的阶段。老子之“道”是极度抽象的，领悟其内在的蕴涵需要人类付诸高超的思辨能力和哲学领悟力。随着汉代元气之说的盛行，人们在极度抽象的“道”与具象而微的物事之间找到了沟通的纽带。《老子想尔注》中在特别倚重于“气”概念同时，还连带地借重于“精”、“神”这两个概念，并由此而建构起具有自身特色的道——物——人的哲学体系。在《老子想尔注》，“道”有“精”、“气”、“神”三种表征：

---

① 饶宗颐：《老子想尔注校证》，《选堂丛书》本第 18 页。

② 饶宗颐：《老子想尔注校证》，《选堂丛书》本第 13 页。

道炁常上下，经营天地内外，所以不见，清微故也。[①]

道气归根，愈当清静矣。[②]

所以精者，道之别气也。[③]

（道精）分之与万物，万物精共一本。[④]

（道）中有大神气（道神）……不可以道不见故轻也。[⑤]

有“道”之“精”，有“道”之“气”，同样也有“道”之“神”，它们都是人类和万物生成、存在之根本。这样，《老子想尔注》就建构起了一种比较独特的用来理解、解释人和万物的有机体理论：人和万物都是有机生命体，它们有着构成其生命之基的共同要素——“道精”。不独如此，这套有机生命体的理论还为道教保精长生之学说提供了哲学的本体论基础。所以，很自然地，《老子想尔注》提出了如下这种“宝精”、“宝根”长生理论：

万物含道精，并作，初生起时也。吾，道也。观其精复时，皆归其根，故令人宝慎根。[⑥]

当然，从人体生命存在的生物学角度来说，“精”尤其关乎人体之健康和长寿。但是，中国古代所理解的生命除开上文言及的“精”、“气（炁）”之外，还有“神”。从宏观的角度说，“神”可以泛指宇宙间的各种自然力量，甚至某种特出的圣人人格力量。但从人的微观角度来说，每个人身中都有“神”的力量存在。老子在《道德经》中曾提到，“载营魄抱一，能无离”，《老子想尔注》则注解道：

白也，故精白，与元炁同色。身为精车，精落故当载营之。神成气来，载营

① 饶宗颐：《老子想尔注校笺》，《选堂丛书本》第 18 页。
② 饶宗颐：《老子想尔注校证》，《选堂丛书》本第 21 页。
③ 饶宗颐：《老子想尔注校笺》，《选堂丛书本》第 29 页。
④ 饶宗颐：《老子想尔注校笺》，《选堂丛书本》第 21、29 页。
⑤ 饶宗颐：《老子想尔注校笺》，《选堂丛书本》第 29、14 页。
⑥ 饶宗颐：《老子想尔注校笺》，《选堂丛书本》第 21 页。

人身，欲全此功，无离一。一者，道也，今在人身何许？守之云何？一不在人身也，诸附身者悉世间常伪伎，非真道也；一在天地外，入在天地间，但往来人身中耳，都皮里悉是，非独一处。……世间常伪伎指五藏(脏)以名一，瞑目思想，欲从求福，非也；去生遂远矣。[①]

文中提到，人之身如车一样，可以装载"精"——故称"精车"。"载而营之"，那么自然地就会"神成气来"居于人之身中。作为具体的个人，如何做到"神成气来"呢？《老子想尔注》给出的答案就是"无离一"，即守护住那来自于天地之外的"一"——也即"道"。这样，《老子想尔注》建构起了具体的人与宏观抽象的"道"、"一"之间的沟通的桥梁。可是，世间人不解其中的深意，简单地误以为"道"、"一"栖居于人身的某个固定之处，或苦守人身之五脏之神，这些都是错误的，是世间的伪伎，是不能达成长寿、长生之目标的。

《老子想尔注》在注文中还注意到老子《道德经》中关于"道"、"一"的种种精神品格，比如简要、精一、真诚、清静、自然、好生、乐善等等。《老子想尔注》对这些有关"道"、"一"的精神品格是十分赞赏的，认为人之宝精、守一，最终离不开对这些精神品格的遵循和坚守。为此，《老子想尔注》把遵循和坚守"道"、"一"的如上精神品格归结为遵守道诫。

这样，《老子想尔注》把真正的"守一"理解为"守道诫"，还说："今布道诫教人，守诫不违、即为守一矣；不行其诫，即为失一也。"[②]

"道诫"是从形而上的"道"落实到形而下之"行道"的桥梁，是理解《想尔注》的枢纽。"(道)渊似万物宗"，故"人行道，不违诫，渊深似道"。"道贵中和"，故"当中和行之，志意不可盈溢，违道诫"[③]。

这样，中国道教最早期的戒律就出现了。有了这些"道诫"，那些文化程度不高、对老子大道哲学领会不深的五斗米道信徒在求道、证道、悟道的过程中终于可以做到有迹可循，不至深陷入纯粹的抽象哲学思辨中而找不到求道的门径。不仅如此，从今天有关宗教神学理论的观点来观之，"守道诫"还意味着《老子想尔注》建构起了一套比较系统的道教之神学理论体系。

刚才提到，"道"、"一"既然具有"真"、"质朴"、"清静"、"简约"、"慈爱"、"坚

① 饶宗颐：《老子想尔注校笺》，《选堂丛书本》第13页。

② 饶宗颐：《老子想尔注校笺》，《选堂丛书本》第13页。

③ 饶宗颐：《老子想尔注校笺》，《选堂丛书本》第7页。

守”等品格，那么，“守道诚”就意味着对这些品格的坚守。故，很自然地，作为道教的信徒，做到勉信道真，抛弃邪知，坚守本朴，无任思虑等等[①]，就是情理中之事了：

情欲思虑怒喜恶事，道所不欲；……常清静为务。[②]

道人当自重精神，清静为本。[③]

诚为渊，道犹水，人犹鱼。鱼失渊去水则死，人不行诚守道，道去则死。[④]

“道诚”之于“道人”，犹如鱼和水的关系。“道人”如果离开了“真道”的精神气质和品格，就违背了“道诚”，最终，“道人”成其为“道人”的本质规定性就丧失了，也就离道渐行渐远了。同时，这还意味着“道人”也就死了——从精神意义的层面言，“道人”死了。

当然，《老子想尔注》在有关“道诚”的阐述中，尤其看重“至诚”这种精神气质和品格，并反复强调“至诚”在求道、证道和行道中的重要性，认为道人只有做到了“至诚”，才不会被外界形形色色的事物诱惑，才能坚定内心的信念，才能做到一心向道。同时，《老子想尔注》还强调，道人并不是完全离群索居、不管人世之事的个体。作为道人来讲，他虽然在一定程度上要保持与俗世社会的距离，但是他因为内心做到了至诚，所以他的内心中会始终存在对人类的善意，对人世种种伦理规范、法则的自觉遵从和敬畏。所以，从这个意义而言，道人如欲求得仙道，又必须学会先修人道，即始终对每一个个体的人持有深深的善意，以及对人世间的种种人伦规范、法则的自觉遵从和敬畏。

所以，《老子想尔注》的注释者一再地强调，只要道人在内心能做到“至诚”，他一定就是一个善良的人，对人类始终怀有善意和敬畏之心的人。

引而申之，具有“至诚”之心的道人，很自然地就会做出种种那些被儒家不停唠叨、所反复强调的善举、善行，如仁、义、忠、孝，又如“施惠、散财、除殃”等素为人们所称誉的道德行为。

所以，很自然地，《老子想尔注》就得出了欲修仙道，先修人道的修道理论。

---

① 饶宗颐：《老子想尔注校笺》，《选堂丛书本》第20、48页。

② 饶宗颐：《老子想尔注校笺》，《选堂丛书本》第20、48页。

③ 饶宗颐：《老子想尔注校笺》，《选堂丛书本》第35页。

④ 饶宗颐：《老子想尔注校笺》，《选堂丛书本》第49页。

在道门中人看来，仅有修仙的技术，或某种秘密的修行法门是远远不够的。成仙不仅仅意味着外在形体的生物性蜕变，它更意味着内心强大精神信念的变化。所以，我们在《老子想尔注》一书中看到这样的文字：

奉道诫，积善成功，积精成神，神成仙寿，以此为身宝矣。[①]

意思是说，欲就仙道，仅行气功和房中术是不够的，还须积善功，方能不死成仙。不独如此，《老子想尔注》的著者还认识到对于自然的个体来说，外部事物的诱惑、内心的占有欲望是如此强烈，要做到内心的"至诚"绝非易事。所以，《老子想尔注》还强调"天曹"——天上的神灵——在道人成就仙道过程中对人的外在行为监督的重要性：

古仙士实精以生，今人失精以死，大信也。今但结精便可得可得（饶宗颐先生认为后"可得"二字为衍字）生乎？不（否）也，要诸行当备。……夫欲宝精，百行当修，万善当著，调和五行，喜怒悉去，天曹左契，算有余数，精乃守之。恶人宝精，唐（空也——饶注）自苦终不居，必自泄漏也。[②]

所以，成就仙道的过程，不仅仅是"宝精"的过程，更是一个从情、识、意中涤除种种私欲、念想的过程：

涤除一身，行必令无恶也。[③]

很自然地，《老子想尔注》认为是否能信守道诫就成了区分各类人群的标志。《老子想尔注》中强调了"仙士"（或"仙王士"）和"道士"（或"道人"）与俗人之间的区别：

（道人）但归志于道，唯愿长生。[④]

（仙士）信道守诫；……不知俗事。[⑤]

---

① 饶宗颐：《老子想尔注校笺》，《选堂丛书本》第 17 页。

② 饶宗颐：《老子想尔注校笺》，《选堂丛书本》第 29 页。

③ 饶宗颐：《老子想尔注校笺》，《选堂丛书本》第 14 页。

④ 饶宗颐：《老子想尔注校笺》，《选堂丛书本》第 48 页。

⑤ 饶宗颐：《老子想尔注校笺》，《选堂丛书本》第 23、27 页。

道设生以赏善，设死以威恶。死是人之所畏也，仙王士与俗人同知畏死乐生，但所行异耳。俗人莽莽，未央脱死也，俗人虽畏死，端不信道，好为恶事，奈何未央脱死乎。仙士畏死，信道守诫，故与生合也。①

同时，《老子想尔注》还认为：坚持、信守道诫最终也可以达到死而不亡的境地。《老子想尔注》在老子《道德经》"死而不亡者寿"下注解道：

道人行备，道神归之，避世托死过太阴中，复生去为不亡，故寿也。俗人无善功，死者属地官，便为亡矣。②

不独如此，《老子想尔注》还把个体之宝根、惜精，涤除一身恶思、恶念之信守"道诫"、追求仙道的过程与整个社会之臻于太平盛世的社会理想结合在一起，以此彰显出道教广博的视野。这样，《老子想尔注》就把"积精成神"与"积善成功"结合了起来，从狭窄的个体主义视域中走了出来。但是，《老子想尔注》的著者也认识到，建设一个美好的理想社会离不开公共事务的管理者——帝王、官吏。为什么现实社会总是令人伤感而失望呢，因为现实社会公共事务的管理者们总是违背"道意"、"天心"，总是让私心、私欲、私念占据自己的头脑，从而就失去了"道真"。

为此，《老子想尔注》提出：要建设一个理想的太平社会，要求所有人都能信行"真道"，奉守"道诫"，要把"积精"与"积善"结合起来。治国者亦须"师道"，主张君臣民皆须"顺道意，知道真"，"行诫守道"以教化民，才能获致"太平符瑞"③。"治国之君务修道德，忠臣辅佐在行道"，如此一来：

道普德溢，太平至矣。吏民怀慕，则易治矣。悉如信道，皆仙寿矣。④

《老子想尔注》不仅认为道士应行道，而且认为帝王，很自然地，当包括各级官吏人员，也应行道，《老子想尔注》还给出了相当充分的理由：

道之为化，自高而降，指谓王者，故贵一人，制无二君，是以帝王常当行道，

---

① 饶宗颐：《老子想尔注校笺》，《选堂丛书本》第 27 页。

② 饶宗颐：《老子想尔注校笺》，《选堂丛书本》第 46 页。

③ 卿希泰：《中国道教史》(第一卷)，四川人民出版社，1996 年，192 页。

④ 饶宗颐：《老子想尔注校笺》，《选堂丛书本》第 24 页。

然后乃及吏民，非独道士可行，王者弃捐也。[①]

上圣之君，师道至行，以教化天下，如治太平符瑞，皆感人功所积，致之者，道君也。[②]

原来，这个令人伤感、失望的现实社会，都是帝王和官吏们不信行真道，离真道渐行渐远的结果。这些人因为受到个人私心、私欲、私念的控制，所以对社会公共事务的管理必然会走向失败——“化逆”，虽然偶有良臣，也很难改变这种“化逆”的局面。

不过，《老子想尔注》的著作者似乎没有因此而绝望，他们似乎在伤感、失望乃至绝望之间仍然保留了希望。因为信道之人相信“道尊且神，终不听人”，“乱极必理，道意必宣”，即相信宇宙之间有一股强大的正义的能量，会纠正现实社会中的种种弊端，把这个社会从错误的道路之上拉回来。

怎么样才能改变“化逆”的局面呢？《老子想尔注》认为，“上圣之君”的出世十分关键。那么“上圣之君”施政与现实之君有什么不一样呢？

《老子想尔注》的著者认为，“上圣之君”之行道：“臣忠子孝，出自然至心”——至诚之心。“上圣之君”在内心深处敬畏君父，敬畏法律，也敬畏天神；“上圣之君”害怕不得仙寿，“故自至诚，既为忠孝，不欲令君父知，自嘿而行，欲蒙天报”，这样，“王法无所复害，刑罚格藏，故易治，王者乐也”。还有，帝王因为以“至诚”之心而行道，所以能感动天地，于是，那些能昭示人祸之自然灾象，如“五星顺轨，客逆不曜，疾疫之气”自然都会消失。

这样，《老子想尔注》似乎又回到了黄老道家的治国理路上去了。在《老子想尔注》的著者看来，“道”就是生道，也就是清静无欲，好生乐善之道；战争戕害生灵，“兵不合道”，帝王“但当信道，于武略耳”。并且要求帝王应清静寡欲。[③]

事实上，系师张鲁天师在雄踞汉中的时期，完全是遵循了如上治世思路的。后世史家对系师张鲁天师治下的汉中有过如下评价：

皆教以诚信不欺诈，有病自首其过，大都与黄巾相似。诸祭酒皆作义舍，如今之亭传。又置义米肉，县于义舍，行路者量腹取足；若过多，鬼道辄病之。犯

① 饶宗颐：《老子想尔注校笺》，《选堂丛书本》第47页。

② 饶宗颐：《老子想尔注校笺》，《选堂丛书本》第28页。

③ 饶宗颐：《老子想尔注校笺》，《选堂丛书本》第42、41页。

法者，三原，然后乃行刑。不置长吏，皆以祭酒为治，民夷便乐之。[1]

这说明系师张鲁天师对于《老子想尔注》中的思想，不仅是用于传教，还用于治国的实践，并且其实践也是较为成功的[2]。

《老子想尔注》还认为，无论个人生活，还是国家政事，都须信行"真道"[3]。什么才是"真道"？很自然地，在《老子想尔注》著者们看来，"真道"自然存在于《老子想尔注》中。基于"真道"的视角，《老子想尔注》的作者还对种种"外教"之邪说伪伎痛加贬斥：

真道藏，邪文出，世间常伪伎称道教，皆为大伪不可用。何谓邪文？其五经半入邪，其五经以外，众书传记，尸人所作，悉伪耳。[4]

这是站在五斗米道的立场而对两汉时代被独尊为一端的儒家经学，以及其他各家学说进行十分激烈的批判。不过，《老子想尔注》的作者在批判儒家思想及其他各家学说时所采取的态度是有区别的。对于儒家之外的其他各家学说，《老子想尔注》从根本上是持否定态度的，所以引文中才说"其五经以外，众书传记，尸人所作，悉伪耳"。而对于两汉儒家经学传统，《老子想尔注》则在批判其流于虚伪和形式化的流弊的同时，还在一定程度上采取了吸纳、合理运用的态度，所以在引文中我们看到"其五经半入邪"的提法，意思是说，儒家经学至少还有可供借鉴吸收的地方。

《老子想尔注》的著者还说：

道用时，家用慈孝，皆同相类，慈孝不别。今道不用，人不慈孝，六亲不和；时有一人行慈孝，便共表别之，故言有也。[5]

这是对当时那种奖励经学、表彰儒行的行为的批判。引文中认为，道之用于社会治理，贵在把握时机和分寸，强调的是人内在"至诚"之心。人如果有了

① 《三国志·魏书八》之"二公孙陶四张传第八"，中华书局1982年点校本《三国志》第1册，第263页。

② 卿希泰：《中国道教史》（第一卷），四川人民出版社，1996年，199页。

③ 卿希泰：《中国道教史》（第一卷），四川人民出版社，1996年，192页。

④ 饶宗颐：《老子想尔注校笺》，《选堂丛书本》第24页。

⑤ 饶宗颐：《老子想尔注校笺》，《选堂丛书本》第24页。

这种“至诚”，由此而生发出来的行为就是顺乎道意的，是善良的种子结出的善果。人由“至诚”之心而生发出来的善行，是人成其为人之本分，这本来是十分自然的事情，没有什么特别值得宣扬的地方。但是，东汉末年的社会现实却不再顺乎“真道”、“道意”而行，不再把人之善行看成一件顺乎自然的事，而是把一个人做了一件善事特别拿出来作为表彰、模范，让别人学习。这样做的结果就是人之善行不再被社会认为是自然而然、自然合理之事，而与所谓“高尚”联系了在一起，其结果就是大量为“高尚”而“高尚”的人和事的出现。很显然，这就使本真意义上的“良善”变得隐晦而得不到彰显了。

卿希泰先生所主编的四卷本《中国道教史》第一卷中认为，《老子想尔注》对当时流行的经学传统之批判是切中时弊的。因为“东汉经学号称极盛，然而无论今文经的章句之学，还是古文经的训注之学，都十分僵化。在经学思想的支配下，朝廷以孝悌、廉洁察举士人，士人以名节相尚，因此后人称东汉世风醇正。但同时也出现了许多虚伪之行，名节往往成了某些士人要取高官的敲门砖”。东汉末年广泛地流传着这样一首诗，就是当时人对陷入流弊的儒家经学思想的十分形象生动的写照：

举秀才，不知书；察孝廉，父别居。寒素清白浊如泥，高第良将怯如鸡。[①]

从以上也可以看出，道教自其创教伊始，从来就不缺乏对俗世事务的关注和批判，人世间的苦难从来不在道门中人的视线之外。同时，道教也从来不是反道德、反伦理的，而是对于道德、伦理有其自身十分独特的理解的视角的。

基于以上理由，很自然地，《老子想尔注》的著者站在道教“至诚”的立场会有诸多对儒家经学的批判言辞，例如该书在对老子《道德经》中“孔德之容，唯道是从”这句话作注时发挥道：

道甚大，教孔丘为知；后世不信道文，但上孔书，以为无上；道故明之，告后贤。[②]

引文中认为，道学广大，老子是孔子的老师，他把“真道”传授于孔子，只是孔子并没有完全领悟那玄妙之道的真意。后来的人们，不去信老子，转而相信

① 《抱朴子外篇》卷十五之“审举”，《道藏》第28册，第275页。
② 饶宗颐：《老子想尔注校笺》，《选堂丛书本》第29页。

孔子的转述，只是通过孔子的著述言辞去领悟“真道”，这样终归是隔靴搔痒，不得“真道”之要妙，其结果就是离“真道”越来越远了——很自然地，社会就越来越变得“坏了”。所以文中还提到，为了使将来的人们能不再对现实社会感到伤感、失望，就要把真正不二之道告诫后来的贤士达人，让他们直接通过老子的著作去领悟真道之要妙。当然，文中出现这种贬抑孔子以提高道家道教学说地位的言辞，其目的不外是要人们崇信道教①，也是很自然和可以理解的，并不荒诞离谱。

刚才提到，《老子想尔注》对汉代儒家经学持批判、吸收的态度，而对当时社会上流传的各种“邪说”则持彻底的否定态度了。这种否定态度首先表现在对“淫祀”的态度上。《老子想尔注》认为：

天之正法，不在祭醊祷祠，与之重罚。祭醊与邪通同，故有余食器物，道人终不欲食用之也……有道者不处祭醊祷祠之间也。②

本书前面章节中曾提到过，老祖天师张陵在巴蜀地区传教时，普遍流行各种原始的宗教祭祀礼仪，可能这正是针对这些原始的宗教祭祀活动而言的。

其次，《老子想尔注》之反对各种所谓的“邪说”还表现在否定盛行于汉代《河》、《雒》等诸多纬书中宣扬的圣人天生、仙骨有录的看法。《老子想尔注》在注解老子《道德经》“绝圣弃知，民利百倍”时说：

谓诈圣知邪文者，夫圣人天所挺生（按，“挺”，汉代用语，亦指生），必有表，河雒著名……今人无状，裁通经艺，未贯道真，便自称圣，不因本，而章篇自揆，不能得道言；先为身，不劝民真道可得仙寿，修善自勤。反言仙自有骨录，非行所臻，云无生道，道书欺人。此乃罪盈三千，为大恶人，至今后学者不复信道，元元不（旋），子不念供养，民不念田，但逐邪学，倾侧师门，尽气诵病，到于穷年，会不能忠孝至诚感天，民治身不能仙寿，佐君不能致太平；民用此不息，倍城邑虚空，是故绝诈圣邪知，不绝真圣道知也。③

从今天的角度来看，《老子想尔注》著者的这些看法是十分有道理的。当

① 卿希泰：《中国道教史》（第一卷），四川人民出版社，1996 年，194 页。

② 饶宗颐：《老子想尔注校笺》，《选堂丛书本》第 34 页。

③ 饶宗颐：《老子想尔注校笺》，《选堂丛书本》第 25 页。

然，从另外一个角度而言，《老子想尔注》著者之所以要反复告诫道徒不要相信“邪道”，这也说明东汉末年时道教尚有各种流派，教义并不十分统一，得道成仙的方术也各有差别。①

最后，《老子想尔注》之反对当时的邪说还体现在针对那些专以行房中术及向人传授房中术为务的方术道士予以严厉的批判和谴责上。《老子想尔注》的著者说，今世间某些道士“托黄帝、玄女、龚子、容成之文相教”，滥行房中术，企图“还精补（脑）”，以致产生了“失其所守”的弊端，它斥责他们是“伪伎诈称道”②。

需要注意的是，《老子想尔注》中反对的是滥行房中术，即以房中术为淫乐工具，或骗取钱财名位的行为。至于房中术本身，《老子想尔注》的态度则是：

道教人结精成神；……人之精气满藏中，苦无爱守之者，不肯自然闭心而揣挩之，即大迷也；……男女阴阳孔也，男当法地似女。③

可见，《老子想尔注》的著者对房中术也并非一概地排斥，只是特别强调了行房事要适可而止。据卿希泰先生主编的四卷本《中国道教史》中的说法，《汉书·艺文志》中著录房中书八家，多达186卷。据《后汉书·方术传》中的记载，“汉末方士甘始、东郭延年、封君达、冷寿光等，皆能行容成公御妇之术，‘爱啬精气’以致寿。”由此看来，当时方士的房中术多种多样，老祖天师张陵一派托于老子，当另有渊源。④

《老子想尔注》中还谈到房中术的要领：

结精为神，欲令神不死，当结精自守。⑤

由此可见，《老子想尔注》把房中术纳入了其仙道理论之中，是成就仙道的一个重要环节。总体而言，《老子想尔注》对待房中术还是十分辩证的、科学的、合理的，并不是后来佛教人士所批判的那样，认为五斗米道滥行房中术。

---

① 卿希泰：《中国道教史》（第一卷），四川人民出版社，1996年，195页。

② 饶宗颐：《老子想尔注校笺》，《选堂丛书本》第12页。

③ 饶宗颐：《老子想尔注校笺》，《选堂丛书本》第12、14页。

④ 卿希泰：《中国道教史》（第一卷），四川人民出版社，1996年，195页。

⑤ 饶宗颐：《老子想尔注校笺》，《选堂丛书本》第10页。

第四代张盛天师传略

张盛天师是继系师张鲁天师之后，天师道史上的第四代天师。因为历史久远、战乱等因素，今天留传下来的关于张盛天师的史料情况已经很少很少了。笔者仅就自己所掌握的相关史料对张盛天师的生平做一简单的介绍。

张盛天师(约 211—309)，字元宗，于汉末至西晋，为系师张鲁天师第三子。张盛天师早年曾任曹魏奉车都尉散骑侍郎一职，后曹魏政治集团意欲封赐他为都亭侯，但张盛天师辞而不受。

张盛天师所处的年代，正是北方曹魏集团内部发生重大变更的年代。就北方的曹魏政治集团而言，并不是铁板一块的。曹魏集团内部至少存在着以曹氏家族为代表的庶族力量和以司马家族为代表的士族力量两大利益集团。在曹操和曹丕这两代强势帝王掌政的时候，以司马家族为代表的士族力量当然是不敢造次的。但是，在曹操和曹丕死后，双方力量的对比情况就发生了很大的变化。这种变化主要来自于继曹丕而承大统的曹家皇帝日益懦弱，再也无法压制住势如虎狼的司马家族对帝国权力的攫取。所以双方力量的对比迅速向有利于以司马家族为代表的士族集团变化。

对于张盛天师所处的政治大环境而言，这种变化是十分微妙的。因为系师张鲁天师在归降于曹魏集团之后，不仅张氏家族的种种侯爵之位等殊荣是曹操封赐的，而且张家与曹家还是姻亲关系。这在司马家族看来，张家一定会成为必欲除之而后快之心腹大患。

对这种政治环境的微妙变化，系师张鲁天师尚驻世时，也一定是看在眼里记在心里的，他一定会想办法极力避免这种政治斗争可能带给自己家族的祸害。

所以，我们看到《天师世家》中的记载说，“张盛天师平素行事低调，精修祖上所传之各种妙道。后来，张盛天师还谨记其父——系师张鲁天师之教诲，立志发扬光大正一之道。后携祖传之经、印、剑、符箓等自汉中回龙虎山居住，在老祖天师张陵当年炼丹之地结庐而居。”

所以，张盛天师回龙虎山一方面有延续老祖天师张陵所开创五斗米道之道脉的意图；另一方面，也可以起到避免整个张氏家族受到当时的政治斗争冲击乃至灭门的意图。事实上，系师张鲁天师的判断是对的，他羽化时对张盛天师的告诫确实达成了这两方面的目的。

据史料记载，张盛天师回到龙虎山祖庭后，跟随张盛天师学道的信众越来越多。因此张盛天师决定在每年的三元日登坛传授经箓，这成了后来天师道一个非常重要的节日。

张盛天师年纪大了后，授予其子张昭成天师以印剑，让其嗣教。据说，张盛天师一日在与众弟子赏游丹山时，于晋永嘉中（约公元309年）白日飞升，驻世九十八年。

明太祖在《赐二十代天师赞》中赞颂张盛天师：

继符继经，上彻天庭。永张斯教，转斗移星。朝游北海，苍松暮迎。一祖师志，鹿车是乘。（《留侯天师世家·明太祖赐二十代天师赞》）

第五代至第十一代张天师传略

一方面，由于年代的久远；另一方面，由于张鲁、张盛天师归降于曹魏政权之后，随着政治形势的急剧变化，由老祖天师张陵所开创的天师道派经历了相当长的一段时间的低潮，以张天师作领袖的天师道之名似乎湮没于历史的尘埃之中了。所以，今天的人们要想了解魏晋之后直至初唐时期——即第五代至第十一代张天师情况的时候，竟然找不到太多的史料了。今人关于第五代至第十一代张天师的情况的了解多通过编订于明代的《留侯天师世家》来得到。限于史料的缺乏，本书对第五代至第十一代天师的评传就只能以《留侯天师世家》为基础，以传略的形式来呈现给读者朋友们了。

一、第五代天师传略

第五代掌教天师道的张天师叫张昭成，其生卒年不详，平生多行导引服气等道门养生之术，是以极为长寿，据说享年119岁。张昭成天师平生学道不懈，尤其擅长道教出神之术，可以端坐于家中，便能察知数百里之外的事。张昭成天师还有一门绝活，能驯服虎豹等猛兽。

明太祖在《赐二十代天师赞》中赞颂张昭成天师：

袖剑而趋，光射斗墟。万灵咸听，神步天衢。斩妖缚邪，与师无殊。御灾捍患，气吐而舒。（《留侯天师世家·明太祖赐二十代天师赞》）

二、第六代张天师传略

天师道第六代张天师叫张椒，其生卒年不详，享年100岁。张椒天师博通儒术，亦善道门治鬼之术。当朝皇帝久闻其名，屡次征召之入朝，都被张椒天师委婉地拒绝了。后来，张椒天师为了彻底地让皇帝断了征召他入朝的念头，干脆尸解而去。

明太祖在《赐二十代天师赞》中赞颂张椒天师：

铅汞万砂，烟结紫霞。洞里乾坤，春意桃花。不为物先，不好矜夸。壶中日月，更何以加。（《留侯天师世家·明太祖赐二十代天师赞》）

三、第七代张天师传略

天师道第七代掌教天师是张回，其生卒年不详。据说张回天师刚出生时即问旁人："道为何物。"旁人都答不上来，于是张回天师便慨然失笑而发出叹息之声！

张回天师大约在5岁的时候，其父让其读儒家经典。张回天师却回答道："我们祖上传下的书不读，读那些儒家之书有什么用？"张回天师道法高妙，尤其擅长道门辟谷导引之术。后来，张回天师从龙虎山出发，一路往西云游寻道，最后隐入青城山中，不知所终。

明太祖在《赐二十代天师赞》中赞颂张回天师：

抚鹿扪松，羽扇登峰。道合无为，继师而封。不善而善，密有祥功。知常守默，乐道从容。（《留侯天师世家·明太祖赐二十代天师赞》）

四、第八代张天师传略

天师道第八代掌教张天师为张迥。张迥天师的生卒年不详，大约活动于南朝齐高帝年间。张迥天师年幼时即得道，极有天赋，一生严奉六时香火，从不懈怠。擅长道门医术，一生救治病人无数，当地百姓对他十分敬仰。张迥天师享年90岁。

明太祖在《赐二十代天师赞》中赞颂张迥天师：

如不尚俗，爱居茅屋。白鹤一双，犹骑麋鹿。月下星奔，使黄而绿。道气常存，岁岁辟谷。（《留侯天师世家·明太祖赐二十代天师赞》）

五、第九代张天师传略

天师道第九代掌教张天师为张符，其生卒年不详，享年93岁。张符天师一生熟读经史子集，且能做到过目不忘，尤其擅长道门符箓法术，名重于当时。

明太祖在《赐二十代天师赞》中赞颂张符天师：

醉眠松底，白云笼衣。风清月明，役使幽微。至神有设，鹤翅剑飞。群妖敛迹，巨怪悉夷。(《留侯天师世家·明太祖赐二十代天师赞》)

六、第十代张天师传略

天师道第十代掌教张天师为张子祥。张子祥天师的生卒年不详，其活动的年代大致在隋代。张子祥天师年少时曾广读儒书，后官至洛阳都尉。在洛阳度过一段短暂的官宦生涯后又返回到龙虎山。从此之后，张子祥天师潜心向道，常行服食炼养之术，能把体内所结之丹吐于手掌之中把玩。张子祥天师后来还分派弟子们至四方，传播道教，其高寿120岁。

明太祖在《赐二十代天师赞》中赞颂张子祥天师：

洞花才绽，春松翠微。高卧白云，仙茅为衣。呼泉叱咤，役剑神飞。无上至真，可以为奇。(《留侯天师世家·明太祖赐二十代天师赞》)

七、第十一代张天师传略

天师道第十一代掌教张天师为张通玄(玄亦作“元”，当为避讳而改)，其生卒年不详。《留侯天师世家》中称张通玄天师生性静默，擅长道门医术，曾于瘟病流行之年，以木标(木标上面当涂抹有医药)置于水中，过往之人饮水后即治好疫病。病人家属以钱帛财物感谢张通玄天师，张天师均拒而不受。张通玄天师享年97岁。

明太祖在《赐二十代天师赞》中赞颂张通玄天师：

演黄梁幻，运钟离机。驱云以从，致雷电飞。万壑松声，丹光夜辉。鹤氅飘然，烟霞是宜。(《留侯天师世家·明太祖赐二十代天师赞》)

主要参考文献

1.［西汉］司马迁:《史记》,中华书局点校本,1959 年版。

2.［西汉］班　固:《汉书》,中华书局点校本,1962 年版。

3.［南朝］范　晔:《后汉书》,中华书局点校本,1965 年版。

4.［西晋］陈　寿:《三国志》,中华书局点校本,1982 年版。

5.［东晋］常　璩:《华阳国志》,上海涵芬楼影印四部丛刊本。

6.［清］江永:《河洛精蕴》,九州出版社,2011 年版。

7.［北宋］张君房:《云笈七签》,中华书局,2003 年版。

8.［南宋］朱熹、蔡元定:《易学启蒙》,四库全书本。

9.［明］冯梦龙编撰:《喻世明言》,中华书局,2002 年版。

10.［明］《道藏》,文物出版社、天津古籍出版社、上海书店,1988 年版。

11. 饶宗颐:《老子想尔注校笺》,《选堂丛书本》,1959 年版。

12. 饶宗颐:《老子想尔注校证》,上海古籍出版社,1991 年版。

13. 易夫编著:《道界诸神》,大众文艺出版社,1999 年版。

14. 张泽洪:《道教斋醮科仪研究》,巴蜀书社,1999 年版。

15. 黄能秀选编:《都江堰民间故事精选》,四川民族出版社,2002 年版。

16. 盖建民:《道教医学》,宗教文化出版社,2001 年版。

17. 陈国符:《道藏源流考》,中华书局,1963 年版。

18. 陈国符:《中国外丹黄白法考》,上海古籍出版社,1997 年版。

19. 胡孚琛:《中华道教大辞典》,中国社会科学出版社,1995 年版。

20. 卿希泰:《中国道教史》(四卷本),四川人民出版社,1996 年版。
21. 任继愈:《道藏提要》,中国社会科学出版社,1991 年版。
22. 詹石窗:《道教科技与文化养生》,科学出版社,2004 年版。
23. 蒋朝君:《道教生态伦理思想研究》,东方出版社,2006 年版。
24. 蒋朝君:《道教科技思想名料举要——以〈道藏〉为中心的考察》,科学出版社,2012 年版。
25. 李约瑟:《中国科学技术史》(科学思想卷),科学出版社,1990 年版。
26. 孔令宏、韩松涛:《江西道教史》,中华书局,2011 年版。
27. 张金涛:《留侯天师世家注》,香港银河出版社,2004 年版。
28. 钟肇鹏:《〈老子想尔注〉及其思想》,载《世界宗教研究》,1995 年第 2 期。
29. 梁赞英:《也谈张鲁政权的性质》,载《浙江学刊》,1983 年第 1 期。

图书在版编目(CIP)数据

中国历代张天师评传. 第1卷 / 蒋朝君著. -- 南昌 :
江西人民出版社, 2014.11
ISBN 978-7-210-06788-7
Ⅰ. ①中… Ⅱ. ①蒋… Ⅲ. ①道教－天师－列传－中国 Ⅳ. ①
B959.92

中国版本图书馆CIP数据核字(2014)第251706号

中国历代张天师评传(卷一)
作　　者：蒋朝君　著
策划编辑：游道勤
责任编辑：吴艺文
封面设计：章　雷
出　　版：江西人民出版社
发　　行：各地新华书店
地　　址：江西省南昌市三经路47号附1号(邮编:330006)
编辑部电话：0791-86898470
发行部电话：0791-86898893
网　　址：www.jxpph.com
2014年11月第1版　2014年11月第1次印刷
开　　本：787毫米×1092毫米　1/16
印　　张：20
字　　数：330千
ISBN978-7-210-06788-7
赣版权登字—01—2014—577

定　　价：63.00元
承 印 厂：深圳市精彩印联合印务有限公司